MÉTIERS D'AUTREFOIS

ARTISANATS D'HIER
PETITS MÉTIERS DES RUES
MÉTIERS AGRICOLES

Marie-Odile Mergnac
avec la collaboration de Cécile Renaudin, Claire Lanaspre,
Baptiste Bertrand et Max Déjean

Sommaire

Auteurs

Marie-Odile Mergnac, historienne et généalogiste, auteur de nombreux ouvrages sur la généalogie, les noms de famille ou la vie quotidienne autrefois : pour l'ardoisier, le bonnetier, le drapier, l'horloger, le maréchal ferrant, le savonnier, le tisserand, l'allumeur de réverbères, le cantonnier, le chanteur des rues, le chiffonnier, le cireur de chaussures, la diseuse de bonne aventure, le marchand de marrons, le porteur de journaux, le rémouleur, le vitrier, le bouilleur de cru, le chevrier, le journalier, le laboureur, le maquignon, le maraîcher, le marchand de peaux de lapins, le métayer, le puisatier, le saisonnier, le tueur de cochon, le vendangeur – et pour tous les témoignages.

Cécile Renaudin, historienne, auteur de plusieurs ouvrages sur l'histoire du climat en France et leur impact sur la vie quotidienne : pour toutes les pages sur les outils et les mots des métiers.

Claire Lanaspre, rédactrice à l'Onisep, pigiste métiers pour la revue Hachette *Généalogie facile* : pour le cordier, le cordonnier, le coutelier, le porteur d'eau, le potier, le ramoneur, le tanneur.

Baptiste Bertrand, coauteur du livre *Les métiers d'autrefois* (Archives & Culture 2003) : pour le verrier et le vigneron.

Max Déjean, conservateur du musée pyrénéen de Niaux et écrivain régionaliste : pour le berger.

Ouvrage coédité avec des groupes de presse
ISBN : 978-2-35077-251-6

Introduction

Beaucoup de métiers d'aujourd'hui se ressemblent. Un homme assis à un bureau devant un ordinateur exerce-t-il la même profession que son voisin ? Pas forcément, mais l'apparence est identique.

À l'inverse, les métiers d'hier étaient ceux du geste. Du geste longuement appris dans certains cas, à travers un savoir manuel transmis de génération en génération. Du geste facile à acquérir dans d'autres, quand la misère était là et qu'il fallait gagner de quoi vivre et le gagner vite. Dans tous les cas, ce geste était reconnaissable et indissociable d'un métier bien précis.

Ces métiers d'hier s'inscrivaient en même temps dans un cadre communautaire, celui du village ou du quartier. On n'achetait pas un produit anonyme dans un supermarché. La vaisselle, les textiles, les cuirs, les légumes, les fruits venaient de chez le voisin, artisan ou producteur local ; le cantonnier était connu de tous ; le tueur de cochon, le bouilleur de cru, le ramoneur, le rémouleur... étaient réclamés une fois par an. On se connaissait et on appréciait à sa juste valeur le travail de chacun.

Certains de ces métiers n'ont plus cours aujourd'hui, d'autres ne se pratiquent plus de la même façon, d'autres encore se sont industrialisés. Quelques-uns réapparaissent de façon inattendue, mais sous des formes nouvelles, comme cet électricien qui devient rémouleur dans les Ardennes (en camionnette) ou ce jeune homme qui se fait porteur d'eau à Toulouse (de packs de bouteilles pour les personnes âgées)... La vie est à réinventer sans cesse.

Avant que le souvenir de ces métiers, tels qu'ils étaient pratiqués hier, ne disparaisse, ce beau livre veut leur rendre hommage. Avec plus de six cents photos et illustrations, il raconte leur histoire et donne le vocabulaire de chaque profession. Il apporte les témoignages (anonymés ou non) de ceux qui l'ont pratiqué ou, si le métier est trop ancien, de leurs enfants. Il fait revivre pour nous les émotions, les conditions de vie parfois bien dures, les gestes, les difficultés et les bons moments.

Remerciements

Nous remercions pour leur aide et leurs témoignages :

– les sites art-populaire.fr, carte-postale-ancienne.com, fpanda.free.fr, gribout.b.over-blog.com,

– le musée de la chaussure de Romans, le musée des outils Maurice Dufresne,

– et, par ordre alphabétique : Dominique Barbier, Daniel Bénard, Michel Bianconi, Josette Bouges, Josette Camuset, Daniel Chavigny, Paulette et Michel Charlon, Raymond Ferrand, André Guilbaud, Élise Lamiscarre, Martine Lefebvre, Andrée Le Pajolec, Christian Leroy, Claude Lornet, Serge Martin, Nicole et Jean Mergnac, Jeanne-Marie Morin, Michel Nocereau, Jean-Marie Panager, Jean-Louis Prouteau, Colette Putelli, Michel Sureau, Élise Valet... et bien d'autres encore, qui reconnaîtront leur témoignage au fil des pages.

ARTISANATS D'HIER

Partie 1

L'ardoisier
Le bonnetier
Le cordier
Le cordonnier ou le savetier
Le coutelier
Le drapier
L'horloger
Le maréchal-ferrant
Le potier
Le savonnier
Le tailleur de pierre
Le tanneur
Le tisserand
Le verrier

Du gris bleu au mauve ou au noir, la fragile ardoise semble refléter toutes les teintes du ciel. Son extraction, sa taille en fines lamelles, sa découpe puis sa pose sur les charpentes de nos maisons font appel à des métiers manuels de précision, pratiqués depuis des siècles.

! *D'un coût assez élevé, réservée autrefois aux églises et aux châteaux dans la plupart des villes et villages, l'ardoise couvre en revanche tous les toits dans les régions de gisements (Anjou, Ardennes, Bretagne, Cotentin, Massif Central).*

L'ardoisier

L'extraction du schiste

L'utilisation de ce schiste argileux s'est généralisée à partir du XIIe siècle dans l'Ouest et le Nord de la France.

Tout commence avec l'extraction. Dans certaines régions, le gisement est à fleur de sol et l'exploitation se fait alors à ciel ouvert, avec des carrières en gradins droits ou inclinés, comme le montre cette gravure du XVIIIe siècle.

Quand le gisement est plus profond, des galeries souterraines sont creusées et suivent le tracé des filons, en général disposés en strates horizontales et parallèles. Dans les deux cas, les travaux s'effectuent pendant longtemps à la main, avec treuils, échelles et paniers. La mécanisation intervient au XIXe siècle, avec des wagonnets et des derricks.

Le bloc de schiste devient ardoise

Au sortir du sol, les blocs extraits passent entre les mains des fendeurs. Leur travail reste manuel et ne s'est pas mécanisé comme celui de l'extraction. Ces artisans très qualifiés sont deux fois mieux payés que les ardoisiers travaillant en fond de carrière, car de la qualité de leurs gestes dépend celle des plaques obtenues. L'ardoise est maintenue humide car elle se travaille et se fend plus facilement. On commence par le quernage, c'est-à-dire la découpe des blocs de carrière, souvent longs de deux mètres. On réalise quelques fentes à la scie. On introduit des coins dans ces fentes : un coup de maillet et voici le bloc qui éclate en feuilles parallèles. Les fendeurs calent ensuite ces feuilles entre leurs jambes protégées de chiffons et leurs pieds chaussés de gros sabots de bois dur. Un coup de maillet sur un ciseau tranchant et il obtient deux feuilles plus fines. Un autre coup et en voici quatre. Un bon fendeur sait diviser un bloc de schiste en ardoises de 2 à 5 mm d'épaisseur ! Et comme le salaire est à la pièce, il vaut mieux être habile !

Après la fente, la taille

La taille sert à découper ces fines feuilles d'ardoises aux dimensions requises, à partir d'un gabarit fourni, une sorte de patron en tôle. Les formes demandées sont soit rectangulaires, soit rectangles mais avec un côté arrondi (cela donne aux ardoises des toitures l'aspect d'écailles de poissons) ou plus exceptionnellement découpées selon les motifs décoratifs des jeux de cartes : pique, trèfle, cœur, carreau (pour décorer le faîtage ou rompre la monotonie d'une toiture particulièrement grande).

Cette taille se pratique à la main avec des ciseaux encore plus fins, ou avec un massicot à bras. Les artisans ardoisiers qui se chargent de ces finitions s'appellent des coupeurs ou rondisseurs.

De nouvelles utilisations

L'ardoise est utilisée très anciennement pour les toitures, on dit même qu'elle peut y rester imperméable et stable pendant plus de deux siècles ! On l'utilise d'ailleurs toujours pour restaurer les toitures des monuments historiques.

Mais, à partir de la fin du XIXe siècle, elle trouve de nouveaux débouchés. Pour les tables de billard d'une part : il faut une belle plaque d'un seul tenant. Pour les ardoises des écoliers d'autre part : avec l'école obligatoire de Jules Ferry, ils sont désormais 5,4 millions à griffonner à la craie !

Les ardoises sont toujours très demandées, mais peu d'ardoisières sont restées en activité en France. La plupart des ardoises de couverture viennent actuellement d'Espagne.

Les mots du métier

Alignonnet : coin sur lequel frappe l'ardoisier pour séparer un bloc d'ardoise dans toute son épaisseur.

Bassicots : caisses rectangulaires en bois que l'on monte en haut de la carrière pour récupérer l'ardoise en masse.

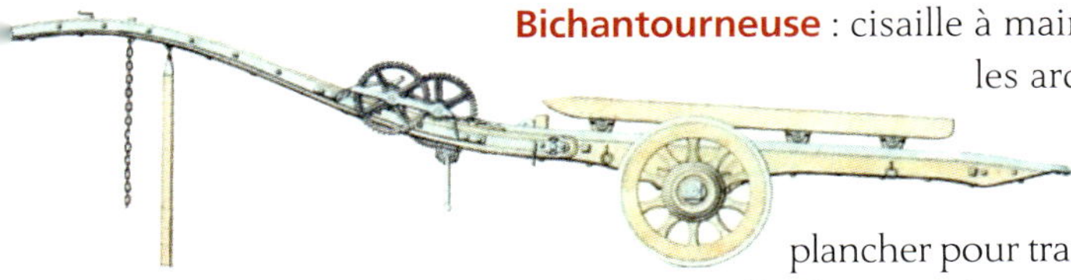

Bichantourneuse : cisaille à main pour découper les ardoises.

Binard : chariot à roues avec un plancher pour transporter les blocs d'ardoise ou de pierre.

Bouc : coin de bois assez plat qui sert à faire éclater des blocs d'ardoise.

Boucart : fenderet à ardoise pour déliter les plaques épaisses.

Cabrement ou quille : noms donnés au Té de l'ardoisier.

Chaput : billot sur lequel le tailleur coupe l'ardoise.

Ciseau : sert à fendre l'ardoise à l'aide du maillet. Il en existe de plusieurs tailles.

Cisaille ou couperet : massicot actionné par un bras pour couper l'ardoise de façon calibrée.

Dolbeau ou doleau : petite hache utilisée pour tailler et façonner les ardoises. L'ardoise est posée sur le bord du chaput et, à l'aide du dolbeau, l'ardoisier détache, d'un coup net, toute la partie qui dépasse du bord.

Douge : ciseau plat et fin qui permet d'obtenir des ardoises fines, de 2 à 5 mm d'épaisseur.

Enclume d'ardoisier : l'enclume permet de couper une ardoise. Pour cela, il faut accrocher au liteau l'enclume par sa dent inférieure, puis poser l'ardoise dessus, la ligne de rupture en alignement avec le bord de l'enclume. Sur cette ligne, il faut frapper le parement de l'ardoise de petits coups secs alignés, avec la pointe du marteau pour créer la ligne de rupture.

Enclumette : triangle de fer plat que l'on plante dans un chevron pour y poser l'ardoise que l'on veut retailler.

Hachette : elle sert à préparer les lattis qui reçoivent les ardoises. Elle est munie d'un côté d'une panne à clouer et de l'autre d'une pointe pour percer. Des encoches au centre ou à l'extrémité servent au couvreur à arracher les clous mal plantés.

Hotte à quartier : sert à enlever de la carrière les fragments d'ardoise inutiles.

Maillet de fendeur : maillet en bois dur, en général cerclé de fer, pour frapper le ciseau et fendre l'ardoise (voir ci-contre).

Marteau d'ardoisier ou essette : on tapote doucement le chant supérieur de l'ardoise à l'aide de la table du marteau pour que sa base se bloque dans le bec du crochet qui la soutient (voir ci-dessous).

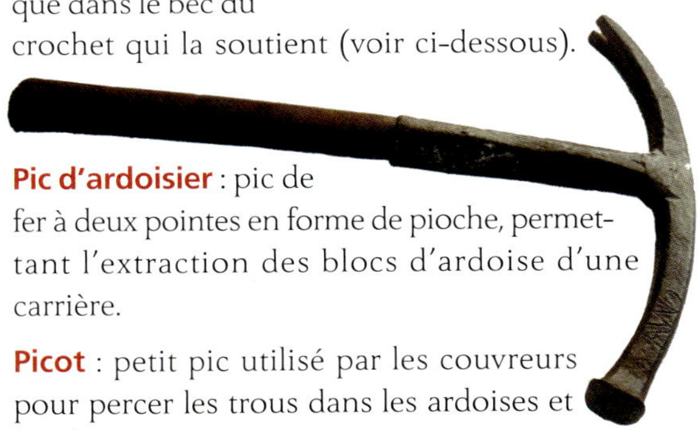

Pic d'ardoisier : pic de fer à deux pointes en forme de pioche, permettant l'extraction des blocs d'ardoise d'une carrière.

Picot : petit pic utilisé par les couvreurs pour percer les trous dans les ardoises et les clouter sur une toiture.

Pointe : fer carré sur un bout et aigu de l'autre qui sert à creuser le rocher.

Rabattoir : fenderet à large taillant que l'on frappe avec le maillet pour débiter les blocs d'ardoise.

Scie à ardoise : cette scie est utilisée pour débiter les dalles extraites de la carrière.

Tire-clou : outil composé d'une poignée en crochet et d'une lame fendue d'encoches des deux côtés. On la glisse sous les ardoises pour arracher les vieux clous.

Verdillon : levier de fer pour détacher les blocs d'ardoise.

Le couvreur en ardoises

Le principe

Le couvreur fixe les ardoises par des clous à tête sur des barres de bois appelées voliges, fixées aux chevrons de la charpente. Il les pose en commençant par le bas du toit, au ras de la gouttière, et en terminant par le faîtage. Chaque ardoise couvre au deux tiers celle du dessous, ce qui garantit l'imperméabilité de la couverture. Cela représente, en terme de pose, huit à dix rangs d'ardoises par mètre. Si les ardoises posées sont de toutes dimensions, on dit que la toiture est brouillée. Si elles sont taillées régulièrement, on dit que la couverture est gironnée.

La taille des ardoises utilisées diminue au fur et à mesure que le couvreur s'éloigne de la gouttière et se rapproche du faîte. La ligne d'ardoises échancrées et entrecroisées qu'il place au faîtage s'appelle le lignolet, mais on préfère mettre aujourd'hui des tuiles faîtières parce que c'est plus simple à poser.

De beaux toits bleus

Pour Hervé Bazin, les couleurs des maisons angevines rappellent l'histoire même de la région à travers le blanc chouan (le tuffeau tendre des murs) et le bleu républicain (les ardoises des toitures)...

Un travail difficile

Le couvreur hisse ses ardoises sur la charpente et y travaille à genoux par tous les temps. Ses clous de fixation sont dans les poches de son tablier ou dans un sac ventral en cuir. S'il refait une couverture, il est équipé d'un tire-clou à lame crantée qu'il glisse sous les vieilles ardoises pour en arracher les clous. Il choisit ensuite les ardoises qu'il pose en fonction de leur couleur. S'il faut les retailler, il le fait sur place, sans redescendre, avec une enclumette piquée sur la charpente. Puis son essette lui permet de percer et clouter les ardoises neuves sur les voliges (ou maintenant les liteaux, petites lattes moins coûteuses que les voliges). Peu d'outils donc, mais bien adaptés à son travail. Dans le bocage normand d'autrefois, à la fin du travail, les ouvriers ardoisiers offrent à leur maître une ardoise enrubannée, taillée en rosace fine comme une dentelle, qu'on accroche au bord de la toiture terminée.

Quelques légendes d'ardoises...

Le couvreur en ardoise est surnommé le chat parce qu'il se déplace comme un chat sur les toitures. Mais en Bretagne, on le désigne plutôt par le bruit qu'il fait : *Podred ann tok-tok* (l'homme du toc-toc), à cause du marteau qui frappe les clous pour fixer les ardoises

Sous l'Ancien Régime, la Bretagne interdit aux couvreurs de clochers ou d'ardoises d'être témoin en justice. La raison ? Un préjugé qui considérait comme peu dignes de confiance les gens exposant leur vie pour si peu de choses. Il est vrai que le métier est dangereux, mais il faut bien gagner sa vie, au risque de la perdre... En 1893 encore, un couvreur se tue à Troyes, en tombant du haut de l'église Sainte-Madeleine sur les grilles entourant le bâtiment. D'ailleurs, pendant les quatre ans de l'apprentissage, les trois premières se passent au sol. Ce n'est que la quatrième année que le jeune couvreur a le droit de se risquer sur les toits.

Jean Renaudie

né en 1911, tailleur d'ardoises en Corrèze.

La Bretagne, l'Anjou, les Ardennes et les Pyrénées ne sont pas les seules régions ardoisières de France. Le Massif Central est riche aussi de gisements de schistes. Jean Renaudie a longtemps été tailleur d'ardoises en Corrèze. Un métier manuel et de plein air...

L'extraction de l'ardoise

Jean a toujours travaillé dans des carrières à ciel ouvert. On commence par ébousiner le schiste, c'est-à-dire qu'on enlève la couche de terre qui le recouvre, puis on extrait les blocs à transformer en ardoises fines. En une vie de travail, Jean a vu les évolutions techniques transformer le quotidien du carrier : ses camarades sont passés de la barre à mine et de la masse, accompagnées de la pelle et de la pioche, au bulldozer, plus rapide et surtout infatigable.

Certaines collines de la région ressemblent désormais à des gruyères, aux trous profondément enfoncés : jusqu'à cent quarante mètres dans certains cas, avec des galeries pouvant atteindre quarante mètres de large et autant de haut.

Les mêmes gestes qu'au XVIIIe siècle

Les larges blocs d'ardoises remontés à la surface à l'aide d'un derrick doivent être ensuite délités dans les quarante-huit heures, car ils durcissent en séchant au contact de l'air.

Le travail du clivage de l'ardoise elle-même n'a guère connu de transformations depuis le XVIIIe siècle. Jean répète ainsi des gestes qui se pratiquent depuis dix générations au moins – ce qui n'est pas le cas partout. En Anjou par exemple, l'ardoise est plus tendre et le délitage a pu être mécanisé. En Corrèze en revanche, « les pierres sont aussi dures que les hommes, précise Jean en riant, et rien ne vaut la main ».

Toute sa vie, Jean a fendu et taillé sept cents ardoises par jour en moyenne. Les gestes se font presque tout seuls, mais l'attention reste là. Il donne toujours un coup de marteau sur le nouveau bloc qu'on lui fournit : si le son sonne clair, c'est que la roche est bonne, on peut y aller. Le travail commence à l'abri de claies de branchages ou d'une tente improvisée pour protéger l'homme du vent et la pierre du soleil.

Les ardoises réalisées pèsent de 200 à 500 g selon la nature de la pierre et l'usage recherché. Les plus lourdes sont réservées aux toits exposés à la neige et au vent du nord. En fonction de son épaisseur et de sa forme, chaque type d'ardoise a un nom que Jean connaît par cœur et qui sonne comme un poème : le gros noir, le poil noir, le poil roux, la carrée, l'héridelle, l'écaille, l'échantillon, la coffine... Quant aux déchets (80 % de la pierre), ils partent pour les remblais. Rien n'est perdu.

Le bonnetier

On appelle bonneterie tout textile à maille : les bonnets bien sûr (d'où le nom de cette industrie), mais aussi les bas les chaussettes et les vêtements tricotés, à la main ou à la machine. Le métier à fabriquer les bas apparaît au XVIIe siècle et l'activité se développe ensuite de façon fulgurante.

! *« Avec l'industrie de la toile, très développée dans la première moitié du XIXe siècle, le travailleur se trouvait installé dans des caves où régnait un air humide et fétide. La disparition de l'industrie de la toile et son remplacement par celle de la bonneterie a été une révolution dans la santé générale de la classe ouvrière » (André Colomès, Économie et vie ouvrière, 1994).*

L'essor du bas à maille

Le métier de bonnetier est attesté dès le XVe siècle, essentiellement lié à la fabrication des bonnets de coton tricotés. Les bas de soie existent, appréciés par François 1er, mais sont découpés dans du tissu. C'est entre 1540 et 1570 que, avec l'évolution du costume masculin, on voit apparaître des bas longs tricotés, la maille donnant plus de souplesse et d'élasticité. Cette mode des bas de soie exécutés aux aiguilles par des ouvriers spécialisés se répand dans tout le royaume.

Une étape décisive pour le bas de soie est l'invention du métier à faire les bas. Cette machine, découverte par l'Anglais William Lee en 1589, entraîne la naissance de la première manufacture de bas en 1656.

En 1700, un arrêt royal restreint la liberté d'exercer à dix-huit villes : Aix, Amiens, Bourges, Caen, Dourdan, Lyon, Metz, Nantes, Nîmes, Oloron, Orléans, Paris, Poitiers, Reims, Romans, Rouen, Toulouse, Uzès. Malgré l'interdiction, d'autres villes ouvrent néanmoins des manufactures de bas clandestines, notamment dans les hospices pour les pauvres. L'activité prend son envol en France dès la levée des restrictions en 1754.

Le concret du travail

Le faiseur de bas travaille chez lui, il peut avoir jusqu'à quatre métiers. Sa journée de travail est longue, mais il n'est pas obligé de travailler dans l'humidité comme le tisserand. Au XVIIIe siècle, les trois quarts des bas sont réalisés en soie bien que le droit d'en faire en coton ait été accordé.

Le faiseur de bas a besoin d'une journée entière pour réaliser une paire de bas. Le dimanche et le lundi sont chômés. Ce repos hebdomadaire est occupé à l'entretien du métier ou au travail des champs car ici comme ailleurs l'artisan reste toujours un peu cultivateur.

La profession est très souvent héréditaire. Le matériel figure ainsi en bonne place dans les inventaires après décès. En 1790, il est affirmé que cette classe d'artisans est la plus aisée et la moins exposée aux maladies.

Le temps des crises

Au-delà des querelles du métier, la principale préoccupation est de satisfaire la demande et d'adapter la production aux goûts de la clientèle française ou extérieure : Angleterre, Allemagne, Russie, Espagne... Pour plaire à l'Espagne, les faiseurs de bas nîmois reproduisent par exemple les broderies et les couleurs des bas des Péruviennes. À partir de 1780, la volonté de l'Espagne de se protéger contre les produits français et l'entrée de la France dans la guerre d'Amérique entraînent une baisse des exportations. La Révolution fait disparaître certaines fabriques. Sous l'Empire, le blocus continental provoque une hausse exorbitante du prix du coton, donc une nouvelle crise.

L'évolution technique

La fabrique de bas dispersée dans les campagnes se maintient tant bien que mal jusque vers 1880, date de l'apparition du métier mécanique, dit hollandais, mû par la vapeur. C'est la mort du métier à bras. L'artisan ne peut plus travailler chez lui, en famille, libre de gérer son temps.

Le travail sur les nouveaux métiers se fait dans des ateliers regroupant jusqu'à vingt machines dans un bruit assourdissant. L'industrialisation se développe particulièrement en Normandie et dans l'Est (l'Aube devient le premier département de France pour cette activité). Le faiseur de bas s'engage comme employé ou surveillant dans ces grandes usines textiles ou bien retourne au travail de la terre.

En dehors des guerres, le secteur connaît une crise à partir de 1929, puis une autre, majeure celle-ci, à partir des années 1970, avec la concurrence croissante des pays en voie de développement à la main d'œuvre bon marché. Les entreprises disparaissent ou se maintiennent par l'innovation et la création de textiles à haute technicité.

Les mots du métier

Apprêt ou formage : pose du bas ou de la chaussette sur une forme en bois ou en métal, le tout passé ensuite à la vapeur ou à la presse pour lui donner sa ligne définitive.

Appaireuse : nom donné à l'ouvrière qui, en bout de chaîne, accouple les chaussettes.

Bas : pendant longtemps il est cousu à la main, d'où la fameuse couture à l'arrière. S'il y a des broderies, elles sont faites après finition. S'il est noir, il est teinté à la fin. Sinon, c'est le fil qui est coloré. Il est supplanté par le collant à partir des années 1960.

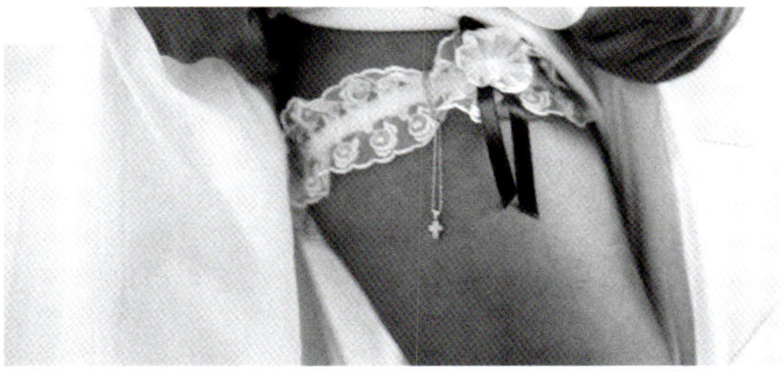

Broche double : sorte de fourchette à longues broches pour draper les différents ouvrages et ébouriffer la laine des bonnets.

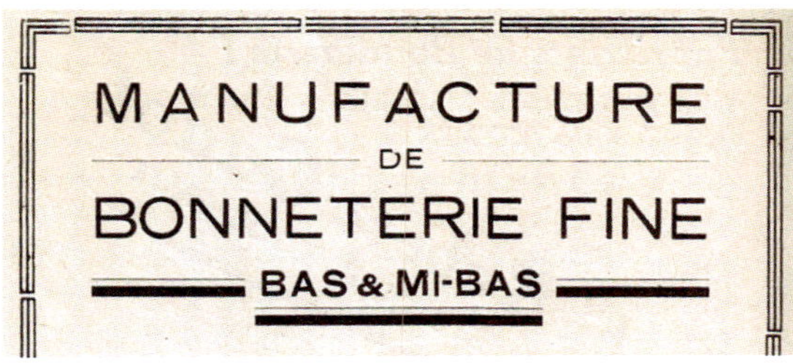

Cachou : nom donné à la chaussette inventée à Romilly à partir de huit fils de nuances différentes et résistant à la lumière et au lavage. Les chaussettes dites cachou étaient tricotées à partir de fils déjà teints et non pas teintes après tricotage. Bon marché, elles ont connu un succès durable.

Défilage : élimination au couteau des fils inutiles qui dépassent.

Forme : moule en bois puis en métal, de la forme d'une jambe, qui permettait d'enfiler les chaussettes ou les bas.

Métier à bas ou métier à tricoter : à cadre de bois et mécanisme en fer, inventé par l'Anglais William Lee en 1610, il se maintient dans les campagnes jusqu'au début du XXe siècle (voir ci-dessous la photo et la gravure).

Métier circulaire : métier d'invention anglaise utilisé surtout pour la fabrication des gilets, caleçons, chandails, jerseys et tissus élastiques.

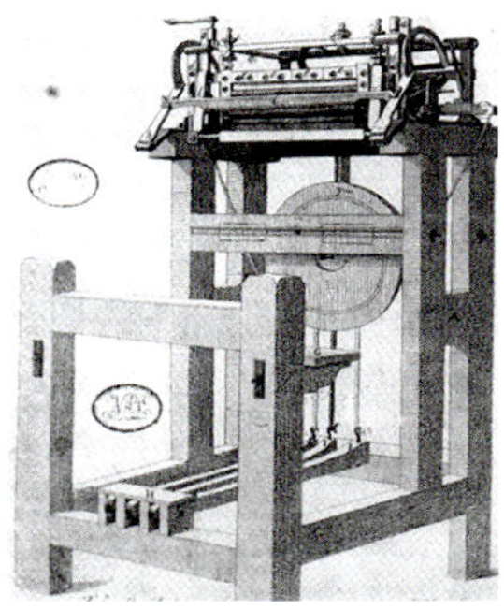

Métier Cotton : métier à tricoter à plusieurs têtes, inventé au XIXe siècle.

Métier hollandais ou Paget : inventé au XIXe siècle, il permet de réaliser automatiquement les rétrécissements. Il supplante les métiers de modèles plus anciens à partir de 1870.

Poinçon : petit outil dont on se sert pour porter une maille de l'une sur l'autre.

Ratelier : instrument sur lequel on foule les bas, les bonnets ou les chaussettes qui se font au tricot ou au métier.

Rebroussage : report des mailles du bord-côte sur une griffe, elle-même montée ensuite sur un métier à tricoter la jambe.

Remaillage : pour la pointe du pied et du talon d'une chaussette.

Tournille : aiguille emmanchée dans la tête de laquelle on passe la dernière maille lorsque l'on veut en relever une qui n'est pas travaillée.

La bonneterie dans l'Aube

Apparue avant l'autorisation du roi

En 1700, les villes de l'Aube ne font pas partie de celles où la bonneterie est autorisée par le roi à s'implanter. En 1733, le seigneur d'Arcis-sur-Aube obtient ce droit pour sa ville. En 1745 l'hôpital de la Trinité de Troyes introduit aussi des métiers à bas pour les pauvres. Et dès que les interdits sont levés en 1754, l'activité prend un essor extraordinaire. En 1789, il existe déjà 1 500 métiers de bonneterie dans le département de l'Aube. Les crises rencontrées sous la Révolution (la fermeture d'ateliers) et l'Empire (le blocus continental puis l'invasion des Alliés en 1814) font cependant moins souffrir la bonneterie que le tissage.

Les leaders à Troyes

À l'époque glorieuse, Petit Bateau, Devanlay Lacoste, Zannier, Doré Doré, Emo, Olympia, leaders du vêtement en mailles, sont tous présents dans l'Aube. Les textiles techniques aussi, avec Sotratex, Max Lorne, Atelier d'Ariane et Bugis.

L'essor du XIXe siècle

À partir de 1830, les métiers à tricoter anglais s'implantent dans presque toutes les campagnes du département. « On trouve des métiers jusque dans les plus petits hameaux, indique un rapport de 1848, et c'est presque toujours à ce métier que le fabricant agriculteur doit le champ dont la culture accroît l'aisance de la famille. Il ne reste presque jamais en repos ; il est mis alternativement en action par le père, la mère, le fils et même la jeune fille, et s'il est quitté par l'un d'eux, c'est pour le travail agricole ou d'autres occupations utiles au bien-être de tous ». Ce sont des petits industriels qui fournissent le métier et les filés à ces petits fabricants des campagnes et qui reçoivent les fabrications finies.

Devant la concurrence anglaise, le travail regroupé en atelier s'étend à partir de 1860 car il permet l'utilisation de métiers à moteurs plus performants. Mais la mise de fonds nécessaire pour l'acquisition de ces nouveaux métiers à vapeur, à pétrole, électriques ou autres, devient toujours plus élevée. Progressivement, le patronat individuel, aux capitaux limités et aux salariés peu nombreux, s'efface devant des sociétés anonymes collectives qui peuvent lever en bourse des fonds considérables à partir d'action et d'obligations et construire des usines toujours plus vastes.

Ainsi, en 1914, sur 15 000 personnes travaillant dans la bonneterie, il n'y en a plus que 1 500 qui le font chez elles (et la moitié seulement a conservé une activité agricole annexe).

Les difficultés du XXe siècle

En 1931, le département compte 36 000 employés dans l'industrie de la bonneterie et ses annexes (constructions de métiers, filature, teinture) sur une population totale de 242 596 habitants. Dans cette capitale de la bonneterie française, Troyes arrive en tête (70 % de sa population active travaille pour la bonneterie), suivie par Romilly. Arcis sur-Aube, Marigny-le-Châtel, Fontaine-lès-Grès et le Pays d'Othe sont des centres secondaires importants.

Des fêtes (voir photo page de droite) rassemblent annuellement les Aubois autour de chars fleuris à la gloire de l'activité. Mais la crise de 1929 touche l'Aube en 1931, la production chute jusqu'à 60 % pour les bas et chaussettes. De nouvelles crises se succèdent à partir de 1968 et entraînent des fermetures d'entreprises. Ce n'est qu'en se recentrant sur les produits à forte valeur ajoutée et les textiles techniques que Troyes a pu faire face à la mondialisation et rester la cité « de l'industrie de la maille ».

Les Camuset et le Coq sportif à Romilly.

L'histoire des Camuset dans la bonneterie à Romilly commence en 1929, avec la reprise par Émile Camuset d'une entreprise locale existant depuis 1830, spécialisée dans les tricots depuis 1892. Sa belle-fille, Josette Camuset, raconte...

BONNETERIE SPORTIVE ROMILLONNE
"Le coq sportif"
ROMILLY. s/ Seine (Aube)
MARQUE DÉPOSÉE

La naissance du Coq sportif

Avec un atelier rue Gornet-Boivin, Émile Camuset était façonnier pour différentes marques, entre autres de sport, et des grossistes de Paris. La société doit fermer pendant la guerre. À la réouverture après le conflit, les enfants d'Émile sont persuadés que l'entreprise ne peut pas croître si elle reste dans la sous-traitance. Aussi décident-ils de créer une marque, Le Coq sportif, et de la développer. Le logo dessiné par Roland Camuset évolue au fil du temps : depuis celui de 1948 (ci-dessus), de 1950 (colonne de droite, en haut), de 1965 (ci-contre à gauche), de 1968 (en face) jusqu'à l'actuel (à droite, en bas).

Les étapes de fabrication

Les matières premières, les fils, sont achetés en bobines écrues. Ils sont rarement déjà teints, sauf pour les maillots rayés du Racing ou les maillots de rugby. Le tricotage se fait sur les métiers de l'usine, métiers renouvelés régulièrement en fonction des évolutions techniques. La teinture est sous-traitée à Troyes. Les tissus reviennent ensuite pour la coupe, avec des commandes d'autant plus complexes que les quantités sont petites : une équipe de football commande le nombre de maillots correspondant pile au nombre de joueurs, rarement plus (alors qu'aujourd'hui, on commande souvent dix-huit maillots par équipe, pour avoir un peu de marge), et les onze ou douze maillots se répartissent même en trois tailles ! Après la coupe : le montage, avec des couseuses, des piqueuses, des boutonnières, des machines pour les ceintures boxers... Puis le repassage, la mise en boîte et l'expédition.

L'envol du Coq

Sous la marque du Coq sportif, l'entreprise produit donc des socquettes de tennis, des bas de sportifs, des maillots, des shorts et surtout des survêtements, qui connaissent un succès extraordinaire dans les années 1960. La commercialisation s'effectue par les détaillants en articles de sport, un circuit alors totalement dispersé. Il n'existe pas de grandes chaînes de magasins comme aujourd'hui, mais une multitude de petites boutiques, car chaque sportif un peu connu en ouvre une quand il se retire de la compétition.

L'atelier de la rue Gornet-Boivin était vite devenu trop petit, d'autres usines sont achetées dans Romilly, celle de la rue de la Concorde en 1962, celle de la rue Voltaire-Sellières en 1964, l'usine Claverie en 1966. La marque compte jusqu'à 500 employés à Romilly et 300 en Alsace, à Brunstatt et à Oberdorf. Une nouvelle usine est même construite rue Marie-Jacquard en 1970... juste au moment où commence la crise du textile. Revendu à Adidas en 1974, puis passé de mains en mains, le Coq sportif entre ensuite en sommeil, la fabrication est délocalisée à l'étranger et l'usine de Romilly ferme en 1988. En 2006, elle est reprise par la société suisse Airesis.

Les maillots du tour de France

Pendant longtemps, tous les maillots du Tour de France sont des maillots Coq sportif. Aussi le Tour de France 1951 est-il particulièrement marquant pour les Aubois puisque les cyclistes passent à Romilly ! Des banderoles sont accrochées pour l'occasion au-dessus de la RN 19 et un échantillon de chaque maillot y est suspendu !

En 2012, c'est reparti : les principaux maillots du Tour de France sont à nouveau des Coqs sportifs ! Et comme une bonne nouvelle n'arrive jamais seule, l'usine Claverie de Romilly vient d'être réhabilitée. Elle devient un centre technique et commercial pour la marque, apte à réaliser des échantillons et des tissus complexes.

Le cordier

La fabrication des cordes est une profession secondaire très répandue autrefois : chaque village, voire chaque maison, a souvent son « cordelier ». Pour d'autres cependant, c'est là une profession à part entière qui, jusqu'à la seconde moitié du XVIIIe siècle, relève de ficelles artisanales.

! La tradition populaire donne à la corde des vertus magiques. Un simple bout de ficelle au fond d'une poche porterait bonheur. Mais la meilleure est la corde de pendu, qui préserverait son possesseur de tous les dangers et lui garantirait le succès tout au long de sa vie !

Des cordes à toutes les sauces

On range sous le nom de cordiers tous les artisans qui ont le droit de fabriquer et de vendre les cordes et cordages de chanvre, mais aussi de tilleul, de lin et de crin.

Installés dans les bourgs, proches des lieux de culture du chanvre, les artisans cordiers travaillent pour répondre aux besoins locaux d'une clientèle privée, urbaine mais surtout rurale et maritime.

Très nombreux sont en effet les artisans tributaires du cordier :

– les entrepreneurs, maçons, peintres, fumistes, plombiers et couvreurs utilisent des cordes appelées chablots pour lier les échafaudages, soutenir les échelles, assujettir les planches de ravalement, ramoner les cheminées ;

– les pompiers, élagueurs et alpinistes se servent de cordes de sécurité ;

– les emballeurs utilisent les cordes dites chapelières. Les seizeines servent à lier les fortes balles et les cordeaux d'emballage les balles de moindres dimensions. Les gorres sont usitées pour l'emballage spécial de la vannerie ;

– les tapissiers et matelassiers achètent de la ficelle à piquer et à guinder pour la confection de sièges en tapisserie, de la capitonne pour les fauteuils, matelas, coussins ;

– les relieurs se servent de la ficelle grecque, les tisserands emploient pour les métiers Jacquard des ficelles d'arcade ;

– des ficelles en tout genre sont indispensables aux brossiers et chapeliers, bouchers et cuisinières. Elles servent également à confectionner au crochet la corderie de fantaisie, bouses, calottes, blagues à tabac, dessous de lampe, hamacs, carniers…

Les gros mangeurs de cordes

Ce sont cependant les agriculteurs et marins qui sont les principaux clients des cordiers. Un peu partout en France, les cordiers fabriquent des longes, des traits, des licols, des brides et des guides pour les chevaux, des cordes à foin, des sangles pour les bâts. Ils sont aussi très nombreux à fournir en cordages les ports de France : la marine de guerre, de commerce et les pêcheurs sont gros consommateurs de cordes pour le gréement et la manœuvre des navires. La batellerie emploie les bablues ou cordelles pour le halage des bateaux en rivière. Ce sont encore les cordiers qui filent les ralingues, les filins, le fil pour la fabrication des filets de pêche.

Un atelier tout en longueur

L'installation d'un cordier nécessite un vaste espace : la corderie exige une aire de travail étroite et longue de la taille du fil de caret et de celle des cordes que l'on veut produire : 150, 200, jusqu'à 300 m.

En général les ateliers sont installés en plein air, le long des fossés d'anciennes fortifications, dans de vieux chemins abandonnés, à la limite des bourgs. Un petit atelier abrite la matière première et les outils et complète les aires de filage et de cordage. Bien que la bonne qualité des cordages exige que l'on ne travaille pas par temps de pluie ou de brouillard, très rares sont cependant les ateliers couverts.

Un métier presque disparu

Le métier s'est organisé en corporation en 1394, avec un apprentissage de quatre ans. Il se transmet pendant des siècles de père en fils ou neveux. À partir de 1599, les maîtres cordiers sont dispensés de taxes à la condition… de fournir gratuitement « toutes les cordes nécessaires à l'exécuteur de la haute justice », c'est-à-dire les cordes des gibets pour les pendus !

Les fibres venues d'ailleurs (l'alpha, le jute, le sisal…) remplacent désormais le chanvre. À la fin du XIXe siècle, la culture du chanvre en France couvre 167 000 hectares. En 1940, 15 000, surtout en Anjou, en Poitou et en Bretagne. Aujourd'hui, elle a presque disparu. Le plus beau musée sur le thème ? La corderie royale de Rochefort.

Les mots du métier

Carré : poteau en bois avec un crochet pivotant, le tout monté sur roulettes et placé en face du rouet et de son toupin.

Chariot ou carrosse : assemblage de charpente (ci-contre) avec des crochets pour supporter et conduire le toupin.

Chevalets ou rateliers : grands râteaux en bois qui sont alignés (ci-dessous) pour soutenir les fils lors de l'ourdissage.

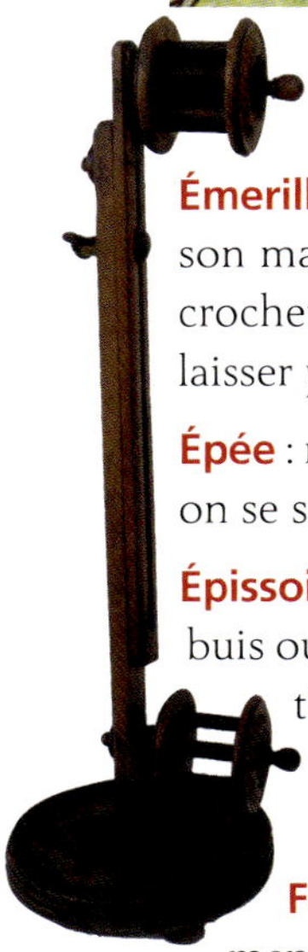

Dévidoir ou touret : grande bobine sur laquelle on place le fil (ci-contre).

Émerillon : crochet de fer qui peut tourner dans son manche avec beaucoup de facilité. C'est à ce crochet que les fileurs attachent leur fil pour lui laisser perdre de son tortillement.

Épée : morceau de buis en forme de coutelas dont on se sert pour battre la sangle.

Épissoir : instrument pointu, au manche en corne, buis ou fer, servant à défaire les nœuds et à détortiller les torons d'une corde (ci-dessous).

Fer : morceau de fer plat attaché verticalement à un poteau et dont le bord forme un tranchant sur lequel on frotte le chanvre.

Jauge : unité mesurant la grosseur des cordages.

Livarde : corde d'étoupe dont on enveloppe le fil que l'on vient de filer afin de le polir.

Paumelle : morceau de drap qui enveloppe le fil que le cordier tient dans sa main pour lui permettre de serrer fort sans se brûler la paume.

Peignon : bobine de fil de chanvre dont le cordier bourre son tablier ou qu'il attache autour de sa ceinture, puis qu'il dévide en marchant du carré jusqu'au rouet.

Quilloir : manche faisant tourner le dévidoir.

Peigne à dégrossir : il est utilisé pour débarasser le chanvre de la plus grosse étoupe.

Rouet : le fileur forme une boucle assez petite qu'il accroche dans un crochet dont la mollette est actionnée par un rouet. Le rouet actionné fait donc tourner le crochet, tordant ainsi le fil en même temps que le fileur alimente le fil en chanvre.

Recueilloir : morceau de bois pour tortiller et recueillir la ficelle, comme ci-contre.

Seran : peigne à lin ou chanvre, avec des dents en métal, utilisé pour diviser et nettoyer les fils (ci-dessous).

Sabot : outil en bois à plusieurs coches, utilisé pour cabler le cordage en trois ou quatre.

Toupin ou cochoir : pièce de bois de grosseur proportionnée à la corde qu'on veut faire, maintenue entre les fils pour empêcher qu'ils s'emmèlent quand on commence à les vriller.

Toron : élément constitutif d'une corde. Il faut au minimum trois carets (fils) pour faire un toron et trois torons pour faire une corde.

Du chanvre à la corde

Peignage

Le cordier achète son chanvre roui et broyé en octobre. C'est lui-même qui le démêle, le refend et l'affine en le passant sur le seran, peigne aux dents d'acier plus ou moins espacées. Le peigne à dégrossir débarrasse le chanvre de la plus grosse étoupe. Le peigne fin, aux dents menues et serrées, sert à préparer du chanvre fin destiné au fil de voile et aux lignes de loch (appareil servant à mesurer la vitesse d'un bâtiment). Le peigne est destiné à réunir ce qu'il faut de chanvre peigné et affiné en un paquet de la grosseur voulue pour réaliser un fil de la longueur de l'aire de filage.

Cordiers au fil des mots

Des cordiers, on disait qu'ils étaient les plus malheureux des hommes car ils ne savaient pas si la corde qu'ils préparaient aujourd'hui ne les pendrait pas demain...

De la longueur du brin dépend la résistance du cordage. Les brins longs servent à la fabrication des cordes, l'étoupillon est un brin très court qui ne sert qu'à faire des torchons, des cordes d'étoupe ou livardes, des liens pour lier les pièces de cordages quand elles sont rouées.

Filage

La filature est l'œuvre essentielle. Pour l'opération de filature, le cordier n'a besoin que d'un rouet à plusieurs broches et d'un dévidoir ou touret. Ces deux instruments sont placés à l'une des extrémités de l'aire. Le fileur prend un peignon dont il bourre son tablier ou qu'il attache autour de la ceinture. Il fait avec le chanvre une petite boucle qu'il engage dans un crochet de la broche du rouet. Le tourneur fait aussitôt mouvoir la roue.

Le cordier, tout en avançant et en livrant la quantité de filasse nécessaire au chemin parcouru, régularise l'alimentation, évite les grosseurs, allonge les fibres, les parallélise pour les présenter au tors dans la direction la plus favorable. Il produit alors un bon fil de caret, uni, bien serré, d'égale grosseur sur toute sa longueur, sans boursouflures ni mèches, les différents filaments étant enroulés suivant des hélices de même pas. Des chevalets ou rateliers placés de distance en distance soutiennent le fil. Lorsque le fileur a atteint l'extrémité de l'atelier, il enroule le fil produit au tambour du touret puis il prend un autre peignon et recommence à filer. Des épissures raccordent les sections de fil entre elles.

Commettage, toronage et cordage

Le commettage consiste à réunir des fils de caret et à les tordre pour en faire des torons, puis des cordes. Le commettage s'exécute sur le rouet du fileur pour les cordes de petit diamètre, mais nécessite un appareillage plus complexe, têtière et chariot, pour les grosses cordes. Dans tous les cas, on ourdit la corde, c'est-à-dire qu'on tend les éléments qui la composent entre deux points distants d'une longueur d'un tiers supérieure à celle de la corde que l'on veut obtenir. La rotation des crochets du rouet ou de la têtière enroule les fils de caret en torons, les torons en cordes. Le commettage raccourcit d'un quart ou d'un tiers le cordage ourdi. Un trop grand degré de torsion nuit à la force des cordages.

Après avoir décroché la corde, on en arrête les extrémités pour éviter qu'elle ne se détorde. La corde terminée est frottée à la main de fer puis enduite de colle. Une fois sèche, elle est frottée au crin de cheval puis à la livarde, ou corde d'étoupe.

Les cordages sont alors mis en pelote, plate ou allongée, ou bien coupés et disposés en écheveaux ou encore roués, c'est-à-dire formés en cercle de la forme d'une roue.

André Guilbaud
né en 1929 en Bretagne Sud

André Guilbaud aime bien dire qu'il a avancé dans la vie à reculons... puisque c'est à reculons que le cordier fabrique sa corde. C'est son père, déjà cordier et fils de cordier, qui lui a appris le métier. Quand il était enfant, il voyait le soir son père briser le chanvre brut pour en extraire la chenevotte, sa mère et sa grand-mère peigner ensuite le chanvre pour le débarrasser de ses débris de bois. Soirées familiales industrieuses...

25 km par jour au moins

Le chanvre, qui craint l'humidité, est stocké dans un hangar. Les chevalets et leurs carrets sont dressés sur plus d'une centaine de mètres le long d'un chemin boisé, couvert par les arbres. Car il faut à la fois de l'espace et une protection contre la pluie et le vent pour

faire de bonnes cordes. André travaille là où son père et son grand-père avant lui avaient tendu leurs matériels. Partant d'une extrémité du trajet et progressant à reculons, il commence par transformer en fil la touffe de chanvre en désordre qu'il a sortie du hangar. Une paumelle (morceau de cuir) protège sa main de l'échauffement provoqué par le frottement continu du chanvre. Il y a un coup de main à prendre pour les raccords entre les touffes de filasse. Ensuite commence un trajet pour la torsion des fils, un autre dans l'autre sens pour câbler le fil, un troisième pour la torsion, un quatrième pour la contre-torsion, qui referme le toron et l'empêche de se desserrer. Il maintient ensuite trois ou quatre torons dans les rainures du cochoir et le fait glisser pour former un cordage. Il doit accélérer sa marche en fin de travail. André a calculé qu'il parcourait ainsi tous les jours environ 25 km à reculons.

Un travail bien fait

Quand André a pris une retraite bien méritée, le métier de cordier s'est arrêté avec lui dans le canton. Il a deux enfants, mais qui n'ont pas poursuivi l'activité : le fils est devenu comptable au Mans et la fille employée en région parisienne. La mécanisation et la fabrication industrielle des cordes ont eu raison de cet artisanat essentiel autrefois, mais qui évoluait. Lui-même ne travaillait plus comme le faisait son grand-père : le rouet qui était au départ tourné manuellement par un aide a été ensuite actionné par un moteur à essence puis par un moteur électrique.

Et pourtant André sait qu'il faisait de bons cordages. Il tannait ses cordes dans un bain de cachou, les mettant pour cela une journée entière à cuire dans une immense chaudière de mille litres d'eau. Le cachou brunit les cordes, mais les protège de l'eau de mer. Les marins savent bien d'ailleurs que plus les cordes sont brunes, plus elles sont résistantes. Les siennes étaient connues pour ça.

Au fil de la conversation...

André a conservé chez lui de belles cordes de toutes épaisseurs. Souvenirs concrets de son activité. Mais il s'amuse aussi à en émailler sa conversation. D'un voisin qu'il n'apprécie guère pas, il indique qu'il ne vaut « même pas la corde pour le pendre » ; d'un autre trop économe qu'il fait « des économies de bouts de ficelle ». Il affirme connaître « toutes les ficelles du métier » et dit qu'il a « plus d'une corde à son arc » car il aime le bricolage.

Cordonniers et savetiers, assis sur leur légendaire escabeau, ont-ils vraiment toujours chanté comme le prétend la fable ? Sous l'Ancien Régime, en ville et à la campagne, ces artisans du cuir, ces « bijoutiers sur le genou » sont nombreux, remuants et n'ont pas toujours bonne réputation.

! Sous l'Ancien Régime, quand le maître cordonnier emploie plusieurs personnes dans son atelier, le premier ouvrier est appelé le goret, le second le bœuf et l'apprenti est désigné sous le nom de pignouf !

Le cordonnier / le savetier

Les corporations de la chaussure

Au Moyen Âge, trois métiers se partagent la fabrication et la vente des chausssures :

– le sueur ou cordouannier, qui utilise le cordouan, cuir de Cordoue

– le çavetonnier de petit solers, c'est-à-dire de souliers de basane (peau de mouton)

– le savetier qui ne fabrique rien mais racommode les souliers usagés.

La distinction entre cordonnier, çavetonnier et savetier est donc essentiellement fonction du matériau qu'ils ont le droit d'utiliser. Mais les règlements restent ambigus. La similitude de leurs travaux crée d'importants litiges au sein de la corporation et les délits contre les statuts sont fréquents. Des ouvriers en chambre, les chambrelans, travaillent au noir.

Les sabotiers et les bottiers ont un statut à part, le premier parce qu'il ne travaille que le bois, le second parce qu'il ne fait que des bottes, ce qui est interdit au cordonnier. Apparaissent ensuite d'autres catégories : le galochier, qui fabrique les galoches à semelles de bois, et le patinier, spécialiste des hautes chaussures à semelles de bois (on dirait aujourd'hui à semelles compensées).

Derrière l'établi

L'image du cordonnier dans son échoppe, ne s'est guère modifiée du Moyen Âge au XIXe siècle. La boutique, souvent minuscule, est autrefois peinte de couleur rouge, avec une enseigne en tôle découpée.

Les outils n'ont pas changé non plus. Ils sont simples et leur nombre restreint : le couteau à pied et le tranchet pour tailler l'ouvrage et couper le cuir, différents marteaux pour brocher la semelle ou battre le cuir, des tenailles pour retirer les clous, le buis et les biseigles pour lisser les talons et le tour des semelles, une alène et du fil enduit de poix pour coudre, des clous pour brocher, de la teinture à la noix de Galle, du cirage. De très nombreuses formes, un tire-pied pour maintenir l'ouvrage sur le genou en travaillant et une petite auge de pierre ou de bois où le gros cuir trempe avant d'être battu complètement, c'est l'outillage que les raccommodeurs de souliers continuent à utiliser.

La découpe du quartier, de l'empeigne (parties du cuir recouvrant le talon et le dessus du pied) et des ailettes (petits morceaux de cuir cousus à l'empeigne) précède le travail sur la forme sur laquelle on coupe la première et la deuxième semelle assemblées au-dessus de la chaussure par une couture renforcée par une trépointe. Après la teinture et le lissage du talon au buis, le cordonnier retire le soulier de sa forme, procède au finissage et pose boucles, rubans et boutons.

Des souliers à la chaîne

Dans la première moitié du XIXe siècle, l'apparition des découpoirs, matrices à talons, machines à coudre, à battre au marteau, à poser des œillets... facilitent l'exécution du travail et modifient en profondeur la cordonnerie. L'outillage mécanique transforme « l'échoppe et la boutique de la vieille cordonnerie en usine à vapeur manufacturière et en vastes magasins splendides. Le travail [se fait] en chambrée, en grands et spacieux ateliers bien aérés... C'est là le progrès ». (*La cordonnerie*, 1879).

Dorénavant, la chaussure faite à la machine s'oppose à celle faite à la main. Les ouvriers, confrontés au chômage et à la concurrence étrangère, désertent la boutique de cordonnerie classique pour les fabriques, souvent avec des conditions de travail médiocres. Actuellement, seule la cordonnerie de luxe semble avoir encore un avenir dans le monde de l'artisanat...

Les mots du métier

Alêne : poinçon fixé au bout d'un manche en bois. Le cordonnier en utilise plusieurs (comme ci-dessous), de courbures variées, pour dans le cuir les trous où passeront les fils.

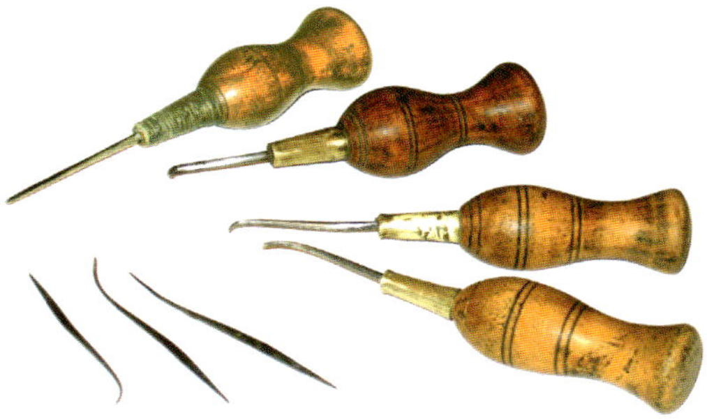

Astic : en os (de cheval ou de cerf) ou en buis, il permet de lisser et de polir la chaussure.

Col de cygne : petite enclume (ci-contre) dont la tige ressemble au cou d'un cygne.

Bisaiguë : pour polir le tour des semelles.

Carrelet : aiguille angulaire du côté de la pointe.

Chien à monter : sorte d'étau qui permet d'écarter les contreforts de la chaussure ou d'assembler les pièces avant les coutures.

Clef : morceau de bois qu'on fourre dans une forme brisée pour élargir la chaussure.

Clous : on utilise de nombreux clous : clous à monter, à brocher, à talon, d'épingle.., bien rangés dans des bacs séparés, comme ci-contre.

Compas : règle marquée des pointures avec une partie coulissante pour prendre les dimensions des pieds.

Couteau à pied : pour découper les formes dans le cuir.

Crochet à bottine : pour enfiler les boutons des bottines.

Écofrai ou écofroy : grosse table pour tailler et préparer l'ouvrage.

Embouchoir : instrument de bois qu'on utilise pour élargir les bottes.

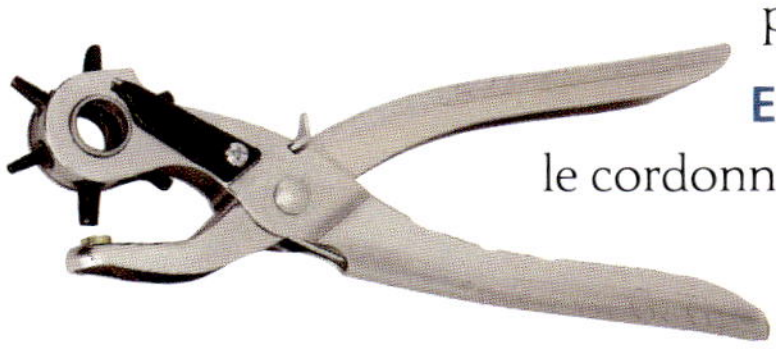

Emporte-pièce (pince) : utilisée par le cordonnier pour réaliser les trous des lacets.

Fer à déformer ou à lisser : pour déformer les bords, le talon ou la semelle de la chaussure.

Forme à monter : moule plein en bois dur qui a la forme d'un pied pour monter les différentes pièces de la chaussure.

Gouge : outil servant à creuser les talons.

Guinche : outil de bois blanc qui sert à unir et polir le cuir qui couvre les talons.

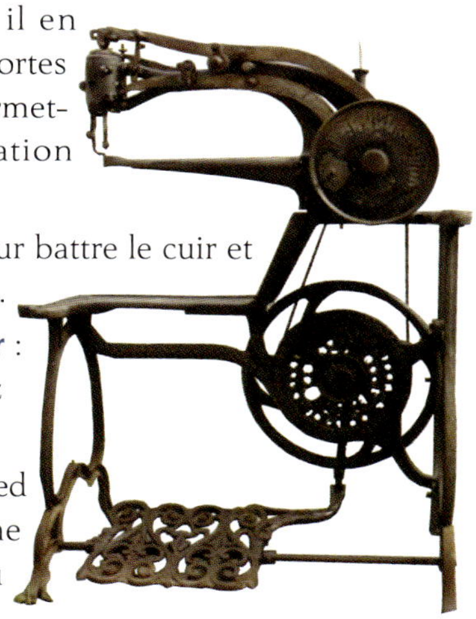

Machine à coudre : il en existe de nombreuses sortes pour coudre le cuir, permettant aussi une fabrication industrielle.

Marteau à battre : pour battre le cuir et lui donner de la fermeté.

Marteau de galochier : au manche fin et assez long.

Pied de cordonnier : pied retourné monté sur une tige, qui permet au cordonnier de réparer les semelles.

Pouce-cambrure : outil de buis pour plier le cuir des semelles au fond de la cambrure.

Réchaud à alcool : permet de chauffer les fers à déformer avant utilisation.

Rouleau à cylindrer : on y passe le cuir mouillé pour resserrer les pores et le rendre étanche.

Roulette à devants ou à faux points : pour tracer des motifs et imiter des coutures.

Roulette à piquer : pour marquer le cuir avant de faire les piqûres.

Tranchet : lame arrondie et très tranchante, qui permet d'égaliser les bords de la semelle.

Petits portraits de cordonnier

Mots et maux de cordonnier

Le métier a la réputation d'être ingrat et de ne pas enrichir ceux qui le choisissent. On dit d'un homme malheureux qu'il a fait « fortune de cordonnier ». Tout le bien d'un pauvre homme est qualifié de « saint Crépin », par analogie avec l'outillage modeste du cordonnier.

Une profession à deux vitesses

Le personnage, que l'on décrit tantôt comme un homme respecté et tantôt comme le dernier des ouvriers, reste ambigu. Sous l'Ancien Régime, cela s'explique par la confusion faite entre le cordonnier, considéré parce qu'il utilise le cordouan (solide cuir de Cordoue dont on fait grand cas, peu commun et d'un prix élevé), et le savetier qui occupe le dernier rang dans l'industrie de la chaussure, parce qu'il rapetasse à la demande, parfois sur place, les vieux souliers. Plus tardivement, au XIXe siècle, la naissance de l'industrie de la chaussure transforme les artisans en ou-vriers ou les maintient au rang de savetiers, à l'exception des bottiers-cordonniers sur mesure.

Pied gauche, pied droit

Saviez-vous que, jusqu'au XIXe siècle, les chaussures sont identiques pour les deux pieds ? Les soldats de Napoléon ont traversé l'Europe avec une chaussure qui avait la même forme pour le pied gauche que pour le pied droit... ce qui ne les a pas empêché de marcher !

Au XVIIIe siècle, le cordonnier à la mode porte un habit noir en soie et une perruque poudrée. Sa boutique luxueuse est ornée de glaces et de meubles d'acajou où les chaussures sont bien rangées. Elle préfigure nos modernes magasins de chaussures et contraste avec la sombre échoppe du savetier faiblement éclairée par des globes de verrre, dits globes de cordonnier, qui diffusent la lumière d'une bougie ou d'une lampe à huile. Un pot de basilic, plante qu'on appelle l'oranger du cordonnier, neutralise les odeurs des chaussures... Souvent, une estampe du Juif errant est collée sur la porte car le Christ aurait dit à un cordonnier de Jérusalem qui l'insultait : « Tu seras toujours pauvre, et tous les cordonniers après toi, pour ce que tu viens de me faire ». L'image collée sur la porte est à l'origine du dicton : « Il est sage comme une image collée à la porte d'un savetier ». La boutique attire autrefois les oisifs du village pour discuter.

Un tempérament bien trempé

Toute une littérature populaire se développe entre le XVIIe et le XIXe siècles autour du savetier : « Ce poisseur de fil gros, ce chevalier de la courte lance, ce graveur, ce lapidaire en cuir, ce bijoutier sur le genou, ce tire-ligneul, ce M. La-Poix, chante et boit et, soir et matin, nulle affaire ne l'importune... Il se moque de l'infortune et il se rit de tout le quartier ». Réputé pour son esprit caustique, le savetier se mêle souvent de politique et c'est ainsi qu'on le voit représenté sur les estampes révolutionnaires. À cette époque, les échoppes de cordonniers sont groupées autour des églises ; on dit que le ressemeleur y « tient salon politique, se faisant toujours remarquer par l'extravagance, pour ne pas dire par la violence de ses opinions ».

Mais à cette renommée de philosophe et pamphlétaire fait pendant celle de fêtard : « Les cordonniers sont pires que les évêques, dit-on autrefois. Tous les lundis ils font une fête ». Et Gnaffron, principal personnal du guignol lyonnais, tire son nom du terme *gnaf*, l'une des appellations peu flatteuses du cordonnier.

Bien qu'ils soient, selon une légende tenace, bossus ou boiteux, les cordonniers ne renoncent pas pour autant aux conquêtes galantes. Ils y réussissent même fort bien, comme en témoignent les chansons traditionnelles, à commencer par celle intitulée *Sur les marches du palais,* où le « p'tit cordonnier » épouse la princesse.

Yves
né en 1956 en région parisienne.

Après deux ans d'apprentissage dans une cordonnerie, voici Yves moderne cordonnier, un mot qu'il faut désormais comprendre uniquement dans le sens de réparateur. L'industrialisation a fait oublier l'ancienne acception du terme : celle de créateur et de fabricant de chaussures. Yves travaille ainsi depuis des années en solitaire, seul maître à bord dans la petite boutique d'une franchise.

Du plus simple au plus difficile

Les clients qui poussent la porte de la boutique d'Yves viennent le plus souvent pour un problème de talons à recoller ou refaire. Un type de réparation facile à réaliser. Notamment pour les talons aiguilles des chaussures de femmes : remettre un embout est très simple, sauf si la pointe cloutée qui sert d'ossature à l'intérieur du talon s'est brisée.

Refaire une cambrure, quand c'est la tige de métal arquée qui soutient la chaussure à l'intérieur de la semelle qui est cassée, est en revanche plus difficile. Mais, c'est aussi plus rare, notamment à cause du coût de la réparation. Il faut que la chaussure soit vraiment d'excellente qualité ou d'une marque prestigieuse pour que son propriétaire préfère entreprendre une restauration au lieu de la jeter.

Les autres réparations

Côté réparations, bien d'autres choses peuvent être faites : la pose de patins antidérapants ou, à l'inverse, la pose et la couture d'une belle semelle de cuir sur l'ensemble de la chaussure (c'est plus joli), le montage d'une partie en caoutchouc aux endroits qui s'usent le plus vite ou la pose de fers (désormais en plastique, sauf si l'on veut faire des claquettes...).

De temps à autre, on demande aussi à Yves de changer la couleur d'une paire de chaussures. Il peut bien sûr teindre le cuir, pas de problème, mais toujours pour le rendre plus foncé, jamais pour l'éclaircir : il ne peut pas passer du noir au beige, mais il peut transformer du blanc en bleu ou en brun ou passer du brun au noir ; foncer le cuir, ça marche.

Côté finition, les semelles ou talons ajoutés sont polis sur leurs pourtours après avoir été découpés et posés. Cela se fait plus vite qu'autrefois, Yves utilisant une meule abrasive électrique au lieu de la lime et du couteau d'hier. Port obligatoire de lunettes de protection bien sûr, pour éviter le moindre éclat dans les yeux. Des brosses rotatives, elles aussi électriques, permettent de cirer puis de faire briller les chaussures avant de les rendre au client. Le matériel a donc évolué, mais le travail reste quand même très manuel et les gestes sont pour la plupart les mêmes qu'il y a vingt, trente ou cinquante ans...

Le plus pénible...

Yves aime bien son métier, mais il y a quand même une réparation qu'il déteste faire : celle des fermetures éclairs des bottes et bottines. Ce travail de couture mêlant cuir et textile n'est pas son fort. Il a pourtant une machine à coudre adaptée (une Singer bien sûr, mais sans le large plateau des couturières où faire glisser le tissu) et des fils de toutes les couleurs, mais il n'aime pas s'en occuper. Remettre des fermetures éclairs neuves sur de grandes bottes peut lui prendre une heure alors qu'il n'en faut normalement que la moitié. Après tout, qui n'a pas ses points faibles ?

Les vitrines des musées d'antiquités témoignent du degré de perfection de la coutellerie dès l'époque gauloise. Cet artisanat dur est morcelé en une multitude de fonctions et de petits métiers. Il se regroupe assez vite dans des villes qui en tirent notoriété.

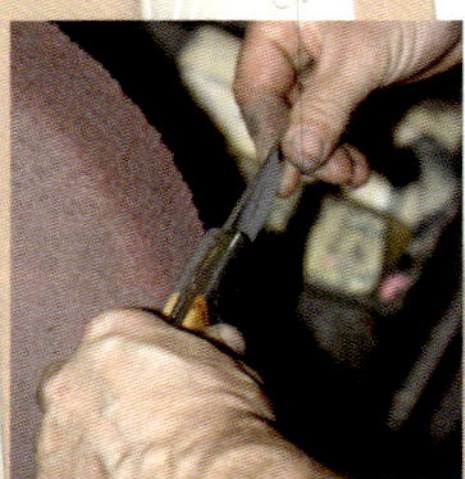

! *Lorsqu'on offre un couteau à un proche, il est d'usage de lui réclamer une pièce symbolique en échange « pour ne pas couper l'amitié ».*

Le coutelier

Un artisanat pointu

Au XIIe siècle, on distingue les fèvres-couteliers des couteliers faiseurs de manches. Les taillandiers-émouleurs sont chargés de donner le tranchant aux lames et, si le manche doit s'orner de sculptures, il faut s'adresser aux imagiers-tailleurs. Quant aux forces pour tondre les moutons, leur fabrication est l'apanage des forcetiers et l'aiguisage celui des esmouleurs de grande force.

L'apprentissage est long : six ans pour les fèvres-couteliers, huit ans pour les faiseurs de manches. Au terme de cette formation, il faut exécuter un chef-d'œuvre, différent selon chaque ville, pour passer maître. À la fin du XVe siècle, on commence à regrouper les corporations coutelières, auxquelles on adjoint les rémouleurs, ces « gagne-petit ». Bientôt, chaque maître est tenu d'avoir son poinçon ou sa marque, déposée en lieu sûr pour éviter toute contrefaçon.

Une implantation pointilleuse

Les villes coutelières sont plus nombreuses qu'aujourd'hui : Toulouse, Périgueux, Nontron, Langres, Moulins, Nogent, Châtellerault, Cosne, Nevers, Thiers (bientôt capitale de la coutellerie) et Saint-Étienne deviennent de grands centres de production, Paris s'orientant vers le couteau de luxe.

Châtellerault est connue pour ses coutelières, énergiques partant à l'assaut des clients au cri de : « En faut-il des couteaux, en faut-il mon mignon ! ». À Langres, Diderot, père de l'encyclopédiste, est réputé pour la qualité de ses instruments de chirurgie. Mais la concurrence de Nogent-en-Bassigny est inquiétante. Au XIXe siècle, Nogent, où les eaux nécessaires pour la trempe sont abondantes, triomphe définitivement de sa rivale.

À Thiers, l'artisanat coutelier se serait installé au XIVe siècle. La ville noire est popularisée par George Sand et les innombrables cartes postales des années 1910 représentent l'émouleur couché sur une planche couverte de peau de mouton, aiguisant sa lame sur la meule placée sous lui. Ces meules doivent être constamment refroidies par un courant d'eau, et il règne dans les ateliers, les émolandières, une humidité redoutable. Pour lutter contre le froid, l'émouleur tient son chien couché sur ses jambes.

Ces hommes représentent la noblesse de la profession coutelière car ils donnent le tranchant indispensable au couteau. De mauvaise réputation, ils forment une véritable caste où nul étranger n'est admis. On les respecte pour leur adresse et les dangers qu'ils encourent, mais on redoute leurs énormes mains calleuses et leur saleté proverbiale.

Des spécialistes à la pelle

Ces vedettes de la profession ne doivent pas faire oublier les très nombreux spécialistes qui participent à la fabrication des couteaux : les découpeurs qui débitent les lames d'acier (les crampons), les estampeurs qui jugent si bien à l'œil la température du métal, les martinaires qui manient le marteau de forge (le martinet), les trempeurs qui savent à l'instant voulu plonger le métal dans un bain d'eau et d'huile pour lui donner sa résistance, les polisseurs, qui donnent son lustre à la lame en la frottant sur de la peau de buffle. Il y a aussi les ouvriers qui fabriquent les manches : les cacheurs travaillent les matières premières, les dégraisseurs et blanchisseurs nettoient les os, les scieurs les découpent et les mouleurs fabriquent les moules... Le montage, métier d'appoint pour les paysans durant l'hiver, s'effectue souvent dans les fermes avoisinant la ville. Le montage des couteaux à lames multiples (allant jusqu'à cent lames !) est le plus délicat.

Les mots du métier

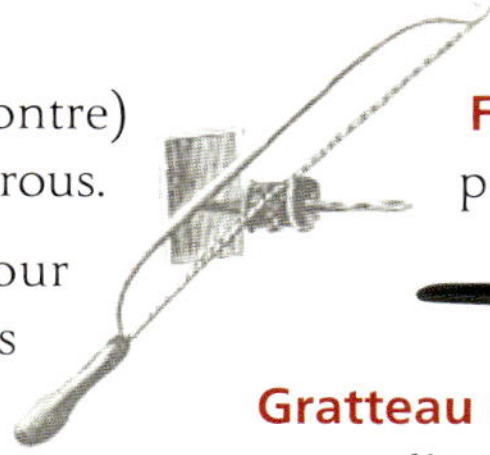

Archet de coutelier : outil composé (ci-contre) d'une corde et d'un fleuret pour percer des trous.

Auge : pièce de bois de chêne creusé pour contenir de l'eau sur laquelle on monte les meules (ci-dessous) et les polissoires.

Banc à tirer : machine où est ajusté un moulinet pour passer les métaux à la filière et leur faire prendre la forme désirée.

Bâtarde : sorte de lime taillée à grains moyens.

Bec d'âne : ciselet pour couper le fer.

Berge ou ciseau à la berge : ciseau dont les branches sont aplaties et l'axe est une vis.

Bigorne : petite enclume à deux extrémités.

Bois à limer : bois sur lequel on fait des sillons pour contenir la pièce que l'on veut limer.

Bois à polir : morceau de bois de noyer et de bois blanc pour frotter et polir.

Buffle : outil fait d'une bande de peau collée sur un bois, et que l'on utilise pour polir l'acier.

Burin : outil en acier trempé permettant de graver.

Ciselet : outil en acier pour ciseler les métaux.

Frottoir : outil fait d'une bande de chapeau roulée pour frotter les manches d'ivoire ou de corne.

Fusil : tige d'acier avec un manche, permettant d'aiguiser les couteaux.

Gratteau : outil d'acier pour gratter l'ivoire, la corne, l'écaille ou le bois et effacer ainsi les traits laissés par la lime.

Laminoir : machine composée de deux cylindres d'acier entre lesquels on fait passer une masse de métal pour l'aplatir.

Lame : les lames nues, comme ci-dessous, passent entre les mains des émouleurs puis monteurs.

Lime douce : lime taillée à grains très fins.

Marteau à rabattre : nom donné au marteau permettant d'écrouir les rasoirs (c'est-à-dire de battre le métal à froid pour le rendre plus dense et lui donner du ressort.).

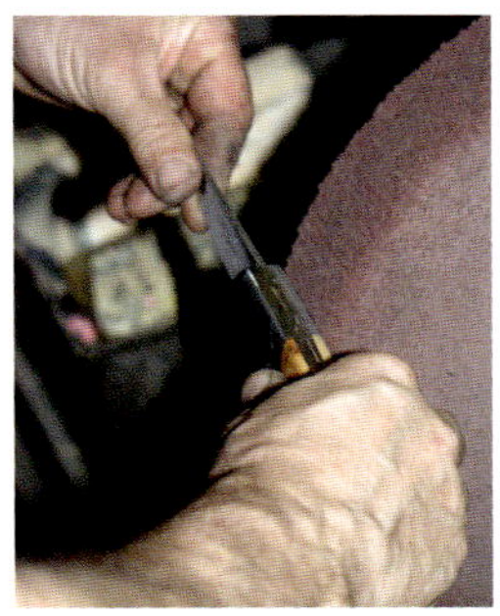

Meule : pierre de grès qui aiguise les ouvrages.

Pierre à affiler les tranchants : il en existe de plusieurs sortes, pierre à rasoir, pierre à faux (pour les gros couteaux, les couperets, les instruments de jardins,....), pierre ponce, pierre à huile (pour les couteaux, les ciseaux,...), pierre sanguine, pierre verte (pour faire des tranchants doux).

Poinçon : chaque maître a son poinçon dont il marque la lame, comme ci-dessus.

Tour de France des lames les plus connues...

Couteaux de Nontron

Les lames fabriquées à Nontron, dans le Périgord, seraient les plus anciennes de France. Au Moyen Âge déjà, les « couteaux du Pierregort », fabriqués à partir du minerai et des bois locaux et trempées dans l'eau froide du Bandiat, sont très réputés. Les chevaliers veulent une « nontronne » pour épée. Mais c'est au XVIIIe siècle que la coutellerie locale se développe, sous l'impulsion d'un maître coutelier parisien, Guillaume Legrand, qui épouse une Périgourdine : il est à l'origine de la première dynastie locale de couteliers, réputés pour leur habileté, notamment dans la réalisation de couteaux miniatures (on pouvait, dit-on, en mettre 72 dans une noisette !). Aujourd'hui, la coutellerie nontronnaise est la propriété des Forges de Laguiole.

Couteaux à bout rond...

On raconte que c'est le cardinal de Richelieu qui aurait fait fabriquer des couteaux de table à bout rond, parce qu'il ne supportait plus que ses voisins de table se curent les dents avec leurs couteaux à bout pointu...

Coutelières de Châtellerault

Alexandre Dumas décrit sa traversée de Châtellerault en 1846. Son équipage est pris d'assaut « par toute une population de femmes, dont la plus jeune pouvait avoir sept ans, et la plus vieille quatre-vingts ». Chacune essaie de vendre un produit de son art : une paire de rasoir, une serpette, une paire de ciseaux, un bistouri... Son fils achète pour cinq francs au lieu d'un louis « un couteau-poignard à manche de nacre et à garniture de cuivre simulant l'argent, de la taille la plus gigantesque ».

Lames de Thiers

Actuellement, 70 % des couteaux fabriqués en France viennent de Thiers. L'intérêt de la ville pour la coutellerie remonte aux croisades, lorsque les chevaliers constatent que les lames des « infidèles » sont plus souples et plus résistantes que les leurs. Thiers adopte alors la technique des forgerons arabes, en plusieurs couches, dites damas. Bien plus tard, dans les années 1850, les couteliers de Thiers copieront les modèles inventés à Laguiole...

Couteaux de Charolles

Ils ont aujourd'hui disparu... Ces couteaux fabriqués à Charolles en Bourgogne avaient une poignée fabriquée dans de la corne de bœuf ou de vache. Ils étaient réputés très résistants.

Capujadous et couteaux de Laguiole

C'est en 1829 qu'un forgeron de Laguiole en Aveyron, Pierre-Jean Calmels, crée pour les bergers de la région le couteau pliant qui va porter le nom de la commune. Les pâtres ont jusqu'alors un canif rustique, le *capujadou*, lame toute simple piquée dans un bout de bois, mais difficile à glisser dans la poche sans se blesser. Calmels crée des lames qui se replient sur des manches en corne. Ceux-ci sont même ornés d'une croix cloutée sur une face, pour que le berger puisse prier lorsqu'il est seul, isolé en montagne. En 1840, il y ajoute un poinçon utile aux éleveurs, en 1880 un tire-bouchon. Ce couteau pliant à trois lames fait alors la fierté des Aveyronnais montés à Paris. Enfin, à partir des années 1920, on orne le ressort d'une abeille. Signe d'un bonapartisme farouche ? Mystère...

Marcel Pradel
né en 1903 près de Thiers.

L'ethnologue Jean Prival rencontre en 1974 Marcel Pradel, l'un des derniers émouleurs du Puy-de-Dôme, et raconte sa vie dans *Ainsi va l'homme et ses métiers* (Créer, 1999). Marcel est même en photo au musée des ATP de Riom.

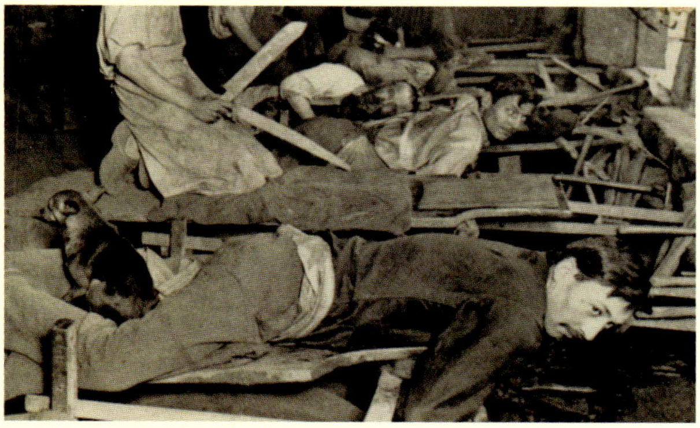

L'évolution du métier

Marcel a commencé à quinze ans, en 1918, comme émouleur dans l'atelier (on l'appelle un rouet) des Martinets. En 1930, l'atelier employait dix émouleurs et dix polisseuses. En 1945 : huit émouleurs et quatre polisseuses. En 1974, date de l'entretien, deux émouleurs (Marcel et Fernand) et une polisseuse (l'épouse de Fernand). Marcel a 71 ans, mais compte bien continuer encore trois ou quatre ans, car il y a trop de travail et pas assez d'émouleurs. Les premières machines à émoudre sont apparues en 1956, mais ne remplacent la main de l'homme que pour les travaux sans difficulté. Les émouleurs traditionnels se chargent toujours du haut de gamme (par exemple des couteaux de chefs qui nécessitent trois types de profils le long de la lame : pour hacher, trancher, écarter). Mais le métier a du mal à trouver sa relève. Les jeunes prennent des travaux moins durs ou mieux payés. Pendant longtemps, la rémunération (calculée sur les « grosses » fournies, c'est-à-dire les paquets de 160 lames) était faible. Maintenant elle est à l'avantage des émouleurs, mais l'apprentissage est trop long pour qu'on puisse en trouver vite de nouveaux.

Les difficultés du métier

C'est l'eau de la Durolle toute proche qui fournit la force motrice pour faire tourner la meule et l'eau qui l'arrose en continu pour que la lame qu'on y frotte ne brûle pas. Le travail d'émouture s'effectue à plat ventre au-dessus de la meule. Un travail rude pour la santé. D'abord parce que le frottement de l'acier sur la meule projette des particules occasionnant autrefois la silicose. Au départ, la meule de 400 kg fait 120 cm de diamètre ; en un an elle passe à 55 cm ! Quand Marcel cure tous les deux ans la fosse où s'accumulent les débris de limaille et d'émeri sous l'atelier, il en retire jusqu'à trente-cinq brouettées ! Dans les années 1920, on avait proposé aux émouleurs de porter les masques à gaz récupérés de la guerre 1914-1918 pour éviter à la fois la silicose et le dessèchement continu de la gorge qui portait à boire. Mais dans les années 1930, les meules en émeri, moins dangereuses pour les poumons, ont remplacé les meules en grès.

Pupuce le chien fidèle

Le chien est depuis des siècles l'inséparable compagnon de l'émouleur. Comme l'émouleur travaille toute la journée les mains dans l'eau froide et dans un atelier ouvert à tout vent, son chien vient s'allonger sur lui. Il le fait spontanément, pas besoin de dressage. Actuellement, c'est Pupuce qui réchauffe Marcel depuis six ans. Quand Marcel se lève, Pupuce va parfois réchauffer Fernand, le collègue de Marcel.
L'inconvénient, c'est que le chien fait ça toute l'année, même l'été quand il fait trop chaud. Impossible de lui faire comprendre qu'on aimerait bien qu'il s'abstienne... Marcel se souvient cependant qu'un ancien avait dressé son chien à aller lui chercher tous les jours du vin à l'auberge du village...

Le drapier

Il n'y a pas un drapier mais deux : le drapier drapant qui devient un industriel au XIXe siècle et le marchand drapier qui tient boutique. Zoom sur des métiers oubliés et surtout sur un vocabulaire en décalage avec celui d'aujourd'hui...

À la fin de l'Ancien Régime, 110 000 hommes, 260 000 femmes, 200 000 enfants travaillent en France dans le textile. Des chiffres qui montrent l'importance de cette activité pour le pays.

Un peu de vocabulaire

Un drap ne désigne... un drap de lit que depuis un siècle seulement. Auparavant on appelle linceuls les draps de lit. C'était le plus usé qu'on cousait autour du défunt avant une inhumation et le mot a fini par ne plus désigner que cet usage. Quant au mot drap, il est utilisé à l'origine pour tous les types d'étoffes, de la plus grossière en bourre de laine (la bure des robes de moine) à la plus riche, tissée de soie, d'or ou d'argent.

Deux métiers sous un seul nom

L'industrie du drap est considérée comme essentielle dès le Moyen Âge. Les six corps de métiers majeurs sont : la draperie, l'épicerie, la mercerie, la pelleterie (fourrure), la bonneterie et l'orfèvrerie. La corporation des drapiers est placée en tête lors des processions professionnelles. Elle est divisée en deux jurandes : les drapiers drapants (des fabricants) et les marchands drapiers (débitants de tissu au détail). S'y ajoutent ensuite deux corps de métiers proches mais spécifiques, les drapiers d'or à partir du XIVe siècle, qui travaillent surtout pour les vêtements sacerdotaux ou royaux ; et les drapiers de soie, à partir du XVIe siècle, avec l'installation des magnaneries en Europe, lorsque la route de la soie cesse de l'être pour devenir celle des épices et des porcelaines.

Un bourgeois plutôt qu'un artisan

Dans les deux cas, le maître drapier est un notable, un commerçant fort important qui assoie sa prospérité sur la laine ou les fils qu'il achète pour les faire travailler par les fileuses et les tisserands avant de revendre le produit fini. Il habite en général en ville, où il tient boutique, tandis que ses multiples sous-traitants travaillent à la campagne.

C'est lui qui les approvisionne en fil et en laine, parfois même en métier à tisser, et qui récupère ensuite les produits finis. Il gère ses achats en fonction du tissu qu'il souhaite obtenir. « La perfection des draps dépend principalement du choix des laines », écrit-on dans *L'Art de la draperie* en 1770. La plus fine, appelée mérinos et produite en Espagne, représente ainsi à elle seule 70 % du prix de revient du drap fini. Le marchand drapier vend ensuite les étoffes dans sa boutique ou sur les foires. Il en existe de nombreuses en France. Beaucoup sont consacrées au textile, notamment celles de Champagne qui attirent des commerçants venus de toute l'Europe. C'est l'apparition des grands magasins dans la seconde moitié du XIXe siècle, puis de la confection, appelée ensuite prêt-à-porter, qui va bouleverser les boutiques traditionnelles des marchands drapiers, emplies de coupons d'étoffes jusqu'au plafond, et les faire disparaître.

Les unités de mesure des textiles

Pour mesurer les étoffes, les drapiers utilisent une aune. Sa valeur est fixée en 1540 à 3 pieds 7 pouces 8 lignes de l'ancienne toise du Châtelet, soit 1,188 m. Une théorie rarement pratiquée : au XVIIIe siècle, l'aune de Paris mesure 130 cm, l'aune de Troyes 81,2 cm, l'aune de Lille 69,3 cm, l'aune du Dauphiné 197 cm, l'aune de Rouen 141 cm pour les toiles mais 154 cm pour la soie, etc. L'aune se subdivise en demies, tiers, quarts et sixièmes. Il existe une autre unité, la canne, utilisée dans le Midi et variable selon l'étoffe. En Provence, elle vaut 1,98 m pour la soie mais 2,13 m pour les draps. À Toulouse, elle vaut 1,78 m.

La Révolution et l'Empire instaurent le système métrique mais maintiennent une unité particulière pour les tissus jusqu'en 1837, l'aune métrique, qui vaut 1,20 m dans toute la France.

Les mots du métier

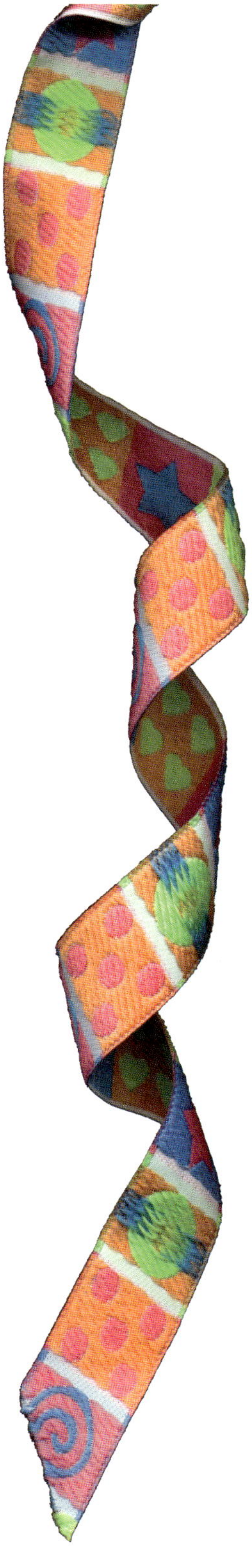

Andrinople : tissu rouge de coton bon marché.

Barèges : tissu en laine des Pyrénées.

Basin : étoffe damassée dont la chaîne est faite de fil et la trame de coton.

Batiste : toile de lin très fine et très serrée.

Bayadère : tissu à rayures.

Berlinge ou belinge : tissu breton de laine brute.

Bourrasse : tissu de chanvre.

Brocart : étoffe brochée de soie, d'or ou d'argent.

Brocatelle : étoffe de soie brochée, avec des motifs satinés qui se détachent sur un fond.

Bure : grosse étoffe de laine brune.

Cadis : étoffe de laine bon marché blanche ou noire.

Calmande : étoffe de laine lustrée.

Camelot : étoffe à poils longs (chèvre ou mouton).

Casimir : étoffe de drap fin utilisée pour les gilets d'hommes et les pantalons.

Chagrin : étoffe de soie ressemblant au cuir.

Cheviotte : lourd tissu de laine.

Coutil : tissu d'armure croisée, serrée, fil ou coton.

Crêpe : tissu de soie ou de laine fine dont l'aspect ondulé est obtenu par la forte tension des fils.

Cretonne : toile forte, en chanvre, coton ou lin.

Damas : tissu de soie ou de laine monochrome à dessins mats sur un fond satiné.

Denim : tissu de coton en armure sergée.

Droguet : étoffe de laine pure ou tramée laine sur chaîne de fil.

Faille : tissu de soie à gros grains formant des côtes.

Filoselle : grosse toile de bourre des cocons de soie.

Finette : rendu pelucheux à l'envers par grattage.

Flanelle : étoffe de laine légère, peignée, peu serrée.

Fleuret : tissu de mauvaise soie.

Frise : grosse étoffe de laine à poil frisé.

Froc : étoffe normande de laine grossière.

Futaine : étoffe pelucheuse de fil et de coton.

Gaze : étoffe légère et transparente (soie ou coton).

Gros : étoffe de soie dont la chaîne et la trame sont plus grosses que pour le taffetas.

Hollande : toile hollandaise de lin très fine.

Indienne : étoffe de coton peinte ou imprimée.

Jaconas : étoffe de coton légère.

Lamé : tissu orné de minces lames d'or ou d'argent.

Lampas : tissu d'ameublement en soie, orné de grands motifs décoratifs en relief.

Linon : toile de lin à chaîne et trame peu serrée.

Lisière : étoffe rêche peu large.

Lustrine : étoffe de coton apprêtée et lustrée.

Madapolam : tissu de coton blanc, à armure toile et à grain très marqué.

Mérinos : à partir de la laine du mouton mérinos.

Métis : sa trame est en lin et sa chaîne en coton.

Mohair : à partir du poil de la chèvre angora.

Moire : étoffe à reflets changeants grâce à un écrasement irrégulier du grain par calandrage.

Moleskine : toile de coton revêtue d'un enduit mat ou vernis, ressemblant au cuir.

Molleton : étoffe épaisse et mœlleuse de laine ou de coton, cardée et foulée.

Mousseline : tissu peu serré, léger et transparent.

Nankin : toile de coton, souvent jaune.

Nansouk : tissu léger de coton, d'aspect soyeux.

Organdi : mousseline légère de coton ou de soie.

Organsin : tissu fabriqué avec une soie très tordue.

Ottoman : soie à trame de coton, à grosses côtes.

Panne : étoffe comparable au velours, mais à poils plus longs et moins serrés.

Pékin : soie ornée de fleurs peintes ou de rayures.

Percale : toile de coton fine et serrée.

Pilou : tissu de coton pelucheux.

Piqué : tissu de coton ou de soie dont le tissage forme des dessins géométriques en relief.

Popeline : étoffe légère à chaîne de soie et trame de laine. Ou de soie et coton à armature taffetas.

Reps : étoffe d'ameublement à côtes perpendiculaires aux lisières.

Samit : riche tissu à trame de soie et chaîne de fil.

Satin : étoffe en soie, en laine, en coton ou en fibre, fine, brillante et moelleuse.

Satinette : étoffe de coton qui a l'aspect du satin.

Serge : tissu léger de laine à armure sergée.

Taffetas : toile légère de soie ou fibres synthétiques.

Tarlatane : mousseline de coton très apprêtée.

Tulle : tissu transparent à mailles polygonales.

Velours : étoffe rase d'un côté et couverte de l'autre de poils dressés, très serrés, maintenus par les fils du tissu.

Manufactures royales et usines textiles

Un entrepreneur

Le drapier est non seulement marchand, on l'a vu, mais aussi entrepreneur par le contrôle des opérations de tissage. Il achète la laine et vend les draps finis en ayant fait travailler dans l'intervalle de nombreux paysans et artisans : des fouleurs de laine, des peigneurs, des cardeurs, des fileuses, des tisserands… Il leur passe commande en leur fournissant la matière première et parfois les outils de travail : moulins à foulon, métiers à tisser, rouets… Pendant longtemps, parfois même jusqu'en 1914, ces ouvriers travaillent pour lui à domicile, lorsque le travail agricole laisse un peu de répit. Entièrement dépendants de leur commanditaire, ils gagnent très peu (26 sous par jour pour un tisserand à domicile en 1789, 9 sous pour une fileuse, et ça ne s'améliore guère au XIXe siècle), tandis que le marchand drapier est un notable, réalisant des profits substantiels.

Comme il s'agit d'une activité économique majeure, le pouvoir politique cherche très tôt à la contrôler. Sully sous Henri IV puis Colbert (fils de drapier) sous Louis XIV créent des manufactures royales, multiplient les textes législatifs et instaurent des barrières douanières efficaces pour protéger les drapiers locaux des concurrents anglais, hollandais et italiens. Chaque pièce de drap doit afficher son lieu de fabrication, le type de laine employée, le nombre de fils au centimètre carré, etc.

Et les grèves ?

Les tisserands à domicile et les ouvriers en textile ont des salaires si bas que les révoltes sont nombreuses. En 1382 déjà, une émeute due à la misère est réprimée dans le sang : on fait décapiter tous les meneurs des tisserands. Et c'est de ce corps de métier qu'est né le mot saboter, quand les ouvriers des usines lyonnaises du XIXe siècle ont cassé leurs métiers à tisser à coups de sabots avant de se mettre en grève !

Puis un industriel

Pendant des milliers d'années, les deux outils fondamentaux ont été le rouet et le métier à bras. À partir de 1733, une suite précipitée de transformations techniques touche le textile à travers ses deux activités fondamentales que sont la filature et le tissage. Le maître drapier traditionnel se transforme ainsi progressivement en industriel :

– 1733 : invention anglaise de la navette volante qui multiplie par quatre la productivité et qui se généralise vers 1750
– 1769 : invention anglaise de la broche à filer, 120 fois plus efficace que le rouet manuel !
– 1785 : invention anglaise d'un métier à tisser mécanique
– 1894 : la mécanisation transforme l'ouvrier en simple surveillant de machine.

Ces nouvelles techniques sont introduites en France par des aventuriers, techniciens et bricoleurs de génie, copiant de leurs mains les machines vues en Angleterre ou ramenant des plans dessinés sur place.

Avec la mécanisation, l'ouvrier en textile ne travaille plus chez lui, mais en usine, dans des conditions jusqu'alors inconnues et très dures. Le travail devient une tâche parcellaire et répétitive, dont il ne peut désormais plus, comme l'artisan, tirer plaisir ou fierté.

Marchands drapiers
du XIXe siècle.

Petit-fils de drapiers, Balzac décrit en 1820 le commerce prospère d'un marchand drapier parisien. Un demi-siècle plus tard, Zola prédit la disparition de ces boutiques face aux grands magasins et au prêt-à-porter.

Journée d'inventaire vers 1820

« On remuait tous les ballots et l'on vérifiait l'aunage des pièces pour s'assurer de la valeur exacte du coupon restant. On examinait soigneusement la carte appendue au paquet pour reconnaître en quel temps les draps avaient été achetés. On fixait le prix actuel. Toujours debout, son aune à la main, la plume derrière l'oreille, Monsieur Guillaume [marchand drapier rue Saint-Denis à Paris] ressemblait à un capitaine commandant la manœuvre. Sa voie aiguë, passant par un judas pour interroger la profondeur des écoutilles du magasin d'en bas, faisait entendre ces barbares locutions du commerce qui ne s'exprime que par énigmes : – Combien d'H-N-Z ? – Enlevé. – Que reste-t-il de Q-X ? – Deux aunes. – Quel prix ? – Cinq-cinq-trois. – Portez à trois A tout J-J, tout M-P, et le reste de V-D-O. Mille autres phrases tout aussi intelligibles ronflaient à travers les comptoirs comme des vers de poésie moderne que des romantiques se seraient cités afin d'entretenir leur enthousiasme pour un de leur poètes. Le soir, Guillaume,

enfermé avec son commis et sa femme, soldait les comptes, portait à nouveau, écrivait aux retardataires, et dressait des factures. Tous trois préparaient ce travail immense dont le résultat tenait sur un carré de papier tellière et prouvait à la maison Guillaume qu'il existait tant en argent, tant en marchandises, tant en traites et billets ; qu'elle ne devait pas un sou, qu'il lui était dû cent ou deux cents mille francs ; que le capital avait augmenté ; que les fermes, les maisons, les rentes allaient être arrondies, ou réparées, ou doublées. De là résultait la nécessité de recommencer avec plus d'ardeur que jamais à ramasser de nouveaux écus. » (Honoré de Balzac, *La Maison-du-Chat-qui-Pelote*, 1829)

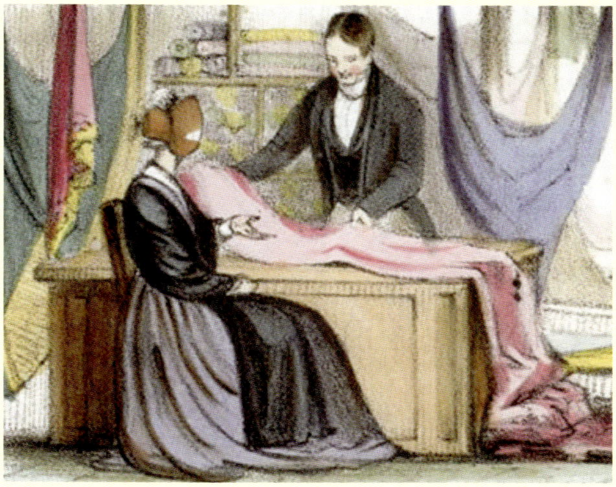

La boutique d'un drapier vers 1880

« Ils aperçurent une enseigne verte, dont les lettres jaunes déteignaient sous la pluie : « Au Vieil Elbeuf, draps et flanelles ». [...] Ce qui frappa surtout Denise, ce fut la boutique du rez-de-chaussée, écrasée de plafond, surmontée d'un entresol très bas, aux baies de prison, en demi-lune. Une boiserie de la couleur de l'enseigne, d'un vert bouteille que le temps avait nuancé d'ocre et de bitume, ménageait, à droite et à gauche, deux vitrines profondes, noires, poussiéreuses, où l'on distinguait vaguement des pièces d'étoffes entassées. La porte, ouverte, semblait donner sur les ténèbres humides d'une cave [...] avec son plafond bas et enfumé, ses comptoirs de chêne polis par l'usage, ses casiers séculaires aux fortes ferrures. Des ballots de marchandises sombres montaient jusqu'aux solives. L'odeur des draps et des teintures, une odeur âpre de chimie, semblait décuplée par l'humidité du plancher. Au fond, deux commis et une demoiselle rangeaient des pièces de flanelle blanche. » (Émile Zola, *Au Bonheur des Dames*, 1883)

L'horloger

Les obélisques, les sabliers, les cadrans solaires et les clepsydres à eau sont les premiers outils de la mesure du temps. Il faut attendre le XVIe siècle pour que l'horloge mécanique à poids puis à ressort se développe véritablement.

Un bien rare et précieux

Les cloches des églises rythment autrefois les heures de la journée. Nées au XIIIe siècle en Angleterre (la première est réalisée à Exeter en 1284), les horloges sont plutôt laïques : construites sur les beffrois ou les hôtels de ville, ornées des armes de la cité, elles manifestent le pouvoir des municipalités. Elles sont parfois associées à des figurines animées, les jacquemarts, et l'heure qui sonne devient alors un spectacle. Après les horloges, les montres à ressort apparaissent au XVIIe siècle, mais sont réservés aux plus riches. Leur usage se popularise au XIXe siècle, grâce aux améliorations techniques qui en diminuent le coût. Néanmoins, jusqu'après guerre, la montre reste un objet précieux : la fiancée l'offre à son promis lors des fiançailles, le parrain à son filleul pour sa communion...

Les premiers horlogers

Pendant longtemps, les métiers de serruriers et d'horlogers sont confondus. En 1544, François 1er confirme les statuts de la profession. L'organisation du métier est classique : apprentissage d'au moins huit ans, avec un chef d'œuvre pour accéder à la maîtrise. Des horlogers travaillent pour le roi et la cour. Cela explique pourquoi les premières dynasties horlogères, les Coudray, Gaudron, Leroy... sont d'origine tourangelle ou blésoise. Julien Coudray est gouverneur des horloges de Blois et valet horloger de Louis XII puis de François Ier. Les Gaudron, dont on trouve des branches à Blois et Chinon, sont au service des rois jusqu'à Marie-Antoinette. Enfin, Tours est la seule ville de France ayant une rue dédiée à un horloger, Julien Leroy (1686-1759), qui surpassa les Anglais en technique. Voltaire dit d'ailleurs au fils Leroy, après la bataille de Fontenoy : « Le maréchal de Saxe et votre père ont battu les Anglais » ! Autre célébrité, Beaumarchais est né d'une famille d'horlogers, les Caron.

Un métier en mutation

Devant l'augmentation de la demande au XVIIIe siècle, les entrepreneurs divisent le travail. Ils confient la réalisation de chaque pièce à des paysans qui trouvent ainsi un revenu d'appoint. Ils travaillent le soir ou l'hiver, surtout dans les régions de montagne (Franche-Comté, Doubs, Alpes). Ces paysans horlogers remodèlent l'économie des vallées. Entre 1680 et 1800 par exemple, des milliers d'horloges sont montées dans les fermes du Morez et vendues par des marchands ambulants, sans les poids qu'il faut commander au forgeron du village.

Au XIXe siècle, l'usage des montres se généralise et les horloges comtoises trouvent leur place dans chaque foyer. Les paysans horlogers disparaissent au profit des ouvriers en usine, où la fabrication se fait à la chaîne. Mais les artisans hautement qualifiés sont toujours là. Napoléon III crée les quatre premières écoles d'horlogerie (Cluses, Besançon, Lyon, Paris) et des centres d'apprentissage. Après quatre ans d'études, l'élève doit pouvoir fabriquer une horloge dont le décalage au bout d'une semaine ne dépasse pas la seconde. Des écoles de talent !

L'arrivée du quartz dans les années 1970 bouleverse l'horlogerie française. Pourtant, le sujet était abordé dès les années 1950 en école, un Canadien avait construit la première horloge à quartz en 1927 et les caractéristiques du quartz avaient été découvertes par Pierre Curie. Avec le quartz, les techniques de fabrication et de réparation changent totalement, l'électronique devient reine.

L'horloge mécanique à rouages aurait été inventée par le moine Gerbert d'Aurillac, futur pape Sylvestre II. Il était si savant qu'il avait du fuir de Salamanque où on le prenait pour un sorcier !

Les mots du métier

Brunissoir : outil d'acier pour brunir les vis, les pièces de cuivre, etc.

Brusselle : petite pincette souvent munie d'un ressort, utilisée pour tenir ou modifier la forme de pièces délicates (roues finies, ressorts spiraux).

Calibre à clés : permet à l'horloger de mesurer les diamètres des axes et des ressorts.

Compas d'épaisseur ou huit de chiffre : sert à mesurer des grandeurs, des épaisseurs de certaines parties courbées.

Drille : permet, à l'aide d'un archet et d'une corde (ci-contre), de percer des trous peu profonds et précis pour y placer des forets.

Équarissoir : broche d'acier trempé, cylindrique ou conique, utilisée pour agrandir ou rectifier les trous après le perçage. Elle a plusieurs arêtes coupantes. Le nombre des pans n'est pas toujours le même ; plus les faces sont nombreuses, plus les trous réalisés sont ronds.

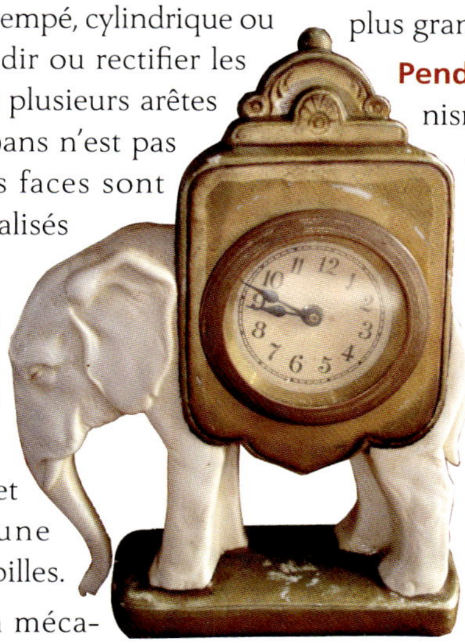

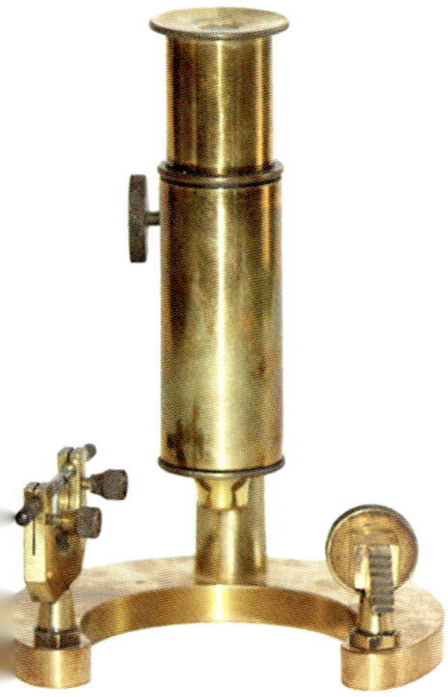

Filière : plaque d'acier percée de trous gradués, pour faire de petites vis, en fer, acier ou cuivre.

Grenouille : pince qui permet d'enlever les aiguilles d'une montre pour extraire les goupilles.

Horloge : nom donné à un mécanisme de grand diamètre. Il peut être monté dans un mécanisme en bois (horloge comtoise, comme ci-dessous au centre), suspendu ou non, ou bien dans un bâtiment.

Lime : l'horloger utilise la lime à dossier, la lime à couteau, la lime à pivots, la lime à efflanquer, etc.

Machine à tailler les dentures : autrefois l'horloger arrondissait à la main les dents des roues et des pignons, après le fendage. Maintenant, il emploie une machine dite à raboter avec des limes spéciales.

Montre : nom donné à un mécanisme de petit diamètre. Elle se porte en gousset, en bracelet ou en collier.

Mouvement : nom donné à l'ensemble du mécanisme. On distingue les mouvements de

petits diamètres (montres), de ceux des réveils-matins et des pendules dites deParis (de cheminée ou de table), d'une dizaine de centimètres de diamètre, et des mouvements des horloges, au diamètre plus grand.

Pendule : nom donné à un mécanisme de diamètre moyen (dix centimètres environ) et comportant un balancier.

Pignon : organe denté qui compte généralement de 6 à 14 dents. Les différentes parties d'un pignon sont : les ailes, l'assiette sur laquelle est rivée la roue, le tigeron et les pivots.

Poinçon : outil cylindrique en acier trempé à arêtes tranchantes pour découper, façonner des pièces de formes diverses, ou marquer chiffres, lettres, signes. L'horloger utilise le poinçon à river, à chasser les goupilles, à resserrer les trous...

Porte-mouvement : il permet de maintenir le mouvement (mécanisme) lors de la réparation.

Potence à river : le plateau tournant se bloque à l'aide de la clé. Il sert à river et à chasser.

Réveil-matin : le mouvement est d'un diamètre semblable à celui d'une pendule, mais s'y ajoute un mécanisme sonore.

Spiral : petit ressort attaché par ses extrémités au balancier et protégé par un coq. Grâce à l'élasticité, les spiraux permettent au balancier d'osciller de façon régulière.

Tour : pour redresser les roues à cylindres.

Tour en l'air ou à lunette : sert à tourner certaines pièces jusqu'au centre.

Les horloges les plus célèbres

Le Gros Horloge de Rouen (1389)

Son mécanisme est très ancien (1389), mais sa façade est postérieure (1529). L'horloge n'a qu'une aiguille, qui pointe l'heure. Une sphère indique les phases de la lune, un semainier les jours : Diane le lundi, Mars le mardi, Mercure le mercredi, Jupiter le jeudi, Vénus le vendredi, Saturne le samedi et Apollon le dimanche.

Un système à part

Sous la Révolution, le mode de calcul des heures devient décimal. Il fallait 100 secondes pour faire 1 minute, 100 minutes pour faire 1 heure et 20 heures pour 1 journée. Mais cela ne réussit jamais à être appliqué.

L'horloge de Bourges (1424)

Installée dans la cathédrale de Bourges pour le baptême de Louis XI, elle a été très abimée au fil du temps, mais un nouveau mécanisme lui a donné une seconde vie. Un cadran donne les heures, l'autre le jour, le mouvement de la lune et celui du soleil, et la position du soleil dans le ciel. Des clochettes sonnent les quarts et jouent le *Salve Regina* toutes les heures.

L'horloge de Strasbourg (1547)

Elle indique les heures, e déplacement des planètes, le jour, les phases de la lune, les fêtes mobiles.... En panne peu avant la Révolution, elle est réparée de 1838 à 1843 par Schwilgué, qui y ajoute des automates. Tous les quarts d'heure, un ange sonne une cloche, un autre retourne un sablier et un personnage défile devant la Mort (un enfant, un jeune homme, un adulte puis un vieillard). À midi, les apôtres passent devant le Christ. Au passage des 4e, 8e et 12e apôtres, un coq chante et bat des ailes.

L'horloge de Lyon (XVIe siècle)

L'horloge de la primatiale Saint-Jean donne l'heure mais aussi la date (exacte jusqu'en 2019), les positions de la Lune, du Soleil, de la Terre, et le lever des étoiles au-dessus de Lyon. Des animaux et la scène de l'Annonciation se mettent en mouvement plusieurs fois par jour.

L'horloge de Saint-Omer (1555)

L'horloge de la basilique Notre-Dame indique les heures, les jours, les mois, les signes du zodiaque, le lever et le coucher de la lune et du soleil. Elle est remarquable pour sa précision et pour le très petit nombre de pièces en mouvement (25 pièces seulement donnent toutes les indications commandées en 1555, auxquelles l'horloger a ajouté la position du soleil).

L'horloge de Besançon (1857)

Le maître horloger Vérité met deux ans à la créer pour la cathédrale Saint-Jean et trois à la perfectionner. Ses 30 000 pièces mécaniques affichent 122 informations : heure, date, saison, durée du jour et de la nuit, éclipses lunaires et solaires, signes zodiacaux, date de Pâques, dates et heures des marées, heure solaire, solstice, etc. Ses animations et scènes bibliques se déclenchent en fonction de l'heure ou du calendrier.

L'horloge de Beauvais (1868)

Construite par Vérité en trois ans pour la cathédrale, elle comporte 52 cadrans, 65 automates, une carte avec 86 constellations et 4 000 étoiles. Les cadrans donnent l'heure, le jour, le cycle solaire, la date de Pâques, etc. Chaque heure, 68 automates s'animent pour le Jugement Dernier : un coq chante et bat des ailes, le Christ fait signe aux anges de jouer de la trompette ; puis la Vertu est conduite au ciel par un ange et le Vice poussé en enfer par un diable.

Robert, Maurice et Michel Barbier

horlogers de père en fils.

Robert Barbier, horloger entre les deux guerres, a deux boutiques dans deux villes distinctes du département. Ses deux fils Maurice et Michel reprennent le métier en y ajoutant la bijouterie. Un petit-fils est resté bijoutier.

Les tournées de l'horloger

Pour Robert Barbier, l'horlogerie, c'est une passion. Rien de plus beau que ces enchevêtrements de rouages qui fonctionnent sans à-coups. Le reste, verre, bois, bronze, marbre... ce n'est rien d'autre que de l'habillage.

Les montres doivent être remontées tous les jours, les horloges toutes les semaines. Au début de sa carrière, avant que les horloges municipales ne deviennent électriques, Robert a ainsi des contrats annuels avec plusieurs communes : il passe chaque semaine remonter toutes leurs horloges, celle de l'hôtel de ville, du clocher, de la gare, etc. Certains propriétaires des environs le paient aussi pour qu'il remonte au bon moment les horloges et les pendules de leur château.

Les réparations

La difficulté de création ou de réparation est fonction de la taille du mouvement (mécanisme). Les plus simples sont les comtoises, les carillons, les suspendues ou les horloges de ville : le diamètre est grand. Les horloges de Paris (celles qu'on pose sur les meubles) sont plus modestes mais comptent une centaine de pièces. Les montres, surtout celles de femmes, demandent un travail minutieux. Les réparations les plus fréquentes portent sur :

– le verre de protection des aiguilles, qui a pu se briser. Robert sous-traite la découpe d'un nouveau verre ;

– les roues dentées. Deux ou trois dents ont pu se briser à l'intérieur du mouvement. Robert coupe alors la roue sur quelques millimètres et y remet une portion de métal avec des dents de même dimension. Travail minutieux. Certains horlogers sont même capables de juger d'un coup d'œil un écart d'un dixième de millimètre ;

– les axes. Ils usent progressivement le métal qui les entoure, le cercle devient, l'axe prend du jeu. Il faut alors agrandir le trou et y replacer une rondelle de métal. On devine là encore toute la difficulté dès qu'il s'agit de pièces minuscules...

Bijouterie et horlogerie : deux mondes

Parce qu'autrefois les montres et les pendules sont des objets précieux, l'horloger vend aussi souvent des bijoux dans sa boutique. Avec ses outils, il est par exemple particulièrement bien placé pour graver les prénoms des fiancés à l'intérieur des alliances ! Mais bijouterie et horlogerie, trop souvent amalgamés dans l'esprit du public, sont deux métiers radicalement différents. La bijouterie est un métier « sale » : soudures, éclats de métal... alors que l'horlogerie est un métier « propre » où le moindre grain de poussière pouvant perturber le fonctionnement du mécanisme doit être chassé. L'horlogerie est par ailleurs un métier de précision, pas la bijouterie : il suffit que l'objet soit beau, pas que son montage soit précis. Pour répondre à la demande des clients, Robert, puis ses deux fils après lui, ajoutent la bijouterie à leur activité traditionnelle, mais n'y sont guère attachés. Leur plaisir, c'est d'avoir entre les mains un beau mécanisme à réparer. Plus il est petit, plus il va leur demander de temps. Et plus il est ancien aussi, car aucun mouvement ne ressemble alors à un autre : ce n'est pas avec trois montres cassées du XVIIIe siècle qu'on peut en reconstituer une en récupérant telle ou telle pièce.

La fin d'un métier avec le quartz

Robert n'a pas connu l'arrivée des mécanismes à quartz mais ses deux fils oui. Une grosse déception. Car leur métier se résume alors à changer des piles, au mieux un élément électronique qu'il ne leur est plus possible ni de fabriquer ni de réparer. L'activité perd sa technicité, donc ce qui en faisait son attrait. Un univers disparaît.

Autrefois, pas de village sans forge, sans maréchal-ferrant et sans le bruit familier du marteau frappant en cadence sur l'enclume... Personnage central et reconnu de la vie villageoise traditionnelle, il est un peu vétérinaire... et arracheur de dents à ses temps perdus !

! *On raconte que les fers à cheval trouvés au hasard des chemins sont porte-bonheur. Placés à l'entrée des maisons, dans le lit conjugal ou sous les nids des poules, ils sont censés guérir la stérilité, protéger de la foudre et même des rages de dents !*

Le maréchal-ferrant

Le maréchal-ferrant et son atelier

Le perfectionnement de l'agriculture, le développement de la culture attelée et l'essor du cheval dans les transports font la fortune du maréchal-ferrant (« fèvre » ou « favre »). C'est lui qui ferre les chevaux, les mules et les vaches, fabrique et répare les versoirs et les pièces en fer des charrues, des attelages, tout l'outillage à main nécessaire aux travaux des champs et les outils des artisans du village. Il forge aussi les objets de la vie domestique, en particulier ceux qui servent à la cuisine dans l'âtre : crémaillères, landiers, trépieds et grils...

Une enseigne, le bouquet de saint Éloi, ou une enclume signalent la présence de la forge. Dans l'atelier aux murs noircis de fumée, le foyer et son grand soufflet, l'enclume, la cuve pleine d'eau pour refroidir le fer incandescent occupent la plus grande partie de l'espace. Au-dessus de l'établi appuyé contre un mur sont accrochés des outils et des fers de formes diverses. Le travail, bâti en bois et en fer où l'on sangle les bœufs à ferrer, est souvent installé dans la cour du maréchal.

Le maréchal-ferrant n'est pourtant pas riche. Jusqu'au début du XXe siècle, c'est le troc qui prévaut : le meunier le paie en farine, le fermier en volailles, légumes ou bois de chauffage, d'autres encore troquent leur travail contre celui du maréchal... S'il y a un paiement en numéraire, il se fait deux fois par an, à la Saint-Éloi ou à Noël.

Le maréchal et ses apprentis portent en général un tablier de cuir à poche, retenu sur les cuisses par des courroies et des boucles de métal en forme de cheval ou de cavalier. La prise du tablier est un rite qui se déroule au cabaret. L'envers du tablier du nouveau forgeron est marqué de l'empreinte d'un verre de vin ou bien d'une pièce de monnaie et de la signature de ses camarades.

On reconnaît le maréchal compagnon du Tour de France à ses boucles d'oreilles : elles comportent des breloques en forme de fer à cheval.

Un artisan important

Cet artisan et ses apprentis (car il est sous l'Ancien Régime le seul à avoir droit à un nombre illimité d'apprentis, ce qui souligne son importance économique et sociale) travaillent tôt le matin et tard le soir.

Sûr de lui et expert écouté, le maréchal est aussi vétérinaire, dentiste et guérisseur. Son marteau, comme celui du meunier, a le pouvoir de guérir. En Corrèze, il le brandit au-dessus d'un enfant étendu sur son enclume. Ce simulacre est supposé guérir de l'épilepsie ou du carreau, maladie d'origine tuberculeuse, autrefois très répandue.

Distinct du maréchal à partir du XIIe siècle, le forgeron, incarnation de la force physique, détenteur des techniques du feu, est un personnage puissant. En témoigne la légende de saint Éloi, patron des forgerons, qui aurait inscrit sur son enseigne « Éloi, maître des maîtres ». Afin de le ramener à davantage d'humilité, Jésus tranche devant lui la patte d'un cheval pour le ferrer plus à l'aise, puis la remet en place. Éloi essaye de l'imiter, mais en vain... Patron des maréchaux et de tous ceux qui travaillent le fer, saint Éloi protège aussi les orfèvres et les artisans liés aux chevaux : bourreliers, charrons, muletiers, agriculteurs...

L'âme des villages d'autrefois

La multiplicité de ses activités, ses talents pour réparer les instruments ou soigner tous les animaux de traits font du forgeron le personnage clé de la vie des villages d'autrefois. Lorsque la mécanisation intervient, il répare les premiers tracteurs tout en continuant à ferrer les chevaux, puis il disparaît avec eux. Pourtant, quelques artisans travaillent encore pour des clubs hippiques, mais sont devenus maréchaux-ferrants ambulants : on ne leur amène plus les chevaux, ce sont eux qui viennent les ferrer. Il reste 1 450 maréchaux aujourd'hui en France.

Les mots du métier

Boutoir : le boutoir (ci-dessous) sert à nettoyer le sabot du cheval et à enlever la corne. Il est remplacé aujourd'hui par le rogne-pied.

Brochoir ou pied de biche : il sert à arracher les vieux clous du fer et à enfoncer les nouveaux.

Bouton à cautériser : cet outil (ci-contre à gauche) chauffé au rouge, appelé aussi brûle-queue est utilisé pour cautériser la queue du cheval après sa coupe. Se fixe à l'extrémité d'un manche.

Bute : sert à couper la corne des chevaux.

Cautère : il est chauffé à essence minérale et permet de cautériser une plaie.

Clystère : seringue à lavement (ci-contre), souvent en étain, pour soulager l'animal.

Compas de pied : sert à mesurer les angles de la corne en ferrure orthopédique.

Coupe-queue : ou pince à surcoué (ci-dessous), sert à couper la queue du cheval.

Cure-pied : fer crochu utilisé pour nettoyer le dedans du pied du cheval.

Davier : tenaille pour arracher les dents.

Dérivoir : tord les clous pour retirer l'ancien fer.

Écarteur : spéculum pour examiner les juments.

Émouchet en crin de cheval : pour chasser les mouches et les taons qui risquent d'énerver l'animal pendant qu'on le ferre.

Enclume : elle sert à marteler les fers et à leur donner la tournure (les adapter à la forme du pied).

Entraves : permettent de contenir les mouvements brusques de l'animal lorsqu'on le ferre ou le soigne.

Ferretier : marteau pour forger le fer.

Ferrière : sac de cuir rassemblant tout ce qui est nécessaire pour ferrer un cheval.

Flamme : acier utilisé pour saigner le cheval.

Forge : autrefois au charbon, maintenant au gaz, sert à chauffer les fers pour les tourner.

Lancette : pour vider un abcès ou faire une saignée.

Pas-d'âne : sert à maintenir la bouche ouverte du cheval pour les soins dentaires.

Mailloche : marteau léger fendu, destiné à parer le pied et à recourber l'extrémité des clous.

Moraille ou tord-nez : tenaille qui permet de pincer le nez d'un cheval rétif pour le calmer.

Pince à casseaux : sert à castrer les chevaux.

Pince à parer : sert à couper la corne.

Pince à sonder : sert à tester la sensibilité du pied et à détecter des hématomes ou des abcès.

Pinces pour courtauder ou coupe-queue : pour couper la queue entre deux vertèbres.

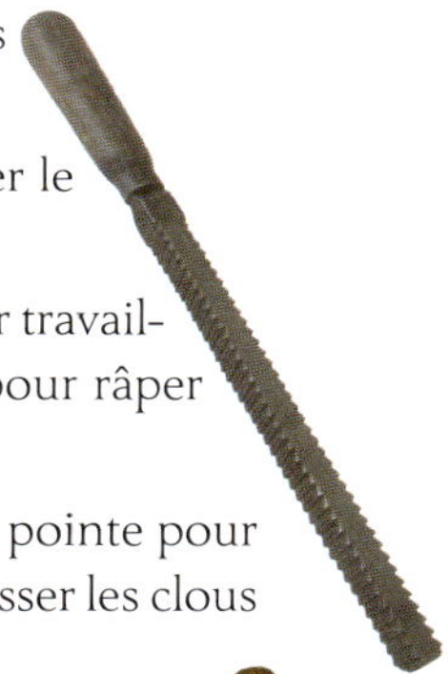

Pincette : retire les corps étrangers dans la peau de l'animal.

Rainette à lame courbe : sert à curer le sabot du cheval.

Râpe : une face est taillée en lime pour travailler le métal et l'autre taillée en râpe pour râper la corne du sabot.

Repoussoir : cheville de fer taillée en pointe pour nettoyer les étampures du fer et repousser les clous mal brochés.

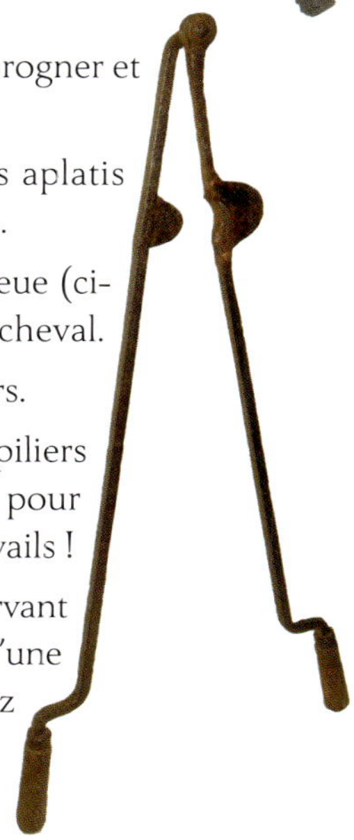

Rogne-pied : sorte de couteau pour rogner et retirer des portions d'ongle.

Tenaille de forge : tenaille à bouts aplatis servant à manipuler les fers brûlants.

Tire-queue : appelé aussi coupe queue (ci-contre), sert à couper la queue du cheval.

Tricoise : sert à arracher les vieux-fers.

Travail : machine en bois à quatre piliers entre lesquelles on attache le cheval pour le ferrer. On dit ici un travail, des travails !

Trocart : instrument de vétérinaire servant à percer la panse d'un animal atteint d'une affection due à l'accumulation de gaz de fermentation dans l'estomac.

Les gestes du maréchal-ferrant

La fabrication des fers

La fabrication des fers est faite en série, en général en hiver. Le maréchal ferrant part d'une barre de métal coupée à la bonne dimension et la fait chauffer à blanc pour la cintrer. Il la maintient d'une main sur l'enclume avec les tenailles et la frappe de l'autre main à la masse. S'il y a un apprenti, il frappe en alternance avec lui. On frappe les deux faces, puis on perce les trous pour les clous (huit pour un fer à cheval, six pour un fer à âne), toujours à chaud. La qualité du travail s'entend au son : si le son que rend le fer lorsqu'on le frappe sur du métal est clair mais bref, l'acier est trop dur ; s'il est clair mais long, le fer est parfait ; s'il est « fêlé », il y a un défaut dans le métal.

Légendes dorées

Le Vendredi saint est le jour du maréchal, la légende affirmant qu'aucun forgeron n'avait accepté de fabriquer les clous de la croix du Christ. C'est d'ailleurs le seul artisan auquel l'Église reconnaissait le droit de travailler le dimanche.

La pose des fers à cheval

Pour le ferrage d'un cheval (ou d'un âne), le propriétaire ou l'apprenti du maréchal tient ployée la jambe de l'animal, avec le sabot face vers le ciel. Si le cheval est difficile, on le maintient avec un tord-nez, c'est-à-dire une boucle de ficelle qui enserre les naseaux du cheval au bout d'un bâton : il ne peut plus bouger sans que être gêné. Ensuite le maréchal :

– déferre la bête avec le dérivoir (pour arracher les clous) et avec la tricoise (pour enlever l'ancien fer)
– pare le pied avec le rogne-pied, c'est-à-dire qu'il taille la corne qui a poussé
– pose le fer rougi, en le poussant avec la tricoise de la pince (extrémité du sabot) vers le talon (la pointe en triangle sur le haut du fer s'appelle le pinçon)
– cloue le fer avec la mailloche. Des trous sont laissés libres dans le fer, pour y ajouter des crampons l'hiver en cas de verglas : cette astuce permet au cheval d'avancer plus faciement sur les routes enneigées
– rabat la tête des clous et râpe les aspérités.

Les chevaux sont autrefois ferrés deux ou trois fois par an, ce qui est un minimum, la corne du sabot poussant d'un centimètre par mois !

Les vaches aussi !

Il n'y a pas que les chevaux : les vaches et les bœufs aussi sont ferrés autrefois, quand ils sont utilisés comme animaux de trait. Leurs fers ne sont pas en U, mais sont des semelles métalliques rondes et plates, fixées par cinq clous. Les vaches sont en général maintenues pour le ferrage dans des bâtis qui peuvent en recevoir deux à la fois. Les membres sont assujettis sur des barres pour éviter les coups de pieds. On peut désormais acheter des ébauches de fer tout faits, qui simplifient grandement le travail.

Serge Martin
maréchal-ferrant
né en 1934 à Maillé.

Serge Martin a en quelque sorte commencé le métier à huit ans en aidant son père, maréchal-ferrant à Maillé. Une aide modeste mais bien utile, puisqu'il avait pour mission de chasser les mouches avec une queue de cheval au bout d'un manche. Cela évitait que le cheval ne s'agace et ne remue trop pendant que son père posait les fers.

1944 : le massacre de Maillé par une colonne allemande laisse Serge orphelin. Il devient maréchal-ferrant comme son père, parce qu'il le lui avait promis. Il fait son apprentissage à Sainte-Maure.

Tout en psychologie...

Couper la corne, marteler le fer, le poser, le clouer... ces gestes sont importants mais ce qui l'est encore davantage pour bien travailler, c'est de comprendre la psychologie de l'animal. Le cheval n'est pas une machine, chacun a son tempérament, sa sensibilité, ses habitudes. Il y a bien sûr de méchantes bêtes, qui essaient de mordre ou de donner un coup de pied. On s'en rend compte tout de suite et on fait attention. Mais d'autres ont tout simplement des petites manies dans le déroulé du ferrage. Il faut les découvrir pour que tout se passe bien. Par exemple, un cheval voulait toujours qu'on lui ferre ses deux pieds avant puis ses deux pieds arrière au lieu de tourner (avant, arrière puis retour de l'autre côté) comme on le fait d'habitude. D'autres étaient très chatouilleux. Si on leur touchait par inadvertance le ventre avec la tête en se penchant, ils faisaient un grand bond de côté. D'autres ne supportaient pas l'odeur de la corne qui brûle, il fallait alors y aller très progressivement.

Mais l'attention ne permet pas d'échapper à tous les coups. Serge se rappelle avoir pris un coup de pied dans l'oreille un jour où il était penché sur la jambe avant d'un cheval : une mouche vient chatouiller le ventre du cheval qui envoie un grand coup de son sabot arrière pour la chasser. La pauvre bête n'avait pas voulu frapper le maréchal-ferrant, mais ça fait mal quand même !

Quelques anecdotes...

Serge se souvient aussi de ce cheval qui tournait la tête et hennissait, comme pour le saluer, chaque fois qu'il passait devant la maréchalerie, quand il était apprenti à Sainte-Maure. Ou de cet autre qui vivait dans une ferme au bout du bourg de Maillé : quand l'animal pensait qu'il avait besoin d'être ferré, il s'échappait de la ferme et venait au petit trot tout droit chez le maréchal-ferrant. Et il avait toujours raison : la corne avait poussé, il était temps de la couper et de changer les fers...

Un métier qui bouge

Les maréchaux-ferrants ambulants d'aujourd'hui tiennent le pied du cheval en même temps qu'ils le ferrent.

Mais il s'agit de chevaux de selle aux pieds légers. Ce n'était pas possible autrefois avec les chevaux de labour aux jambes lourdes. Le propriétaire devait tenir le pied, et, même à deux mains, il avait déjà bien du mal. Surtout si l'animal se lâchait de tout son poids au lieu de soutenir sa jambe...

Les chevaux de culture ont commencé à se raréfier dans les années 1960 et ont disparu dans les années 1970. Serge s'est reconverti dans la mécanique agricole, la ferronnerie et la serrurerie, mais il a continué à ferrer les chevaux de selle de quelques particuliers jusqu'à la fin de sa carrière. Un métier, ça ne s'oublie pas.

L'idée de façonner la terre ne date pas d'hier... et le potier, « homme de la terre » s'il en est, reste l'un des plus vieux artisans de notre civilisation. Utilisées depuis toujours pour la cuisson des aliments ou au service de l'eau, les poteries deviennent alors objets de décoration ou même d'art.

! *Même si le tour reste l'instrument majeur du potier depuis 4 000 ans, il existe d'autres techniques, souvent plus rudimentaires, utilisées pour des formes simples ou dans l'art : le colombinage, le montage à la plaque, le modelage, les jarres à la corde, l'estampage au moule...*

Le potier

L'eau, l'air, la terre... et la poterie

L'apparition de la poterie, étape essentielle dans l'histoire de la civilisation, remonte à l'époque néolithique. Les premières poteries, cuites à l'air libre, sont mates, poreuses et de couleur sombre. On découvre très tôt le moyen de les rendre imperméables grâce à un enduit à base de silice. À l'époque gauloise, l'industrie de la poterie est très développée. Les enduits transparents à base de plomb, dits vernis, se généralisent dans la France carolingienne à partir du XIIe siècle.

Les grès, dont la pâte est vitrifiée par une cuisson à haute température, apparaissent en Beauvaisis au XIVe siècle. Ils sont surtout utilisés dans le Nord, pour la salaison et la conservation du lait, tandis que les régions méridionales préfèrent les poteries vernissées.

La faïence, arrivée au XVIe siècle en France par l'Italie, est une poterie recouverte d'une glaçure opaque à base d'étain, blanche ou teintée. Destinées à une riche clientèle et fabriquées dans d'importantes manufactures, elles sont à leur apogée au XVIIIe siècle. Elles commencent à pénétrer les milieux populaires lorsque les classes aisées se tournent vers la porcelaine.

La poterie : haut, bas, fragile !

La céramique populaire (épis de faîtage, fontaines, plats) connaît une période brillante de 1760 à 1880 et atteint son âge d'or à partir de 1850, avec les transformations économiques et sociales. Le développement des communications et un commerce actif permettent aux marchandises, confiées à des grossistes, de trouver de nouveaux débouchés au-delà du marché local ou du quincaillier voisins, et de travailler pour une clientèle parfois lointaine. La cuisine, en passant de l'âtre au fourneau, réclame de nouveaux ustensiles et l'alimentation, en se diversifiant, demande une vaisselle plus abondante. L'augmentation du niveau de vie contribue aussi à cet essor.

Autour des années 1880, la concurrence des faïences de Gien, de Creil-Montereau, de Sarreguemines... et, plus encore, des récipients en métal touche durement l'artisanat potier. En effet, les ustensiles en tôle émaillée sont incassables, bon marché et exempts des dangers du vernissage. Dès la fin du XIXe siècle, les ateliers commencent à fermer et, après 1918, les petites entreprises disparaissent ou se limitent à la fabrication de pièces communes pour la cuisine et l'horticulture.

Certains comprennent alors les débouchés que peuvent offrir le tourisme. Ils fabriquent des éléments d'architecture, des vases, des objets décoratifs plus ou moins éloignés des formes traditionnelles. Dans plusieurs centres, l'arrivée d'artistes, tels Jean Carriès à Saint-Amand, Jean Lerrat à La Borne ou Picasso à Vallauris, entraînent les potiers vers la céramique d'art.

Les potiers jusqu'en 1914

Le potier est doublement homme de la terre : il la façonne et il la cultive. Sauf pour les plus grands centres, il est aussi longtemps un cultivateur qui retourne à son champ et à sa vigne si son activité d'artisan n'est plus suffisamment rentable.

À Saint-Amand au XVIIIe siècle, les maîtres potiers-laboureurs propriétaires de leurs ateliers sont des gens aisés, qui savent lire et écrire. En revanche, les maîtres potiers-métayers, qui doivent céder à leur propriétaire la moitié de leur production, sont souvent aussi pauvres que des ouvriers. Le tourneur est le plus qualifié, le plus apprécié et le mieux payé des ouvriers. Le tournage est l'apanage des hommes. Les femmes et les filles des potiers sont cantonnées dans des besognes annexes et mal rétribuées, telles la pose des anses et les finitions. Le potier est propriétaire de son tour et travaille avec un manœuvre et une finisseuse qu'il paye sur son salaire. Il est rémunéré à la pièce, au compte (un ensemble de pots) ou à la journée.

Les mots du métier

Argile : matière première essentielle du potier, elle est de couleurs différentes selon sa provenance.

Batte : c'est une sorte de maillet plat à quatre angles, et d'une même pièce avec son manche. Il sert à travailler le carreau.

Couteau de potier : coupe et creuse l'argile.

Crible : outil pour cribler (tamiser) la terre.

Ébauchoir : outil de bois servant à former, décorer et lisser l'argile. Le plus souvent en buis, il peut être de taille et de forme diverses et variées.

Estèque : outil de bois, de métal ou de plastique, servant à lisser la surface externe de l'objet lors du tournage.

Fil à couper la pâte : pour découper les blocs d'argile et détacher du tour les pièces terminées.

Four : outil essentiel du potier, c'est la chambre où sont cuites pendant environ huit heures les pièces de poterie à une température de 850 à 1 200 °C, et jusqu'à 1 400 °C parfois aujourd'hui. La température est choisie en fonction de la nature de la terre et des couleurs à obtenir. Les énergies utilisées sont le bois, le gaz ou l'électricité (le charbon et le fuel ont désormais disparu).

Mirette : elle est utilisée pour creuser et créer des motifs dans l'argile. Les mirettes sont rondes (lorsque le fil de fer est rond) ou coupantes (lorsque le fil de fer est plat et coupant).

Montre : petite pyramide de terre dont le point de fusion est connu et qui sert à constater la température de la chambre de cuisson.

Moule : permet au potier de donner différentes formes à ses ouvrages.

Palette : pour arrondir les angles des poteries.

Patte de coq : support sur lequel est posé un objet lors de l'enfournement pour que la chaleur circule tout autour.

Peigne : pour tracer des lignes sur la terre.

Pige : sert à contrôler la hauteur de la pièce en cours de tournage.

Pinceau : essentiel pour les finitions des poteries (peinture, vernis, etc.).

Plaine : morceau de bois pour récupérer la terre qui dépasse du moule.

Poêle ou poêlon : fourneau qui se ferme.

Terrat ou terrain : récipient rempli d'eau dans lequel le potier mouille ses mains pour éviter que l'argile ne s'y colle lorsqu'il tourne des pots.

Tour : roue de bois qu'on fait tourner au pied et sur laquelle on peut fixer une pièce ou une motte d'argile pour la travailler et lui donner sa forme.

Tournassin : outil de fer tranchant pour travailler le dessous des vases après les avoir détachés du plateau.

Tournette : sur le tour, plateau tournant actionné à la main, utilisé pour des opérations ne demandant pas une vitesse de rotation continue, notamment lors des finitions.

L'art du tour de potier

La terre se fait belle...

Le premier travail du potier consiste à extraire la terre qu'il va utiliser dans des terrains qui lui appartiennent ou qu'il loue. L'extraction se fait à ciel ouvert ou au moyen de puits et galeries quand les couches d'argiles sont trop profondes. Le potier fait alors appel à un professionnel, puisatier ou « tireux de terre », pour accomplir ce travail difficile et dangereux. La terre est ensuite placée sur une aire de séchage, puis broyée au pilon. Elle est alors humidifiée, retournée, débarassée de ses impuretés, enfin pétrie aux pieds par le potier ou par un ouvrier spécialisé, le marcheur.

Autour du pot

La place du pot dans l'équipement domestique explique l'abondance des expressions « tournant autour du pot » : « pot de vin », « à la fortune du pot », « sourd comme un pot », « payer les pots cassés », « en deux coups de cuillère à pot », « C'est dans les vieux pots qu'on fait les meilleures soupes », « C'est le pot de terre contre le pot de fer »... jusqu'au mystérieux « pot aux roses ».

Le pot passe son « tour »

La terre est pétrie à la main une dernière fois et divisée en pastons plus ou moins gros selon la pièce à tourner. Le paston est placé sur le tour, actionné au pied ou lancé à l'aide d'un bâton. L'outillage est simple : des morceaux de bois, estèque et tournassin, pour lisser la terre, des baguettes fixées à une potence pour calibrer la hauteur et le diamètre du pot, détaché du tour à l'aide d'un fil et mis à sécher sur une planche ou dans des séchoirs. Les anses, découpées dans un ruban de terre, sont mises en place. Puis le pot est enduit d'un mélange d'argile et d'eau, l'engobe, qui colore la terre et lui donne un aspect plus uni. Le décor peut être gravé dans l'engobe ou exécuté avec des engobes colorées déposées au moyen d'un petit récipient en terre, le barolet, ou d'une poire en caoutchouc. Une fois sèche, la pièce est trempée dans un vernis à base de plomb qui prend un aspect brillant et transparent à la cuisson.

Attention à la cuisson !

La cuisson est une étape délicate : l'échec d'une fournée peut signifier la ruine du potier, incapable alors de payer son marchand de bois. Il doit savoir répartir les objets plus ou moins près de la paroi chauffante selon leur volume et leur qualité, les pièces les plus délicates étant posées dans des gazettes qui les protègent. Le four doit être chargé au maximum sans que les pots se touchent. Une fois rempli, le four est muré avec des briques et de vieilles poteries. Le bois est le seul combustible utilisé jusqu'en 1850. Peu à peu, le charbon, le gaz, le fuel et l'électricité le remplacent, même s'il reste utilisé par les potiers de tradition. Au début de la cuisson, le four est garni de bûches, puis de fagots qui donnent de plus longues flammes. L'opération peut durer plusieurs jours. Les ouvertures du four sont ensuite bouchées juqu'au refroidissement total. On procède alors au défournement.

De l'usage des poteries

Les productions des ateliers, variables par leurs formes, couleurs, décors, sont pour l'essentiel des ustensiles de ménage destinés aux aliments (terrines, saloirs, pots, assiettes) et à la vie domestique (chaufferettes, cuviers à lessive). S'y ajoutent des objets décoratifs (épis de faîtage, tuiles faîtières) ou fabriquées à la demande, à l'occasion d'un événement, avec souvent une date et une inscription, parfois la signature du potier.

André, potier
né en 1914.

Son père et deux oncles travaillant déjà l'argile, André est devenu potier à son tour pendant l'entre-deux-guerres.

Des gestes à apprendre

L'apprentissage des bons gestes ne va pas de soi, ils demandent du temps. Au cours de sa carrière; André a travaillé sur les trois types de tours : le tour actionné au pied, le tour « à vache », appelé ainsi parce le large cercle dont il faut lancer la rotation avec un grand bâton de bois a la forme d'une roue de char à bœufs, et le tour électrique, plus régulier. Mais le coup de main a prendre a des millénaires d'existence : il faut plonger ses doigts dans l'eau (un terrat rempli d'eau reste toujours à ses côtés), enfoncer ses pouces dans la boule d'argile,

creuser l'intérieur avec la main gauche, l'index replié appuyant contre la paroi, donner le galbe avec la main droite et l'estèque, éliminer les bulles, lisser... Deux baguettes permettent de contrôler la hauteur et le diamètre à obtenir. C'est la pression des mains conjuguée à la vitesse du tour qui donne sa forme à l'objet. Plus il est grand, plus le travail se fait en force.

Les finitions et l'émaillage

Détaché du tour, le pot encore humide est mis à sécher au soleil ou près d'un poêle. Les finitions sont pendant longtemps restées du ressort des femmes. André n'intervenait ni pour découper les anses dans un ruban de terre ni pour faire les oreilles à la main dans un morceau d'argile, ni pour les coller à la pièce. Mais il prenait la suite pour la couleur puis l'émaillage. D'autant plus qu'au fil du temps, l'atelier s'est orienté vers des modèles plus artistiques destinés aux touristes ou aux amateurs d'objets originaux. Chaque potier a ses recettes, André travaille avec deux sortes de terres, une commandée dans la Nièvre, une autre en Anjou, et élabore ses propres formules d'émaillage. Ainsi, un bleu qu'il affectionne a été obtenu après 200 essais sur des témoins lors des cuissons, teintes toutes répertoriées. Ses œuvres étaient créées à partir de ce bleu ou d'un rouge à base de cendre de chêne.

La cuisson au four

André a connu le four à bois (qui réclamait des centaines de stères sur l'année) puis le four électrique.
Une fois le four plein commence le ressuyage, première étape de cuisson pour enlever l'humidité résiduelle. Ensuite : le petit feu, qui élève la température à 300 ou 400 ° et déshydrate l'argile. Le grand feu assure le durcissement définitif : 900 ° pour les faïences, 1 200 ° pour les grès, 1 400 ° pour les porcelaines. Avec le four électrique, André pratiquait souvent deux cuissons pour un meilleur rendu des pièces : à 1 000 ° puis, après émaillage des pièces refroidies, à 1 280 °.
En fin de travail, quand on coupe la chauffe, on obstrue toutes les ouvertures du four pour que le refroidissement soit très lent, que les pièces ne claquent pas et que le vernis ne se fende pas. Avec un four à bois, on savait si la fournée était prête au jugé, grâce à l'habitude. Avec le four électrique, les sondes de température permettent des relevés réguliers des courbes de chaleur sur des graphiques. La machine a remplacé le coup d'œil de l'ancien mais la satisfaction d'admirer les objets terminés reste toujours la même.

Le savonnier

Dès l'Antiquité, la Gaule est réputée pour ses savons, fabriqués à partir de graisse de chèvre et de cendre de hêtre ou de varech. Curieux mélange mais très réputé ! Non seulement il lavait, mais en plus il blondissait les cheveux et les moustaches ! Les techniques de fabrication ont ensuite bien évolué...

Le savon de Marseille est connu dès le XIVe siècle. Privilégiée, la ville bénéficie à la fois de l'huile d'olive nécessaire à la fabrication, mais aussi d'un port permettant l'importation de soude, indispensable elle aussi, puis la commercialisation des savons.

Les débuts de la savonnerie

Au Moyen Âge, l'huile d'olive remplace la graisse animale gauloise. Le commerce du savon se développe autour de la Méditerranée et la première savonnerie de Marseille ouvre en 1371.

Les techniques de fabrication n'évoluent guère. Il faut chauffer et mélanger dans une cuve de la cendre lavée, un corps gras (du suif ou de l'huile) et de la soude. Lorsque le mélange « prend », il est mis à refroidir dans des moules et découpé en petits blocs dès qu'il est solidifié.

Chaque maître savonnier a sa propre recette. Pour savoir quand le mélange est à point, il se fie à sa couleur, à son odeur et même au goût ! La profession se dote de statuts de plus en plus contraignants. Le nombre de savonneries est limité. On les interdit même dans certaines régions pour empêcher la déforestation, car la cuisson du mélange est longue et demande beaucoup de bois. La qualité du savon est également surveillée. À Marseille par exemple, il est interdit de travailler l'été car la chaleur empêche la pâte du savon d'atteindre la bonne consistance, et la pureté de l'huile d'olive est contrôlée.

De l'atelier à l'usine

Les petites savonneries sont progressivement remplacées à partir du XVIIIe siècle par de grandes manufactures. L'artisan en perd la propriété au profit des négociants qui apportent les capitaux nécessaires. Les tâches sont divisées et réparties par étage :

– au sous-sol se trouvent les chaudières et les réserves de combustibles et d'huile,

– au rez-de-chaussée, les grands chaudrons réalisent la saponification. On concasse la soude et la chaux au marteau, puis on les mélange à l'eau pour obtenir une « lessive » incorporée ensuite à l'huile bouillante des chaudrons. Plusieurs jours de chauffe sont nécessaires à la saponification. La pâte est ensuite déversée dans de grands moules en bois appelés « mises » et montés à l'étage pour y sécher ;

– au premier étage : les salles de séchage. Une fois refroidi, le savon y est découpé en pains avec une tirette (sorte de fil à couper le beurre) ou avec un tranchoir. Les savons découpés reçoivent alors la marque du fabricant avant de finir de sécher sur des claies. Il est vendu aux épiciers en pains de vingt kilos, à découper au couteau pour les clients.

Les mots du métier

Auge : sert à tirer les savons des cuves.

Boule d'ambre : sert à vérifier la concentration en soude de la lessive : si la boule flotte, la lessive est suffisamment forte.

Bûche d'airain : jauge servant à mesurer l'épaisseur et à aplanir la pâte présente dans les mises.

Campane : nom donné en Provence à la chaudière dont on se sert pour cuire le savon.

Casse : poêlon de cuivre servant à puiser le savon ou l'eau pour arroser la chaux.

Coupeur : nom donné à l'ouvrier qui coupe les savons.

Couteau : sorte de gros hachoir au bout d'une barre de fer pour couper les savons.

Cuves : pour faire chauffer les corps gras.

Écaille : tesson de pot ou de tuile vernissée sur laquelle on fait couler une bande de matière de savon pour s'assurer qu'elle est cuite.

Épine : tuyau ajusté au chaudron, qui sert à éliminer l'eau en surplus présente dans le chaudron.

Éprouvette : cuiller de fer avec laquelle on prend de la pâte de savon dans la chaudière afin de s'assurer qu'elle est suffisamment éclaircie.

Fatigant : nom de l'ouvrier travaillant au chaudron.

Fil ou tirette : fil de fer fixé à un manche en bois pour découper le savon en tranche (ci-dessous).

Fourgon : barre de fer avec un crochet, qui sert à arranger les bûches dans le fourneau.

Lessiveur : nom donné à l'ouvrier qui prépare les lessives.

Machine à découper le savon : machine dans laquelle on verse la pâte pour la découper en copeaux.

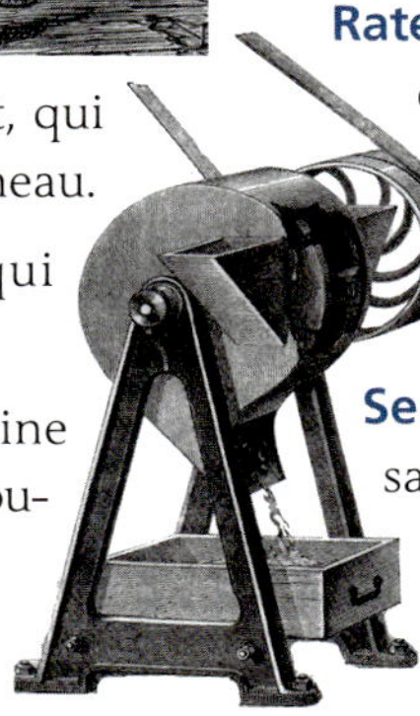

Madreur : nom donné à l'ouvrier qui marbre les savons avec du sulfate de fer.

Matras : perche de bois munie d'une plaque pour remuer les graisses et la soude dans les chaudrons. Le matras désigne également une autre perche munie à son extrémité de fibres et de tissus pour boucher l'épine.

Millerolle : vase de terre vernissé dans lequel on met l'huile d'olive.

Mise : caisse en bois de grande longueur où est déversée la pâte de savon, pour y sécher avant d'être débitée en pains.

Mouvette : spatule pour remuer le liquide dans le chaudron (ci-contre à droite).

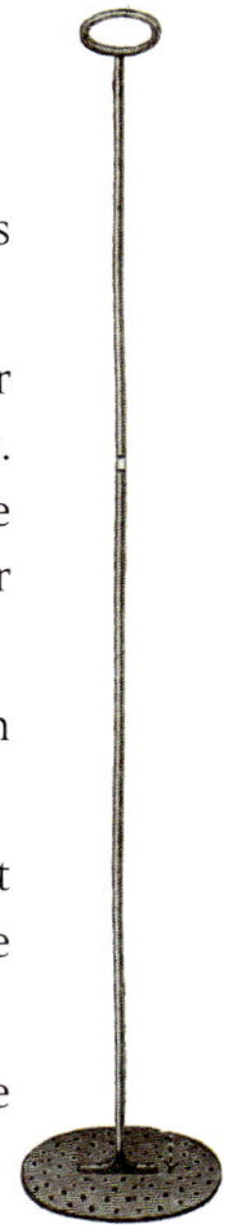

Pain : bloc de savon découpé.

Pelle de fer : pour mêler la chaux avec les substances salines.

Pèse-liqueur : pour mesurer la pesanteur des liquides.

Platines de fer : pour briser les matières.

Poidou : vase qui sert à puiser de l'eau ou des lessives.

Puiseur : récipient au bout d'un long manche utilisé pour transvaser les liquides (ci-contre).

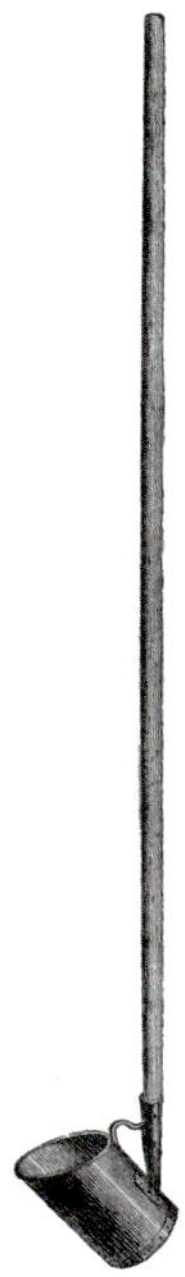

Rateau à dent de fer ou règle de bois : permet de tracer sur les gros pains de savon les endroits où il faut les couper.

Redable ou rouable : barre de fer qui sert à tirer les cendres ou le feu du fourneau.

Servidou : chaudron de cuivre pour porter le savon cuit en pâte aux mises.

Truelle : pour parer les pains de savons.

Les dernières évolutions du savon…

La révolution du savon

Aujourd'hui encore, le savon s'obtient en faisant chauffer des mélanges dans des cuves. Mais les produits utilisés ne sont plus les mêmes. En 1791, Nicolas Leblanc (le bien nommé !) trouve comment obtenir facilement de la soude caustique, indispensable à la fabrication du savon, à partir du sel de mer. Il fabrique sous la Restauration, en guise de publicité, le buste en savon du roi Louis XVIII qu'il offre à Charles, frère du roi, avec l'inscription « Il efface toutes les taches » !

En 1823, le scientifique Michel Chevreul théorise la saponification et découvre une nouvelle matière première plus douce : l'oléïne. En parallèle, la fabrication se modernise. La machine à vapeur permet des fabrications en grande quantité. Les manufactures deviennent des usines. L'usage du savon se répand dans toutes les classes sociales, pour la lessive et la vaisselle comme pour la toilette.

Pub, pub, pub…

Au XXe siècle, les savonniers se battent à coup de publicités. Avant-guerre, on met en avant des marquises (pour insister sur le luxe) ou des bébés (pour garantir la douceur). Après guerre, on affiche des ménagères (le côté pratique l'emporte) ou la mousse (pour le plaisir). C'est aujourd'hui l'évocation du naturel qui l'emporte !

L'invention de la mousse

La révolution technique suivante vient d'outre-Atlantique. Un certain Harley Procter, qui dirige dans les années 1870 une entreprise familiale de savons et de bougies, rêve d'un savon crémeux. Un rêve que son cousin chimiste, James Gamble, va réaliser avec le *white soap*, qui donne une mousse épaisse et douce, grande nouveauté. Ce savon rencontre un tel succès qu'il faut agrandir les usines ! La société Procter & Gamble connaît le développement que l'on sait, figurant aujourd'hui parmi les toutes premières sociétés mondiales de fabrication de produits de soins corporels et de ménage.

Les bouleversements du XXe siècle

Les évolutions se poursuivent au XXe siècle. Une erreur de brassage dans les cuves de chauffe introduit un jour trop d'air dans les savons de Procter & Gamble. Erreur utile : ces savons plaisent beaucoup parce qu'ils flottent dans le bain au lieu de couler au fond de la baignoire !

Jusqu'aux années 1960, le savon reste multi-usage, aussi bien pour le linge que pour la peau, comme le montre la publicité en haut de page. Puis, les gros pains de savon servent davantage au linge, avant d'évoluer vers le savon en paillettes et toutes les variétés de lessive, tandis que les savons doux et mousseux sont utilisés pour la toilette. À partir des années 1990, ils sont progressivement détrônés par les savons liquides. Le traditionnel savon de Marseille reste cependant utilisé pour les peaux fragiles et celles des bébés parce qu'il est plus naturel.

Et aujourd'hui ? Le savon rond ou rectangle réapparaît, mais souvent comme un gadget : translucide et transparent, il contient un jouet (une façon ludique d'inciter les enfants à se laver énergiquement !) ; ou, coloré et sculpté, il devient un objet qui séduit par sa beauté.

Michel Bianconi
né en 1962, savonnier à Marseille.

Dernier savonnier de la savonnerie du Fer-à-Cheval de Marseille (l'une des trois dernières toujours en fonctionnement), Michel Bianconi perpétue le savoir-faire traditionnel du savon extra pur à 72 % d'huile, le fameux savon de Marseille original. France 3 lui a consacré une émission, *Parcours de vie*.

S'il n'en reste qu'un...

Michel est entré en 1982 comme intérimaire dans cette savonnerie du Fer-à-Cheval où travaillait déjà sa famille. Il plaisante en racontant qu'il n'aimait pas les études et qu'il y avait aussi une histoire d'amour entre le savon et lui. Une histoire qui dure : « Le savon, dit-il, c'est une passion, il faut l'aimer ».

Michel a d'abord travaillé au moulage, l'étape la plus facile, puis il est passé par toutes les étapes de la fabrication. Au fil des années, tous ses confrères ont progressivement disparu. Il est désormais seul maître à bord, dans cette usine qui fabrique le savon de Marseille traditionnel. Il aimerait trouver un remplaçant, mais il faut former l'apprenti trois à cinq ans avant qu'il ne devienne un bon savonnier...

Il ne s'ennuie jamais, car il faut tout regarder. Comme celle du lait sur le feu, la cuisson du savon se surveille en permanence. Pour obtenir quinze tonnes de savon de Marseille, il faut mélanger dix tonnes d'huile d'olive et de la soude. Réaction chimique, saponification, cuisson, décantation, lavage... Quand il commence une fabrication un lundi dans ses cuves, c'est le lundi ou le mardi de la semaine suivante qu'il termine l'emballage des cubes. Un travail patient, riche de savoir-faire.

Un produit incomparable

Pour Michel, qui le dit avec l'accent, le savon de Marseille est incomparable, parfait pour la peau comme pour les cheveux. « D'ailleurs, je n'utilise jamais de shampoing et vous voyez, à cinquante ans, pas un seul cheveu blanc ! ». Il rappelle que le savon de Marseille a le meilleur pouvoir détachant qui soit. Il efface paradoxalement et totalement toutes les taches d'huile. On peut même fabriquer de la lessive en mélangeant deux cents grammes de savon de Marseille râpé dans deux litres d'eau, parfumée si besoin d'une demi cuillère à café d'huile essentielle. Dans les armoires, ce savon à l'olive repousse les mites. Dans le jardin, il chasse les pucerons. Que peut-on demander de mieux ?

Attention aux contrefaçons !

Napoléon appréciait tant le savon de Marseille qu'un décret de 1812 punissait les imitateurs et exigeait l'adoption d'une marque particulière : un pentagone portant en son centre les mots « huile d'olive », « Marseille » et le nom du fabricant. Un confrère de Michel, Gilbert Latour, repreneur des Savonneries du Midi, veut remettre au goût du jour ce fameux pentagone en même temps qu'un label protégé. La savonnerie du Fer-à-Cheval vient de déposer un logo de reconnaissance de fabrication marseillaise.

Car des savons de Marseille, on en fabrique beaucoup mais pas toujours dans le Midi. Le fameux cube peut même venir d'Indonésie ou de Malaisie, avec de l'huile de palme (moins chère) au lieu d'huile d'olive, l'ajout de coprah pour faire mousser, etc. On est loin du savon initial qui se doit d'être légèrement vert comme l'olive. Et loin aussi des mêmes qualités pour la peau...

Le tailleur de pierre

Toutes les civilisations ont utilisé la pierre pour bâtir. D'abord en l'empilant, ensuite en la taillant pour mieux l'ajuster. À la main de l'artisan s'ajoutent dès l'Antiquité les mathématiques et la philosophie. Les tailleurs de pierre s'affirment ainsi comme les héritiers d'une longue tradition.

Les XIIe et XIIIe siècles correspondent à l'âge d'or des tailleurs de pierre et au renouvellement complet de leur savoir : plus de 18 000 églises et cathédrales sont construites entre 1150 et 1315 !

Un bel et ancien artisanat

On connaît tous le récit du passant qui interroge des maçons : « Je pose une pierre », dit le premier. « Je monte un mur », dit le second. « Je bâtis une cathédrale », dit le troisième. Parmi tous les artisans du bâtiment, les tailleurs de pierre semblent toujours avoir la vision la plus large, la prescience du monument terminé à partir du premier bloc posé... Ils se revendiquent d'ailleurs comme la plus ancienne association ouvrière du monde, remontant à la construction du temple du roi Salomon à Jérusalem, 900 ans avant JC.

Le point de départ : la carrière

Tout commence dans les carrières. Et pas seulement de calcaire. Plus de quatre cents variétés de pierre sont utilisées en France. La plus tendre est le tuffeau du val de Loire, mais on trouve de la craie dans bien d'autres régions, à commencer par la Champagne. La plus dure est, selon l'avis de bien des bâtisseurs, le granit, très présent en Bretagne et dans le Massif Central. Plus il est riche en quartz et pauvre en mica, plus il est dur à travailler. Mentionnons aussi l'andésite, présente dans les coulées de lave, qui a servi par exemple à construire en pierres noires la cathédrale de Clermont-Ferrand.

Dans les carrières, les gestes sont les mêmes depuis des millénaires. Pas d'école pour apprendre : on est éduqué sur place, par l'observation du travail des autres. Les outils de départ sont simples : des scies, des crics, des leviers, des treuils pour fendre les dalles de pierre et les déplacer, sans oublier une bonne ceinture de flanelle autour des reins (on assure que ça protège les lombaires). Et si la carrière n'est pas à ciel ouvert, il faut aussi étayer les galeries.

L'étape suivante : dégrossir le bloc

Il faut ensuite dégrossir les pierres, les façonner et les calibrer. Pour dégrossir, les tailleurs se servent d'une grande variété de pics, de ciseaux, de marteaux à pointes, de brettelés de toutes sortes... et de scies bien entendu. On en trouve de toutes tailles, allant parfois jusqu'à deux mètres de long. Pour gruger, affiner ensuite la pierre, les artisans utilisent une boucharde, c'est-à-dire un marteau à têtes carrées et dentées, avec lequel ils frappent du plat de ses têtes les parements dégrossis à la pioche pour en détacher les aspérités. Ils améliorent le résultat en frappant la surface avec des gradines, c'est-à-dire de petits ciseaux à dents. Pour finir, on rabote la pierre avec des chemins de fer, planches de bois à poignées dans lesquelles des lames sont encastrées perpendiculairement, comme les traverses par rapport aux rails du train. Des peignes à dents amovibles très dures sont utilisés pour le granit.

Finitions et sculptures

Pour finir, une belle pierre saine se reconnaît au son cristallin qu'elle rend. Elle est alors mise de côté pour les façades, les entourages de fenêtre, les linteaux, etc.

Elle quitte ensuite la carrière pour rejoindre les chantiers de constructions. Pas seulement des chantiers de rénovation : la construction neuve représente encore la moitié de l'activité de taille de pierre aujourd'hui. Sur place, d'autres tailleurs de pierre prennent le relais pour l'ajuster et la monter : maisons, façades, balustrades, fenêtres, fontaines, cheminées, façades, escaliers, four... Et pour finir, l'artisan se transforme parfois en sculpteur pour embellir la pierre.

Les mots du métier

Bard : civière à bras pour porter les pierres.

Binard : chariot à roues avec un plancher pour transporter les blocs de pierre.

Boucharde américaine : marteau à une ou deux têtes armées de dents pour gruger la pierre. On frappe du plat de ses têtes les parements dégrossis à la pioche pour en détacher les aspérités.

Broche : tige de métal pointue pour ébaucher, dégrossir et dégager des grandes surfaces.

Chasse : outil en acier avec un bout biaisé pour dégager un plan franc dans la pierre. On le frappe avec un marteau.

Chemin de fer : sert à aplanir une face de pierre, comme un rabot. Il ressemble à une scie aux dents perpendiculaires au sens de la longueur. Il en existe de plusieurs types : à lame dentelée neuve, à lame dentelée usée ou à lame non dentelée.

Ciseau de tailleur de pierre : outil de fer acéré, aplati et tranchant par le bout pour faire les ciselures de parements d'une pierre.

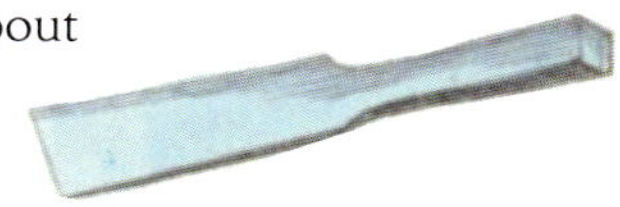

Contre-caniveau : nom donné au T du paveur.

Épinçoir : marteau fendu en angle par les deux bouts.

Fausse-équerre ou compas d'appareilleur : utilisé pour tracer les pierres.

Fil à plomb : mesure la verticalité d'un mur.

Gravelet : ciseau pour travailler la pierre.

Gradine : ciseau très effilé de trois à six dents utilisé pour dégrossir les parements en pierre ferme (marbre, granit, etc.). Si elle est munie de six dents, on l'appelle la gradine à point d'orge.

Gouge : sorte de ciseau à bois utilisé par les tailleurs de pierre pour tailler des moulures.

Jaillant : hache à deux têtes perpendiculaires.

Laye : marteau brettelé à dents pour layer la pierre, c'est-à-dire la tailler.

Louve : pince en fer constituée de deux branches amovibles reliées à deux chaînes et un anneau. Elle permet de lever des blocs de pierre. La louve est soulevée par une corde et une poulie.

Marteau brettelé : marteau dont une extrémité est tranchante et dentelée.

Massette : gros marteau souvent en acier, avec un petit manche en bois.

Niveau à bulle : mesure l'horizontalité d'un mur.

Passe-partout à pierre : scie très flexible. Elle est à deux manches quand elle est grande, pour utilisation par deux ouvriers.

Pioche : marteau avec les deux bouts pointus.

Pointerolle : barre en acier octogonale (pour éviter qu'elle tourne dans la main) avec une extrémité en pointe. On la percute avec une massette, pour réaliser une saignée par exemple.

Polka : outil tranchant pour aplanir la pierre. Un tranchant est parallèle au manche tandis que l'autre est perpendiculaire.

Râpe : lime à grosses entailles pour les parements.

Sauterelle ou fausse équerre : il s'agit d'une équerre composée de deux règles de bois de même longueur et assemblées, par l'un de leurs bouts, en charnière. Les deux éléments sont donc mobiles, ce qui permet de tracer toutes sortes d'angles.

Scie : les tailleurs de pierre en utilisent de toutes formes et de toutes dimensions.

Taillant : marteau à pic.

Truelle : pour appliquer le mortier permettant de sceller les pierres entre elles.

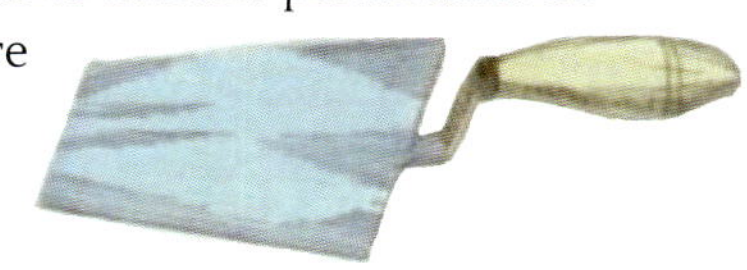

Les compagnons du Tour de France

Au XIXe siècle

Quand au XIXe siècle des compagnons du Tour de France décèlent chez un apprenti de dix-sept ans, après trois années de formation, les aptitudes voulues (réceptif, courageux, honnête), ils lui proposent de les accompagner. Le départ ne se fait pas au hasard : le tour de France est ponctué d'auberges tenues par des Mères choisies en raison de leurs qualités humaines et de la commodité de leurs locaux.

Les auberges des mères

Ces auberges se trouvent situées à trente ou quarante kilomètres les unes des autres (l'étape d'une journée à pied), dans des villes dites bâtardes, où l'on ne conserve pas de règlement, ou dans des villes dites de boîte où sont déposées les règles du Devoir et où l'on procède à la réception rituelle des aspirants.

Le compagnonnage

Les compagnons du tour de France se divisent entre les enfants de maître Jacques, ceux du père Soubise (les charpentiers) et ceux du roi Salomon (les tailleurs de pierre). Les tailleurs de pierre sont surnommés les estrangers ou bien les loups garous.

Le compagnon peut s'écarter un peu du parcours prévu tout autour de la France pour travailler dans des villes de moindre importance, mais il doit nécessairement, pour être en règle, s'arrêter dans une ville de boîte avant de retravailler ailleurs, faute de quoi il est déclaré brûleur et mis à l'amende.

C'est chez la Mère que les jeunes aspirants et les compagnons de passage prennent leurs repas et dorment. C'est aussi chez elle qu'ils se réunissent le dimanche pour traiter des affaires de leur société, réunions strictement réglementées où les aspirants ne sont pas admis.

La réception comme compagnon

Être reçu compagnon, c'est être reconnu comme frère, jouir des mêmes droits mais aussi être assujetti aux mêmes devoirs. Le titre se mérite. S'il entraîne la considération des autres ouvriers, c'est qu'il suppose la maîtrise du métier, une conduite exemplaire dans le travail, envers le « bourgeois » comme envers les compagnons et même dans la vie privée. Point de voleurs, de débauchés et de paresseux chez les compagnons ! Les trois temps forts de la cérémonie de réception sont le serment de respecter le Devoir et de garder le silence sur le contenu de la réception ; le baptême symbolique qui marque le passage de l'aspirant à l'état de compagnon, avec attribution d'un surnom ; enfin l'exposition d'une représentation du maître fondateur (maître Jacques, Salomon ou le Père Soubise selon les métiers).

C'est au cours de la réception que le nouveau compagnon se voir offrir ses couleurs : deux longs rubans de soie, un rouge et un bleu (symboles de la force et de la douceur associées) qu'il portera désormais enroulés autour de son chapeau et dont les extrémités flotteront au vent lors des cortèges. Il acquiert aussi une longue canne de jonc à embout de cuivre, ornée d'une cordelière noire à glands frangés de soie. Sur le pommeau d'ébène de sa canne, il fait fixer une pastille d'argent gravée des initiales de son surnom, de son métier et du blason de sa société.

Un puissant réseau d'entraide

Le jeune compagnon va apprendre à effectuer les gestes de reconnaissance, l'accolade et les réponses rituelles. Il va comprendre que la solidarité entre les compagnons ne renvoie pas seulement à l'assistance mutuelle, à l'amitié et aux secours aux malades mais aussi à la défense du salaire de l'ensemble des membres de cette confrérie professionnelle. La juste contrepartie de leur probité et de leur qualité de travail est en effet un salaire minimum négocié avec les maîtres et appliqué dans toutes les fabriques : aucun compagnon ne doit accepter une rémunération inférieure.

Christophe
né en 1962 compagnon tailleur de pierre.

Christophe est au collège quand l'un de ses professeurs parle des compagnons du tour de France et qu'il découvre que cet univers, qu'il croyait disparu, existe toujours. Il avait déjà de la famille dans le bâtiment, il choisit de devenir tailleur de pierre.

Quel métier exactement ?

Christophe se définit comme tailleur de pierre, mais ni comme carrier ni comme sculpteur. Le carrier, c'est celui qui taille la pierre pour le gros œuvre uniquement, qui sait sortir le calcaire, le marbre ou le granit de la carrière avec des outils séculaires (marteau, masse, barre à mines...). Il peut réaliser des formes simples (linteaux, socles de cheminées, appuis de fenêtre...) mais ne se risque pas à faire des moulures ou des courbes. Le sculpteur, c'est celui, pour Christophe, qui laisse l'imagination l'emporter sur la précision. Le tailleur de pierre est quant à lui au service des monuments anciens pour la restauration ou de la création à travers les travaux complexes (escaliers, fontaines, encadrements d'ouverture...). La marbrerie funéraire est un autre débouché possible pour les tailleurs de pierre, mais qui n'a jamais tenté Christophe.

Un apprentissage bien long

Christophe a réellement fait son tour de France, passant de patron en patron pour se former. Un tour de France qui l'a même mené jusqu'en Suisse. Un tour de France qui ne se fait plus à pied comme au XIXe siècle, ni même à vélo comme certains anciens ont pu lui raconter, mais en train ou en voiture. La formation est cependant toujours aussi longue et toujours aussi solide. Christophe se souvient encore d'un travail sur lequel il avait mis tout son cœur alors qu'il était jeune apprenti, et sur lequel il avait déjà passé soixante heures. Le maître arrive, trouve un défaut et jette la pierre. Rude remise en question.

Il a bien sûr conclu ses années d'apprentissage, comme autrefois, par la réalisation d'un chef d'œuvre : un petit escalier à vis d'un mètre de haut, taillé dans un seul bloc de marbre blanc.

Compagnon du tour de France

Du compagnonnage lui-même ou du serment qui lie les frères, Christophe parle peu. Les détails ne se racontent pas à des étrangers. Mais sur le travail quotidien, il est intarissable. D'autant plus qu'il s'est spécialisé dans la réparation et remplacement de pierres ou de sculptures, donc dans la restauration de châteaux et de cathédrales. La société qui l'emploie travaille pour les monuments historiques. La pollution, les pluies acides, le gel et les intempéries, les nitrates remontant des nappes phréatiques, parfois même des ravalements inadaptés et trop agressifs ont pu arracher la surface des vieilles pierres ou, si elles sont tendres, provoquer des cratères et des alvéoles (on en a tous vu sur les façades des cathédrales...). Christophe répare ces pierres une à une, soit en les reconstituant avec des produits de restauration qui comblent les manques, soit en les remplaçant purement et simplement. Ces vieux murs ont une histoire qu'il faut préserver...

Le tanneur

On a dit méchamment que pour faire un bon tanneur, il fallait être grand, fort et bête. Fort oui, mais le reste est gratuit. Le tanneur transforme la matière première (le cuir) sans lien direct avec l'utilisateur final ; son travail est obscur, malodorant, pénible... bref : ingrat.

! *Au XIXe siècle, les tanneries sont nombreuses dans des villes qui s'en font une spécialité : à Amilly, Bar-sur-Seine, Château-Renault, La Châtre, Le Thillot, Lingolsheim, Pont-Audemer, Saint-Germain-en-Laye, Troyes, Uzerche... Elles disparaissent peu à peu au siècle suivant.*

Écharneurs, tanneurs et corroyeurs

L'apprentissage du métier de tanneur est difficile comme le coup de main qu'il faut acquérir, cuir après cuir. La fabrication comporte trois grands types d'opérations : l'écharnage, le tannage et le corroyage, l'ensemble prenant facilement deux ans.

L'écharnage (ou travail de rivière) consiste, après avoir fait tremper à l'eau courante les peaux brutes, à les débarrasser des souillures, poils et débris de chair, et à les préparer à subir l'action du tan. On doit voir la trace des longs coups de faux, signe que les cuirs ont été écharnés juste ce qu'il faut. Autrefois effectué entièrement à la main à l'aide de couteaux spéciaux, ce travail est aujourd'hui effectué avec des tonneaux roulants, les foulons, et sur des machines appelées écharneuses.

Le tannage proprement dit recouvre basserie et couchage en fosses. Les peaux sont transformées en cuir sous l'effet de substances tannantes qui se fixent sur les fibres pour les rendre imputrescibles. Les peaux passent dans des bassins emplis avec du jus tannant d'une concentration de plus en plus forte, puis effectuent un long séjour dans de grandes fosses où elles s'intercalent avec des couches d'écorce de chêne broyées. Le travail de basserie est délicat : il ne faut pas que la peau se « graine » au contact du jus de tannin. Le travail du coucheur en fosse demande aussi de l'expérience, car le cuir doit reposer bien à plat sur le précédent et il doit être uniformément en contact avec la poudre de tannin.

Quant au corroyeur, il égalise les cuirs en épaisseur. Son apprentissage est plus long, la gamme des cuirs et des outils est plus variée. Il faut savoir affûter et manier le fameux couteau à dérayer, à double lame, utiliser l'étire, petite lame de fer dont l'affûtage très soigneux sur un grès fin permet de détacher toutes les aspérités du côté chair pour donner au cuir un fini impeccable. Travail fatiguant qui donne des durillons aux doigts des corroyeurs spécialisés. Le rebroussage à la marguerite, cette grosse pièce de bois munie de dents, provoque une intense fatigue.

Un costaud bois-sans-soif ?

Le tanneur passe souvent pour un bois-sans-soif, une réputation sans doute due au métier, qui demande force et endurance. À la « rivière », la manipulation des lourdes peaux gorgées d'eau (40 à 60 kg) est harassante. L'humidité constante et le froid nécessaires rendent le travail pénible. À la « cour », c'est-à-dire aux fosses, les ouvriers tanneurs ne sont pas mieux lotis : l'hiver, lorsqu'il gèle, il faut bien « lever » les cuirs et au besoin casser la glace à la pioche. Au moulin à écorce, la situation est aussi désagréable : quand il faut broyer le tan des semaines durant, la poudre colle au corps, pénètre dans le nez et dans les bronches... Difficile alors de rester la gorge sèche après l'ouvrage ! Et si les corroyeurs travaillent au sec, l'atmosphère surchauffée des « sèches » leur donne aussi grand soif !

Machines et dangers en tout genre

L'introduction des machines, à partir de 1850, si elle supprime certains efforts, provoque la déqualification des ouvriers et est la cause de graves accidents. La presse de l'époque en rapporte de nombreux exemples : main broyée par les rebrousseuses mécaniques, doigts écrasés par les marteaux, bras arrachés par les broyeurs à écorce, fractures... Même en dehors des ateliers mécanisés, le danger subsiste. On cite le cas d'ouvriers morts noyés en tombant dans des fosses mais, le plus souvent, les accidents se limitent à des coupures. Plus grave est la maladie du charbon, qui apparaît à partir de la fin du XIXe siècle, avec l'introduction de peaux exotiques. Elle se manifeste par une pustule maligne qui se développe sur le cou, les lèvres ou les yeux et qui entraîne la mort en l'absence de soins rapides.

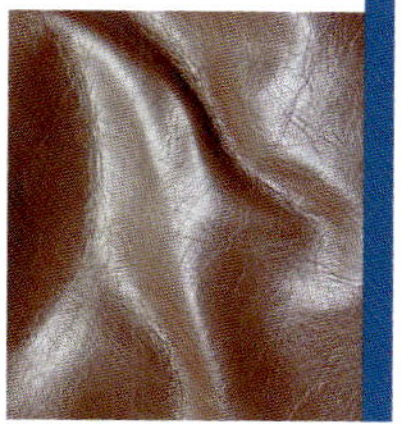

Les mots du métier

Aréomètre : permet de mesurer la teneur en acide dans les bains.

Bâton ou enfonçoir : pour faire plonger les cuirs dans la rivière.

Bigorne : maillet de bois à chevilles arrondies qui sert à frapper les cuirs pour les assouplir.

Bouloir : grand bâton à long manche pour remuer la chaux.

Boutoir : couteau d'acier à deux manches utilisé pour débourrer. Il existe deux sortes de boutoirs; l'un dont le tranchant est émoussé, dit couteau sourd, l'autre dont le tranchant est très affilé.

Chevalet ou paroir : on place les peaux sur le chevalet (ci-contre) afin de les de racler avec différents couteaux pour enlever la graisse et la viande d'un côté, les poils de l'autre côté.

Couteau à délainer : couteau à deux mains à lame finement crantée pour retirer, comme son nom l'indique, la laine de la peau (ci-dessous).

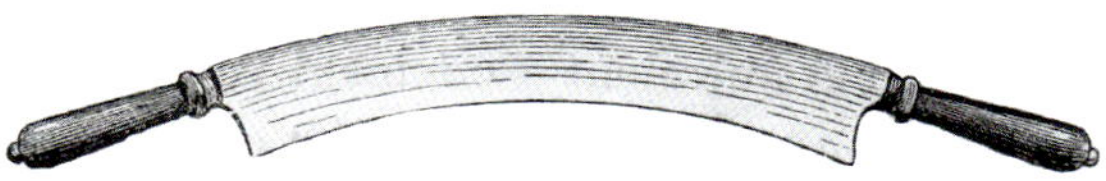

Couteau à dérayer ou drayoir : couteau en acier, en forme de T, avec deux poignées en bois pour enlever des copeaux (dits dérayures) à la surface de la peau et donner ainsi l'épaisseur désirée au cuir tanné (ci-dessous).

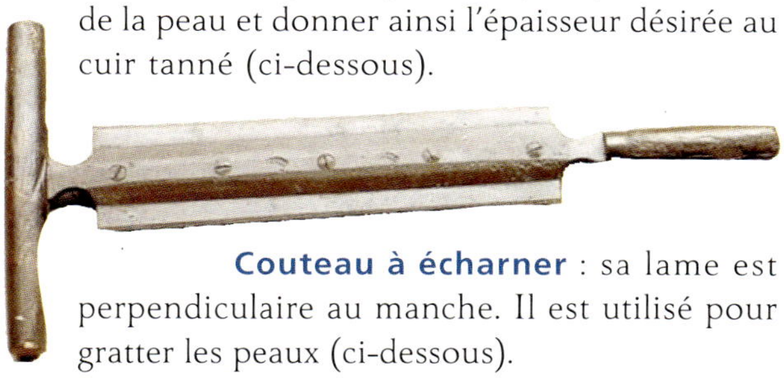

Couteau à écharner : sa lame est perpendiculaire au manche. Il est utilisé pour gratter les peaux (ci-dessous).

Crochet : pour retirer les peaux de la rivière ou pour tirer les cuirs de la cuve.

Cuve : indispensable au tannage du cuir, qui trempe dans plusieurs cuves successivement, contenant des concentrations de jus tannant de plus en plus forte.

Demi-rond : couteau.

Échauffe : étuve pour faire tomber le poil resté dans les cuirs.

Étendoirs : pour faire sécher les mottes.

Étire : ce morceau de fer ou de cuivre plat, de six pouces de largeur, sert au corroyeur pour étendre le cuir, pour en abattre le grain du côté de la fleur ou poil, ou bien pour les décrasser.

Gâche ou pelle : pour ratisser le dessus des peaux.

Herbon : couteau rond.

Liège : marguerite recouverte de liège que lon utilise pour assouplir, donner un grain et du brillant aux cuirs.

Lunette ou disque à parer : outil en acier de forme ronde, tranchant au bord qui sert à parer le côté chair des peaux tannées pour les débarasser des chairs et des petits défauts.

Queurse : pierre à aiguiser dont les tanneurs se servent pour dépiler les peaux.

Marguerite : la marguerite permet de corroyer les peaux tannées et séchées pour les assouplir. La marguerite est un instrument assez lourd, avec des dents et une sangle pour permettre au tanneur de la maintenir.

Palis : pelle en fer pour répartir le tan sur les peaux.

Pesson : utilisé pour assouplir les peaux.

Piloir : bâton qui enfonce les cuirs dans les cuves.

Pince à fosse : pince en métal avec de longues branches qui est utilisée pour sortir les peaux des fosses à tanner (ci-contre).

Quiosse : couteau à pierre pour débourrer.

Rivière : indispensable pour laver les peaux brutes et les débarasser des souillures.

Séchoir : pièce où l'on fait sécher les peaux après le tannage (on ne laissait pas les peaux au soleil pour éviter que le cuir ne se raidisse).

Tannin : mélange de substances (dont de l'écorce de chêne) dans laquelle le cuir est mis à tremper pour devenir imputrescible.

La fête de la Saint-Simon

De saintes extrapolations...

La Saint-Simon est la fête patronale des tanneurs, qui la célèbrent le 28 octobre. Revendiqué dès le Moyen Âge par les fabricants de cuir, Simon n'était pourtant ni un saint ni un tanneur ! S'appuyant sur un verset des Actes des apôtres : « Pierre demeura un certain temps à Joppé chez un corroyeur appelé Simon » (Actes, 9.43), les tanneurs ont tôt fait de l'assimiler au saint apôtre qui évangélisa la Perse avec son frère Jude, avant de subir le martyre. L'occasion est trop belle et la révérence à un illustre devancier cité dans le Nouveau Testament sanctifie du même coup tous ses descendants dans le métier.

Pour la belle Diane

Un musée de la tannerie existe à Château-Renault, où cette industrie a longtemps été florissante. Elle s'y serait implantée à cause de Diane de Poitiers, qui avait chassé de sa ville de Vendô-me les tanneries dont elle ne supportait plus l'odeur !

Cette fête traditionnelle n'est pas attestée partout, car il n'y a pas sous l'Ancien Régime de corporation structurée, en raison du trop petit nombre de maîtres. Après la Révolution, la multiplication des ateliers entraîne un afflux d'ouvriers et les compagnons tanneurs du Devoir prennent l'habitude de fêter la Saint-Simon.

Cortèges, bals et pain bénit

La fête se déroule selon le même rituel dans toutes les villes de France : à l'initiative des compagnons, tous les ouvriers tanneurs se rendent à l'église en cortège, distribuent du pain bénit à leurs patrons, puis le dimanche s'achève par un bal. Après 1850, les compagnons tanneurs disparaissent mais la tradition est reprise par les ouvriers.

Discours laïques...

À Château-Renault, dans les années 1910, une partie des tanneurs se rend à l'église pour la bénédiction le jour de la Saint-Simon. Mais, comme on est alors en plein conflit Église-État, d'autres préfèrent se diriger en groupe vers l'hôtel de ville, pour une fête laïque, sur l'invitation du maire. En cortège sur deux rangs, ils parcourent en habits du dimanche les principales rues de la ville, porte-drapeau de la corporation et musique municipale en tête. À la mairie, devant un vin d'honneur, les ouvriers écoutent le discours du maire qui exalte la fête du travail en même temps que la République et l'Industrie, discours qu'il tient entre la statue de Camille Desmoulins et la grande plaque de marbre où sont inscrites en lettres d'or les grandes victoires de l'industrie locale à l'exposition de 1889 » ! (« Vie et mœurs des tanneurs de Château-Renault », L. Bastard, *Le Magazine de la Touraine*, 1985).

Claude Moreau
né en 1919, tanneur à l'ancienne.

Les machines ont peu à peu remplacé le travail de l'homme, les tanneries du Maghreb ou d'ailleurs celles installées autrefois le long de nos cours d'eau, Mais il existait encore dans les années 1980 des artisans tanneurs qui œuvraient à la main comme autrefois. C'était le cas de Claude, qui tannait des peaux pour les particuliers ou des revendeurs travaillant sur les marchés.

Un apprentissage long, un métier dur

Claude Moreau a appris le métier jeune, à partir de douze ans, grâce au compagnonnage. Il a travaillé dans de nombreuses villes, pour de nombreux patrons et autant d'entreprises différentes : à Troyes, Château-Renault, Limoges, Aurillac, Lyon, Toulouse... Le travail était dur, quel que soit l'endroit : dix à onze heures par jour à racler ou laver les peaux. Il fallait jusqu'à dix-huit mois à cette époque-là pour tanner le gros cuir, celui de bœuf.

Le travail fini, l'odeur de la tannerie avait imprégné ses vêtements mais aussi ses cheveux et jusqu'à sa peau. Il se souvient combien il se savonnait et se frottait les soirs de bal pour faire partir cette odeur tenace – car comment aborder une fille et l'inviter à danser si l'on sent le tannin et le cuir mouillé ?...

Les gestes au quotidien

C'est dans les années 1970 que Claude saute le pas et se met à son compte. Il revient ainsi aux gestes à l'ancienne, depuis le tout début de la chaîne. C'est lui qui sale les peaux fraîches que les abattoirs lui fournissent. Il les étale au sol et les recouvre de sel marin pendant deux jours. Après ça, lavage à l'eau vive dans le cours d'eau qui longe son atelier. Il y laisse tremper les peaux trois jours pour les ramollir. L'étape suivante, c'est le pelanage, qui gonfle les peaux, les rend plus perméable au tan et facilite l'arrachage des poils. Pour cela, elles sont plongées quatre semaines dans des pelains, bassins enterrés dans le sol et contenant un mélange de chaux et d'eau. Il faut prévoir six quintaux de chaux pour deux cent quarante peaux (les usines d'aujourd'hui utilisent de la soude caustique, qui fait le même effet en trois jours). Ensuite commence le dur travail sur le chevalet : avec un couteau bien aiguisé à deux manches, il épile la peau, c'est-à-dire rase les poils (autrefois transformés en bourre pour le bourrelier, mais souvent jetés aujourd'hui). Puis il l'écharne, en raclant longuement l'autre face pour enlever tous les restes de chair. Il rogne les bord, les lambeaux inutiles, puis il nettoie les deux faces. Le travail est fini quand l'eau de lavage coule parfaitement claire. Les peaux sont alors plongées plusieurs mois dans des bassins contenant du jus tannant. À leur sortie, Claude les rince, les frotte à l'huile pour les assouplir et les sèche : les voilà prêtes à être vendues sur les marchés pour de multiples usages.

Claude a poursuivi son activité de tanneur artisanal jusqu'à ses soixante-quinze ans. Après tout, le tannin précisément, ça conserve !

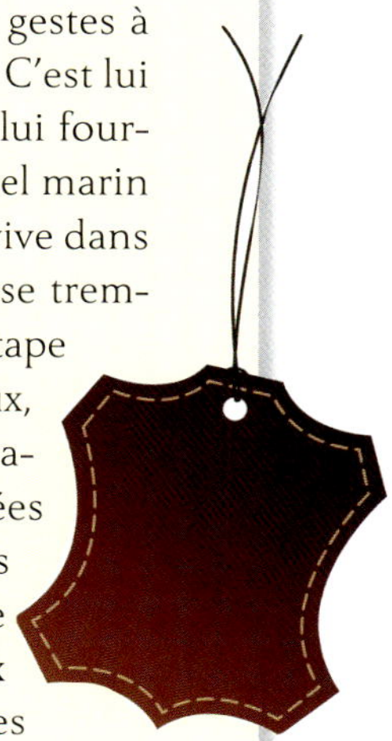

Autrefois, les fibres synthétiques n'existent pas. On travaille la laine, le lin, le chanvre. Le tisserand transforme ces fils en étoffes, mais si rêches et raides quand elles viennent d'être tissées que les dames font porter leurs chemises neuves d'abord par leurs servantes pour les assouplir...

! *Principal outil du tisserand, la navette fait un va-et-vient incessant d'un côté à l'autre du métier à tisser. Le mot a été repris aujourd'hui dans l'univers du transport : on dit que les bus ou les trains qui parcourent le même trajet aller et retour « font la navette ». Même l'aéronautique, avec la navette spatiale, a récupéré ce terme textile !*

Le tisserand

Un métier d'appoint

Le tissage a longtemps constitué, pour le paysan d'Ancien Régime, un revenu d'appoint non négligeable. Certains sont les propriétaires de leur outil de travail et produisent directement pour une petite clientèle locale, leurs voisins du village ou des alentours. Ils sont des milliers à travailler ainsi dans toute la France. D'autres travaillent l'hiver pour des fabricants ou des marchands de la ville qui leur fournissent le fil, parfois même le métier, et les tisserands leur rendent toiles, draps et cotonnades. Une activité qui prend encore de l'essor au XIXe siècle.

Les régions textiles

Les zones rurales sont les plus peuplées là où l'industrie textile est la plus développée, procurant aux habitants des campagnes les ressources complémentaires dont ils ont absolument besoin.

En Picardie, par exemple, l'industrie cotonnière emploie en 1843, dans un rayon de 50 km autour de Saint-Quentin, près de 25 000 travailleurs à domicile. Dans le pays de Caux, c'est la fabrication des toiles et des cotonnades qui fournit du travail à plusieurs milliers de tisserands de Lillebonne et d'Yvetot. L'industrie lainière de Champagne occupe 50 000 travailleurs, dont les trois quarts dans les campagnes. À Sedan, les deux tiers des ouvriers lainiers sont aussi des ruraux. Quant aux manufactures mulhousiennes, elles emploient vers 1835 plus de 5 000 campagnards auxquels s'ajoutent l'hiver les paysans vosgiens qui tissent des cotonnades pour elles ou des toiles pour Gérardmer. Dans la zone bocagère du Maine et de la Basse-Normandie, le tissage du coton emploie vers 1840 environ 28 500 personnes autour de 12 000 métiers.

Un métier de miséreux

Le métier est pourtant rude. On connaît bien, à l'époque, « le teint pâle, l'étiolement, la faiblesse de ces malheureux tisserands à bras qui, chaque jour et pendant quatorze à dix-sept heures, travaillent chez eux, à faire des toiles de coton, de lin ou de chanvre, dans des rez-de-chaussée humides, souvent même dans des caves, où le jour et l'air arrivent à peine, et où le soleil ne pénètre jamais ».

Si tel est le sort du tisserand à plein temps, comme il en existe encore beaucoup au début du XIXe siècle, les autres ouvriers du textile, notamment ceux des fabriques naissantes, sont eux aussi soumis à des conditions de travail éprouvantes.

Le drame de l'industrialisation

À partir du milieu du XIXe siècle se conjuguent modernisation du filage et déclin de l'industrie toilière. Les revenus des paysans tisserands baissent au rythme de la chute d'activité. Si les nouvelles industries textiles, avec leurs métiers à filer et à tisser mécaniques, se sont établies dans la région, les anciens fileurs et tisserands essaient d'y travailler. Sinon, c'est le chômage total, une baisse du niveau de vie pour les générations les plus anciennes, l'exode rural pour les plus jeunes. Dans le canton de Livarot (Calvados) par exemple, la main-d'œuvre employée par le textile passe, ce qui est un record, de 54 % à 24 % de la population active féminine de 1836 à 1851.

L'industrie textile va permettre de fabriquer 120 fois plus de draps qu'avant. Mais l'arrivée de la machine à vapeur rend dans un premier temps leur sort plus pitoyable. Le tissage nécessite en effet, des ateliers frais et humides. La chaîne s'aplatit mieux sous la duite et l'étoffe est réputée plus lisse, plus unie et mieux tissée. Situés en sous-sol, les ateliers ne sont souvent que des caves, sombres et insalubres. Dans ces « niches à rats », les ouvriers sont sujets à des maladies professionnelles d'autant plus fréquentes qu'ils sont mal nourris et, qu'en temps de crise, ils allongent leur journée de travail pour subsister.

Les mots du métier

Baguette d'encroix : barre perpendiculaire à la chaîne et glissée dans celle-ci pour maintenir l'alternance des fils pairs et impairs.

Brosse : les fils étendus sont parés avant le tissage, c'est-à-dire enduits de colle de farine à l'aide d'une brosse.

Canette : bobine assez longue, sans flasque aux extrémités, percée pour permettre son montage sur la tige métallique dans la cavité de la navette.

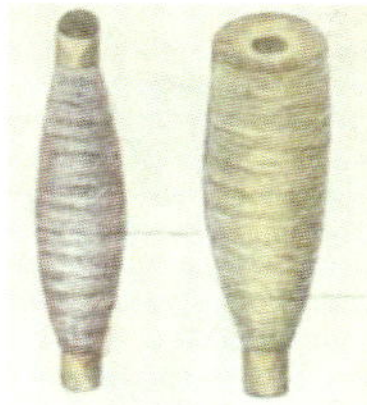

Cannelier : cadre en bois qui porte les bobines autour desquelles on a enroulé les fils de chaîne avec le rouet, avant le tissage.

Chasse : outil du métier à tisser qui frappe les fils de trame après chaque coup de navette passé. La chasse suit le lancer de la navette.

Fil de chaîne : ensemble des fils qui, avec les fils de trame, forment un tissu.

Fuseau : ce bâton en bois, renflé à une extrémité ou en son centre, permet le filage de la laine, du lin, du chanvre ou du coton.

Lice ou lisse : partie d'un métier à tisser qui sert à ouvrir le pas (toujours au minimum par deux). La tapisserie est réalisée depuis le Moyen Âge sur des métiers de haute ou basse lice.

Machine à fouler : cylindres horizontaux en rotation entre lesquels on fait passer le tissu pour le fouler, c'est-à-dire pour le compacter.

Métier à tisser : le métier à tisser permet d'entrecroiser un fil de trame (en large) avec des fils de chaîne (en long). Les premiers métiers à bras étaient composés de deux bâtis en charpente, reliés de traverses.

Navette : fabriquée en bois de cornouiller (très dur), la navette est lancée entre les fils de chaîne pour y passer le fil de trame et réaliser ainsi le tissage.

Ourdissoir : appareil (ci-dessous) qui permet de préparer les fils de chaîne et de dévider les bobines de fils sur l'ensouple pour le tissage. Les fils de chaîne sont enroulés sous une même tension et de manière parallèle dans un ordre précis.

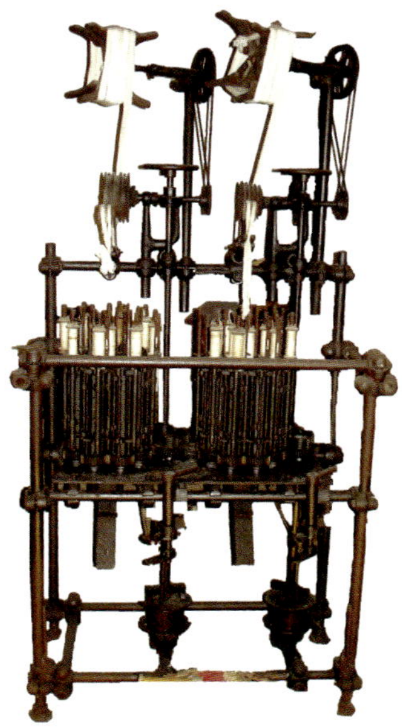

Peigne : sert à battre, rapprocher et compacter les fils de trame.

Rouet : instrument à roue actionné par une pédale ou une manivelle utilisé pour le filage.

Temple : petite règle de bois dont les dents allongent ou raccourcissent la largeur d'une toile.

Les maladies du tisserand

Trop d'humidité et trop de chocs

De l'humidité des ateliers, qu'ils soient individuels à la maison ou collectifs en usine, découlent des affections pulmonaires spécifiques, que les médecins d'alors qualifient d'« humeurs froides ». Les coups de chasse du métier, qui se répètent à chaque duite, transmettent à l'ouvrier courbé sur son ouvrage d'innombrables secousses et lui occasionnent des douleurs chroniques et des affections de la poitrine.

Les ouvriers qui font des lisses (comme ci-dessus sur l'image) sont toujours les deux pieds sur les marches du métier et les jambes raidies pour fouler à chaque duite, tendre la chaîne et résister aux coups de chasse : de là des varices, qui dégénèrent en ulcères et qui provoquent à la longue une grande faiblesse des jambes et des troubles de la locomotion.

Trop peu de soleil

L'enfermement des ouvriers des nouvelles usines textiles du XIXe siècle, tous issus de la campagne, est à la racine de troubles du comportement et d'un alcoolisme que les moralistes condamnent. La nostalgie de la campagne perdue et la pauvreté sont moralement ressenties, car sans espérance.

Trop de poussières et de bactéries

Dans les manufactures de laine, le battage à la main des laines teintes ou chaulées et le peignage à sec des couvertures épuisent l'ouvrier et dégagent des poussières acres qui lui donnent des maladies pulmonaires.

Les trieurs et laveurs de laine en suint opèrent dans la saleté et peuvent contracter la maladie du charbon et des maladies de peau comme la pustule maligne, qui leur couvre les mains et les avant-bras de cicatrices.

Trop de coton

Dans les manufactures de coton, ce n'est pas mieux. L'ambiance confinée est particulièrement nocive pour ceux que l'on nomme les batteurs à baguette ; produisant les fils les plus fins, ils respirent un air chargé de duvets et de poussières en suspension. Dans les ateliers, le battage du coton entretient un brouillard permanent de particules de coton irritantes qui se déposent sur leurs têtes, pénètrent leurs voies respiratoires et les affligent d'une soif inextinguible.

Les ouvriers chargés du nettoyage du coton à la main, à l'ouverture de la balle, ne font pas long feu : la phtisie cotonneuse les guette et les mène à la mort. Lorsqu'apparaissent les premières machines à battre le coton, la situation s'aggrave car le travail étant facilité, il est désormais confié à des femmes ou à des enfants, vite éprouvés par une tuméfaction chronique des amygdales.

Enfin, dans les ateliers d'impression des cotonnades dites indiennes associés aux ateliers de tissage, la chaleur excessive nécessaire aux teintures maintient les ouvriers dans un état de transpiration perpétuelle. À peine vêtus, exposés à des refroidissements inopinés, ils contractent des rhumes, des inflammations de poitrine et souffrent d'érysipèles quasi permanents provoqués par le ruissellement continuel de la sueur.

Anne-Catherine
née en 1848, et ses enfants.

Il existe encore, à la veille de la Première Guerre mondiale, de nombreux tisserands qui travaillent à domicile, comme sur les deux photos ci-dessous. Mais la biographie donnée ici, extraite d'une généalogie, évoque une vie en usine.

Tisserande à huit ans

Ses parents travaillent tous deux dans les fabriques de toiles et de cotonnades du pays de Caux qui fournissent du travail à plusieurs milliers d'ouvriers. Catherine a huit ans quand elle commence à travailler à la manufacture. Pas question d'aller à l'école. Un salaire de plus à la maison était le bienvenu. À la filature de la laine, les horaires vont de 8 h à 17 h, avec une heure de pause à midi. Elle prend son repas, apporté de la maison dans une gamelle, comme elle peut, debout ou autrement.

Un travail bien dur

Dans cette manufacture, il y a une cinquantaine d'enfants de son âge. On demande aux plus fluets, comme l'est Catherine, de travailler sans cesse à quatre pattes, sous les métiers à tisser, pour réparer les navettes ou les fils. De ces années passées à croupetons sous les métiers, elle gardera une déformation du dos et des jambes.

Les métiers à tisser sont en sous-sol, plongés dans une pénombre humide qui lui fait cligner des yeux lorsqu'elle ressort l'été en plein air, à dix-sept heures. À treize ans, elle commence comme ses parents à boire le soir ou le dimanche plus que de raison.

C'est à cet âge que Catherine passe au travail sur le métier à tisser lui-même, pour faire des lisses, avec deux heures de plus de travail par jour, ce qui n'est guère plus confortable que de ramper dessous.

À dix-neuf ans, elle se met en ménage avec Dominique Letellier, un batteur à baguette, camarade d'atelier d'un frère de Catherine. Le soir, les particules de coton déposées sur ses cheveux, ses sourcils, sa moustache, lui donnent l'air d'un petit vieux. Et il va noyer au bistrot celles qu'il a avalées dans la journée. Il meurt l'année suivante et Catherine, enceinte, épouse le frère de Dominique, André, également camarade d'usine le matin.

Généalogie de misère

Une petite Joséphine naît en 1869, un petit Jules l'année suivante. C'est chez sa mère, qui ne travaille plus que Catherine les laisse tous les matins. L'usine ne ferme pas pendant la guerre de 1870. À peine évoque-t-on le passage de quelques régiments prussiens dans la région après la défaite... Trois autres enfants naissent, Dominique en 1871, mort en bas-âge, Amélie en 1875 et Joseph en 1876.

En 1879, les aînés, Joséphine et Jules, entrent à la fabrique à leur tour. Des machines à battre le coton viennent d'y être installées, plus maniables, permettant aux enfants de faire le travail. Mais la poussière des balles de coton soulevée par les machines leur donne bientôt une toux continuelle. Joséphine meurt à quinze ans, Jules à vingt-quatre.

Les deux cadets sont les seuls à aller à l'école, que les lois Ferry de 1882 ont rendue obligatoire jusqu'à treize ans. À la fin de la communale, Joseph entre à l'usine mais Amélie préfère se placer à la ville.

Le verrier

Transformer le sable en verre pourrait figurer parmi les tours de magie, mais il s'agit simplement du métier de verrier. De la vitre au miroir, le verre, à l'origine produit de luxe, s'impose peu à peu dans la vie de tous les jours et révolutionne les habitudes de chacun...

Au Moyen Âge, les fenêtres sont rarement pourvues de vitres en verre : on utilise du papier huilé pour protéger du froid tout en laissant passer la lumière.

Un nouveau matériau : le verre

L'art de confectionner du verre se répand à travers l'empire romain au Ier siècle de notre ère. À l'aide d'un pot, de minéraux et d'un four, on découvre la possibilité de fabriquer une multitude d'objets plus raffinés que les traditionnelles poteries.

Cette nouvelle industrie nécessite la proximité d'une quantité importante de combustible pour alimenter des fours indispensables à la fonte du sable. C'est pourquoi les premières verreries sont établies à l'orée des forêts. Ces fours sont de formes cylindriques. Au sommet, la coupole est percée d'un trou que l'on peut fermer à volonté afin d'agir sur le tirage. Le pot, également appelé creuset, est placé au centre de ce four, au-dessus du foyer.

On chauffe le four plusieurs semaines, parfois jusqu'à un mois, aussi longtemps que le pot peut résister (il est façonné pour qu'il ne se fissure pas à l'intérieur du four). Une fois qu'il est devenu rouge-blanc, on y verse le sable ou les déchets de verre. Après quelques heures, on obtient une pâte de verre molle, qu'il faut purifier et débarrasser de ses bulles. Elle refroidit et s'épaissit pendant trois heures : c'est là que le verrier exerce ses talents.

L'art du verrier

Le verrier doit modeler ce nouveau matériau encore informe. Armé d'une canne, simple tige de fer creuse plus ou moins renflée, il saisit une boule de verre fondu appelée paraison. Le verre fondu entré en contact avec le métal froid se rigidifie, tandis qu'autour s'enroule la masse visqueuse, que le verrier s'emploie à ne pas faire tomber tout en ne cessant de tourner sa canne. En vingt secondes, la paraison se refroidit considérablement. Elle prend l'aspect d'une boule presque régulière. À ce moment-là, le verrier souffle délicatement dans sa canne pour faire apparaître une bulle, qu'il allonge ou élargit à volonté. Cette bulle, appelée ébauche, détermine la forme du futur objet.

S'il s'agit d'une cruche, le verrier doit alors confectionner une anse. Il l'obtient à partir d'un peu de verre fondu étiré, qu'il coupe avec des ciseaux de fer. D'une puissante pression, il la relie ensuite à la cruche. Il ne lui reste qu'à former un bec et à séparer la cruche de la canne. Un morceau de bois et une goutte d'eau déposée sur le point de contact entre l'outil et la réalisation suffisent à achever le travail.

Une dernière opération consiste à recuire la réalisation pour harmoniser la température au rouge sombre, puis de la laisser refroidir lentement en lui faisant passer la nuit sur des foyers de braises. Le lendemain, l'objet apparaît léger et transparent.

Les réalisations les plus diverses

Progressivement, on découvre de nouvelles applications au verre, qui devient bientôt omniprésent. On le trouve aussi bien dans les cuisines que dans les églises ou dans les résidences royales.

L'application la plus courante est la fabrication de vitres. Ces « murs qui éclairent » bouleversent le quotidien. On parvient à aplanir les paraisons à l'aide d'un billot de bois pour obtenir une plaque de verre. La véritable révolution survient quand on trouve le moyen de rendre ce mur limpide et transparent. Au Moyen Âge, on obtient des disques de verre de plus d'un mètre de diamètre. La technique du verre plan jointe à la multiplication des couleurs débouche sur un nouvel art, celui des vitraux. En assemblant des morceaux de verre, les artistes du Moyen Âge réalisent ces tableaux transparents qui éclairent nos églises.

La bouteille s'impose peu à peu comme le récipient le plus pratique pour la conservation des liquides. Sa forme lui permet de tenir debout, de favoriser des empilations et donc de faciliter le stockage. La verrerie de table se démocratise aussi.

Les mots du métier

Auge : utilisée pour mettre les recoupes.

Bar à pots : civière pour transporter les creusets.

Banc de verrier : banc où s'assoit le verrier, muni de part et d'autre d'une barre métallique horizontale sur laquelle le verrier pose sa canne et la fait rouler devant lui. Ainsi, la force centrifuge empêche le verre de s'affaisser pendant le travail.

Bardelle : barres horizontales sur lesquelles le souffleur roule sa canne.

Bion : outil pour inciser.

Brance : taillant de bois permettant d'ouvrir les manchons de verre soufflé sur la longueur.

Canne : tube en acier muni d'un embout pour la bouche et s'évasant légèrement à l'autre bout pour y faire adhérer le verre en fusion et y souffler.

Casse de fer : cuillère de fer assez grande avec un manche pour tirer le massicot.

Ciseaux : ces ciseaux ont la spécificité d'avoir des anneaux de préhension éloignées des lames pour éviter les brûlures.

Cordeline : barre de fer ronde, aplatie à son extrémité, permettant de décoller la canne du verre soufflé. Elle permet aussi de rajouter de la pâte pour former une anse ou un pied.

Creuset : pot de terre dans lequel on fait fondre la matière.

Estraquelle : pelle à enfourner pour porter la matière du verre dans les pots.

Felle ou fêle : barre de fer creuse, pour tirer le verre fondu des creusets et pour le souffler.

Ferre : sorte de pince en fer qui sert pour faire l'embouchure d'une bouteille.

Ferret : canne de fer avec laquelle on prend un peu de matière. Il existe des ferret à déboucher et des ferrets à écramer (pour enlever les pierres et les cailloux qui se trouvent dans les matières).

Four : permet de chauffer le sable ou les débris de verre pour les transformer en pâte molle (ci-contre).

Grand pilot : pour remuer et écumer le verre.

Mailloche : on y arrondit la boule en fusion.

Morailles : pince pour allonger le cylindre de verre avant d'être incisé.

Moule à verre (métallique ou en bois, ci-dessous un exemple de moule pour bouteille) : on y pose la pâte de verre en fusion avant qu'elle ne soit soufflée.

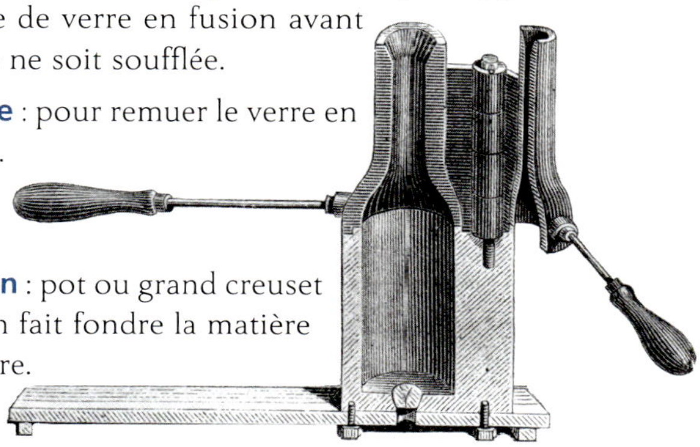

Palette : pour remuer le verre en fusion.

Padelin : pot ou grand creuset où l'on fait fondre la matière du verre.

Pilot : longue barre de fer pour piler le verre en fusion.

Pince à former : pour réaliser le modelage final.

Pince à guider : pour étirer et façonner le verre.

Polissoir : planche avec un manche en arc, que l'on recouvre d'un tissu imbibé de pâte abrasive pour polir les glaces.

Pontil : canne pleine à l'aide de laquelle on prélève le verre des éléments ne devant pas être soufflés (anses, pied...). Le pontil sert aussi au transfert de la pièce soufflée pour permettre l'ouverture d'un col.

Rable de fer : instrument qui sert à remuer les tisons.

Table de marbre : table placée à côté du four sur laquelle on roule le ballon qui a été soufflé.

Verge : triangle en métal que l'on chauffe et qui permet de fendre les manchons pour les ouvrir.

De l'autre côté du miroir

Le miroir en verre

Le miroir en verre naît au XIIIe siècle à Venise. Les Vénitiens découvrent qu'en déposant une couche métallique brillante sur l'une des faces d'une plaque en verre, on obtient un miroir de meilleure qualité que les traditionnels miroirs métalliques. Ceux-ci ont notamment pour défaut de se ternir et de se rayer facilement. Cette découverte découle de l'observation du mercure déposé au fond d'une cuvette plate. L'idée de fixer celui-ci sur une vitre est née dans la tête des artisans verriers de Murano, une petite île au large de Venise spécialisée dans la fabrication du verre. À l'aide d'une feuille d'étain, les Vénitiens appliquent le mercure contre la vitre puis, après l'avoir pressé plusieurs minutes, enferment le tout dans un cadre.

Une consigne en sursis

Pendant longtemps le verre a été l'emballage privilégié pour stocker et distribuer toutes les sortes de liquides. Jusqu'aux années 1970, ces emballages étaient souvent consignés aux clients, qui devaient les rendre. Ces verres parcouraient ainsi, jusqu'à dix fois de suite, un circuit complexe entre le fournisseur et l'usager.

La manufacture du XVIIe

Au XVIIe siècle, Colbert, suivant sa politique mercantiliste, décide de créer en France une grande manufacture de glace pour concurrencer celles de Murano. Lucas de Nehou, responsable de la manufacture, utilise un procédé inventé en 1687 par Bernard Perrot : couler d'une traite l'ensemble du verre fondu sur une longue table de fer. Cette table, munie de tringles sur lesquelles avance un rouleau, permet de laminer le verre et de former un plateau de dimensions prédéterminées. Celui-ci est directement conduit dans un four appelé carcaise où il se recuit, puis refroidit. Pour achever l'aplanissement des plateaux, on les frotte deux par deux à l'aide d'une suspension dans l'eau de grains d'une matière plus dure que le verre. Puis on les polit avec des tampons de feutre.

Il ne suffit plus alors que de recouvrir d'un amalgame d'étain l'une des faces pour obtenir une glace de grande qualité.

La célèbre galerie des Glaces

Le joyau architectural du château de Versailles, la galerie des Glaces, a été imaginé par Jules Hardouin-Mansart en 1678. Cette galerie si connue relie les appartements de la reine à ceux du roi. À ses dix-sept fenêtres correspondent, sur l'autre mur, dix-sept arcades revêtues de glaces, et ce jusqu'au parquet.

Mansart a veillé à ce qu'une baie sur jardin corresponde à chaque glace. Le jeu des reflets transforme ainsi la galerie en véritable promenade couverte au milieu de la nature. Cette galerie extraordinaire pour l'époque a pour but d'illustrer l'exploit industriel et technique de la France. Elle célèbre avant tout la politique volontariste de Colbert, ainsi que la réussite des manufactures de verre françaises.

Jean-Marie
né en 1932
artisan verrier dans l'Est.

Quand il était enfant, il était fasciné par les souffleurs de verre ambulants montrant leur art sur les foires. D'ailleurs, le verre est une matière si belle que le métier de verrier était le seul qu'un aristocrate pouvait pratiquer sous l'Ancien Régime sans perdre sa noblesse. Gentilhomme verrier, tel est le titre sous lequel Jean-Marie aime toujours se présenter, même s'il est aujourd'hui à la retraite.

D'abord dans une cristallerie...

Jean-Marie commence à quatorze ans comme cueilleur dans une cristallerie de l'Est. Cueilleur, c'est le plus bas niveau du métier de verrier, celui par lequel passent tous les apprentis : il faut prélever une boule de verre en fusion (environ 1 300°) au bout d'une canne d'acier creuse. il prend plus ou moins de matière en fonction du modèle à obtenir. Le souffleur, un poste auquel il accède six mois

plus tard, lui donne sa forme après l'avoir étirée ou arrondie. Il faut faire vite car le verre refroidit et se fige en deux minutes. Pour le façonnage d'un objet avec des pieds, des anses... il apporte une nouvelle « cueille » au chef de place qui l'étire, la coupe avec des pinces et la place. Un autre ouvrier détache l'objet de la canne et prend la suite pour le refroidissement.

Jean-Marie a été formé dans trois cristalleries différentes. Il a appris le dessin industriel et toutes les techniques d'usinage du verre. Il sait utiliser les tours à verre et travailler aussi au chalumeau, avec des lunettes de protection. Puis, au bout d'une quinzaine d'années, il a pris son envol et s'est installé à son compte.

À son compte en atelier

La chaleur du four est toujours là, mais le métier est plus varié. Il permet de sortir prospecter des clients et il redonne la liberté de son emploi du temps. Liberté relative, car si on le questionne, Jean-Marie avoue qu'il fait davantage d'heures en travaillant pour lui que lorsqu'il était salarié des cristalleries. Ensuite parce qu'il ouvre l'imagination. Inventer de nouvelles formes est un défi qui naît du dialogue avec le client..

Au cours de sa carrière d'artisan, Jean-Marie développe surtout trois activités : la réalisation d'objets de cuisine aux formes originales dans des moules en fonte (ce n'est pas lui qui souffle mais une machine qui envoie un jet d'air comprimé), le soufflage au chalumeau pour des objets décoratifs, des bijoux et des lustres en verre coloré. Une ou deux fois, il lui est arrivé de réaliser un vitrail pour un particulier. Les gestes sont restés les mêmes qu'au temps des cathédrales, si ce n'est que le montage au plomb a été remplacé par la technique du fusing (assemblage et collage à froid des morceaux de verre, mis ensuite à recuire dans un four à 800° pour assurer la fusion des pièces entre elles).

Parfois, une surprise. Comme ce jour où son moule s'est brisé laissant le modèle réalisé à demi fendu. Le client a trouvé si originale cette forme semi-brisée qu'il en a immédiatement commandé cent autres ! Comme quoi casser du verre porte toujours bonheur !

PETITS MÉTIERS DES RUES

Partie 2

L'allumeur de reverbères
Le cantonnier
Le chanteur des rues
Le chiffonnier ou l'éboueur
Le cireur de chaussures
Le conducteur de tramway
La diseuse de bonne aventure
Le marchand de marrons
Le perruquier ou le marchand de cheveux
Le porteur de journaux
Le porteur d'eau
Le ramoneur
Le rémouleur
Le vitrier

Pas d'éclairage public en France avant 1667. Cette année-là, dans chaque quartier de Paris, des habitants sont chargés d'allumer, du 20 octobre au 31 mars, des lanternes installées le long des rues et sur les places. L'histoire de l'allumeur de réverbères est en route...

! *« Je suis gazier de mon métier. C'est moi qu'éclaire les réverbères, qu'ouvre les conduites grandes et petites ! Je suis gazier de mon métier ! » Telle est la chanson de l'allumeur de réverbères... vue par les images d'Épinal.*

L'allumeur de réverbères

L'ancêtre de l'allumeur

Les premières lanternes publiques du XVIIe siècle sont rudimentaires : suspendues par une corde à la hauteur d'un premier étage, elles fonctionnent avec des chandelles. À l'heure de l'allumage, les lanterniers détachent la corde, descendent la lanterne au sol et y placent une chandelle neuve qui doit tenir jusqu'à deux heures du matin. Puis ils la hissent et rattachent la corde. Le travail est surveillé par la police et les briseurs de lanterne sont envoyés aux galères.

De la chandelle à la lampe à huile

Au XVIIIe siècle, la lanterne est remplacée par des réverbères pourvus d'une lampe à huile puis à pétrole. On allume le soir la mèche en montant sur une échelle. Les réverbères anciens ont donc deux têtes, ou bien une barre sous la lanterne, comme sur l'image de la page de droite, pour stabiliser l'échelle. Le travail n'est désormais plus fait par un voisin, mais par les allumeurs de réverbères : un petit métier manuel qui nécessite, dans les grandes villes, des dizaines de préposés sillonnant tous les soirs les rues avec leur échelle sous le bras pour allumer les lampes.

De l'huile au gaz

Au XIXe siècle, nouvelle révolution technologique avec l'apparition du gaz. Les premiers réverbères à gaz (ou becs de gaz) sont installés en 1819 sur la place de la Concorde à Paris. La lumière est plus forte, plus claire et plus brillante : elle remplace bientôt l'huile dans toutes les villes. Les allumeurs de réverbères ne sont ni des fonctionnaires, ni des salariés du gaz, même si on les surnomme les gaziers.

Ce petit métier des rues est bien mal payé. Quand le soir tombe, les gaziers partent du début de la chaîne de gaz, c'est-à-dire en général de l'usine, et vont de réverbère en réverbère. Ils n'ont plus besoin d'échelle, mais d'une longue perche terminée par un crochet : c'est elle qui permet, du sol, de manœuvrer la manette d'arrivée du gaz, placée dans la lanterne. La griffe permet d'ouvrir la vitre du réverbère et le robinet d'arrivée du gaz. Et comme cette perche est pourvue d'une lampe à alcool, la lampe sert ensuite à enflammer le gaz. Les allumeurs de réverbères doivent faire vite, car on leur demande d'allumer 65 becs en 40 minutes. Et il ne suffit plus comme avant d'allumer : il faut aussi éteindre ! Donc refaire plus tard la tournée en sens inverse et couper l'arrivée de gaz avec la perche. À partir des années 1900, les salaires n'augmentent pas, mais les tâches oui. Les allumeurs de réverbères se voient imposer le nettoyage quotidien des candélabres et des lanternes dans la journée (l'échelle est à nouveau nécessaire) et, dans certaines villes, des rondes de nuit.

Du gaz à l'électricité

L'ampoule électrique, inventée par Thomas Edison en 1879, équipe progressivement en France tous les réverbères à partir des années 1930. C'est la fin du métier d'allumeur de réverbères.

René Martin
allumeur de réverbère né en 1887 et
Alice Ferrand
chargée de l'éclairage électrique, née en 1910

L'éclairage des rues au XXe siècle commence au gaz et se finit avec l'électricité. Il commence manuellement et se finit automatisé. Il commence à l'économie (on n'allume pas longtemps et pas tous les jours) et finit dans l'excès (on allume partout et toute la nuit, parfois même lontemps après l'aube). Zoom sur deux acteurs de cette histoire de la lumière...

Du réverbère au gaz...

Fils et frère cadet d'allumeurs de réverbères, René commence à son tour le métier à quatorze ans, en 1901, dans un chef-lieu de province. On lui donne d'abord le plus facile : le nettoyage du candélabre et des vitres entourant le bec de gaz. Il faut bien sûr monter sur une échelle, mais le travail s'effectue en journée, on est de retour tôt à la maison. Quatre ans plus tard, il remplace son père pour l'allumage et l'extinction. Il part en début de soirée du début du réseau (en termes d'arrivée de gaz) et il débloque le pointeau d'alimentation du premier réverbère avec le bec d'une longue perche. Ce n'est pas si facile au début, il y un coup de main à prendre et il faut quelques semaines avant de l'attraper. Il allume ensuite le gaz avec une lampe à huile fixée au bout de cette même perche et qu'il a enflammée avec une allumette. Puis il passe au réverbère suivant. Ainsi de suite jusqu'au bout du réseau. Pour éteindre, la démarche est la même, mais en sens inverse et sans la lampe à huile : il y a juste le pointeau à faire pivoter pour couper le gaz.

Le travail est assez saisonnier, car les réverbères ne sont allumés que l'hiver et les soirs de bals. Et encore ! Même l'hiver, on ne le met pas en route les nuits de pleine lune. Par ailleurs, même s'il est mis en route, l'éclairage public ne fonctionne pas en permanence la nuit, par souci d'économie. René passe ainsi l'éteindre à 22 h ou bien à minuit les dimanches et jours de fête. Malgré ce travail de nuit, qui le fait rentrer tard dans des rues qui ne sont plus éclairées, il n'a jamais rencontré le moindre problème : pas d'agression, même dans les quartiers les moins bien famés... Et, pour arrondir ses petits revenus, René se charge aussi de sonner les cloches en journée pour les baptêmes, les mariages, les enterrements.

... et du gaz à l'électricité

Arrive ensuite l'électricité. Comme chez soi, il suffit désormais d'appuyer sur un bouton pour mettre en route l'éclairage public. Cet interrupteur n'est pas dans les locaux de la mairie mais dans un transformateur extérieur. Aussi en confie-t-on souvent le maniement à un commerçant, pour des raisons à la fois de proximité et d'horaires plus élastiques que ceux des employés municipaux... Entre les deux guerres, dans une commune de 2 000 habitants, à 35 km du chef-lieu, c'est l'épicière, Alice Ferrand, qui a la charge de l'éclairage du bourg. Elle dispose de la clef d'une sorte de placard métallique aménagé dans la paroi du transformateur voisin, avec le bouton d'allumage et d'extinction des réverbères à l'intérieur). Il s'agit évidemment d'une activité totalement bénévole. Il semble normal à cette époque de rendre service. Mais la fonction a pour conséquence de susciter régulièrement les récriminations des voisins et des passants. Soit lorsque l'allumage est trop tardif : « Tu crois qu'on a des yeux de chat et qu'on y voit dans le noir ? ». Soit lorsqu'elle a oublié d'éteindre alors qu'il fait jour déjà depuis un certain temps : « On constate que ce n'est pas toi qui paye l'électricité ! ». Mais tout ça dans la bonne humeur et en toute amitié.

Le cantonnier

Sous l'Ancien Régime, le cantonnier n'existe pas puisque les routes sont entretenues par le système de la corvée, chaque travailleur devant y consacrer quelques jours par an. En 1768, une poignée ouvriers sont payés pour le faire dans le Limousin. Ce principe s'étend après la Révolution.

! Avec sa brouette de travail, le cantonnier peut ramener chez lui, selon la saison, des châtaignes, des noix, des pommes, de l'herbe, des glands, du bois... glanés le long des chemins. Une façon d'arrondir un revenu sinon bien petit...

Deux catégories de cantonniers

À partir de 1816, l'État embauche des cantonniers fonctionnaires, dépendant des Ponts-et-Chaussées. Mais il existe des employés municipaux, engagés par les mairies, qu'on appelle aussi cantonniers mais qui n'ont pas le statut de fonctionnaire.

Les premiers travaillent dans le cadre d'un canton (d'où leur nom) et doivent savoir lire et écrire si possible. Ils portent un brassard et un chapeau entouré d'une bande de cuivre marquée du mot « cantonnier ». Ils doivent planter à quelques dizaines de mètres d'eux, pour prévenir qu'ils sont en activité, un guidon, longue perche de deux mètres de haut portant une plaque de tôle avec le numéro du canton. Ils ont la charge d'un tronçon de route d'environ huit kilomètres qui leur est personnellement affecté. Leur salaire est faible mais régulier et l'emploi est garanti.

Les seconds, employés par les communes et peu qualifiés, ont un statut plus précaire. Ils vivent pauvrement et doivent glaner le long des routes pour améliorer l'ordinaire.

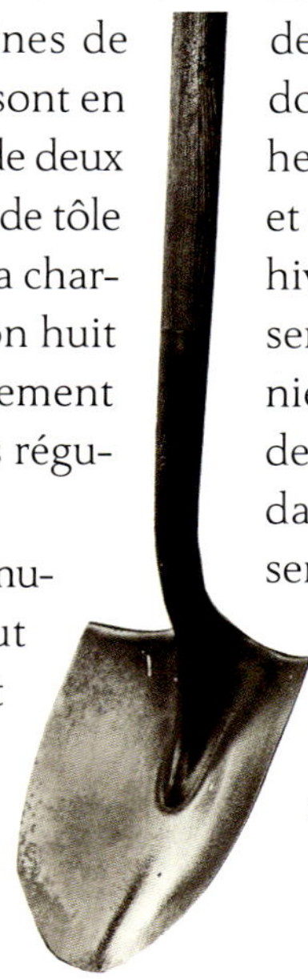

Les tâches à accomplir

Le cantonnier entretient les voies en fonction de la saison : l'hiver, il faut déneiger, au printemps réparer les dégâts du gel et nettoyer les fossés, l'été faucher les bords (à moins que les moutons de la commune ne s'en soient chargés), l'automne ramasser les feuilles mortes.

À l'échelle du canton, le chef-cantonnier doit surveiller les cours d'eau : évaluer la qualité de l'eau, dresser procès-verbal aux pêcheurs illégaux et saisir le poisson transporté quand la pêche est fermée.

De son côté, le cantonnier municipal doit nettoyer la place du marché et la fontaine, entretenir les bâtiments municipaux, percevoir les « prestations », taxes dues à la mairie pour l'entretien des chemins vicinaux. Jusqu'à l'entre-deux-guerres, ces taxes peuvent être payées sous forme d'impôt ou bien en nature. Par foyer, cela correspond à deux à trois jours de travail par homme adulte, autant par charrette attelée et autant encore pour chaque animal de trait ou de selle. Pendant la guerre de 1914-1918, ce sont les femmes et les enfants qui remplacent les hommes pour ces « prestations » en nature sur les routes, sous la surveillance vigilante du cantonnier.

Le règlement, c'est le règlement

En 1882, un règlement édité sous le nom de *Livret de cantonnier* précise que le travail doit s'effectuer « sans désemparer » de six heures du matin à six heures le soir en été et du lever du jour au coucher du soleil en hiver ; que neige, pluie ou grêle ne peuvent servir de prétexte d'absence pour le cantonnier qui au contraire est invité à « redoubler de zèle et d'activité pour prévenir les dégradations ». Il ajoute que le cantonnier, au service de la collectivité, ne doit jamais recevoir la moindre gratification d'un particulier sous peine de « renvoi, sans préjudice de poursuites en police correctionnelle dans certains cas ».

Jean-Marie
cantonnier né en 1932.

Jean-Marie n'est jamais sorti de son village natal, sauf pour le service militaire qui l'avait envoyé un an à Langres, à six cents kilomètres de chez lui. Né sur la commune, grandi sur la commune, embauché par la commune, c'est là qu'il est mort à la fin des années 1980, fauché par une voiture alors qu'il nettoyait le bord de la route à l'entrée du village.

Salarié par la commune

Parce qu'il avait la réputation d'être costaud, la commune l'avait embauché comme cantonnier au retour de son service militaire. À temps partiel seulement, car le village était bien petit. Le revenu de Jean-Marie était bien modeste, mais il vivait avec sa mère et ne s'était pas marié. Grand et bien bâti, il aimait cette vie de grand air et ne rechignait jamais devant le travail. Toujours accompagné au minimum de sa brouette (en bois au début, en métal à la fin), d'une pelle, d'un pic et d'un grand balai, il parcourait les rues et les chemins et les connaissait mieux que personne.

Quand il avait commencé, les routes départementales et communales étaient déjà goudronnées. Il échappait donc aux travaux qu'avaient connus les générations précédentes de cantonniers : la boue, les chemins défoncés par les roues ferrées des charrettes, les barrières de dégel en fin d'hiver… Mais les trottoirs étaient encore en terre battue, même dans le bourg. Il y avait donc non seulement les nids-de-poule des routes à combler, mais les bas-côtés à entretenir : enlever les herbes, égaliser la terre… Sans compter tous les travaux à accomplir hors du village, arracher les ronces et les orties, faucher les bords, curer les fossés…

Un cantonnier sociable

Ce qu'il aimait bien dans son travail, c'était les à-côtés. Les récupérations bien sûr : l'herbe qu'il rapportait dans sa brouette pour les lapins qu'élevait sa mère, les fruits tombés en bord de route, les légumes qu'on lui donnait quand la saison battait son plein…

Mais c'était l'aspect convivial de son travail qui lui plaisait le plus. « Bonjour Jean-Marie », disait la grand-mère qui sortait faire ses courses. « Bonjour Jean-Marie », lançait le retraité qui passait à vélo chercher son journal. « Bonjour Jean-Marie », criait l'automobiliste en été, un salut remplacé l'hiver par un signe de la main derrière la vitre. Le cantonnier aimait dire qu'il était la personne de la commune la plus connue avec le maire et l'institutrice ! À celle-ci, il ne gardait pas rancune des oreilles tirées. Il s'arrêtait chez elle quand il travaillait sur sa route et elle lui réservait toujours un petit café avec un gâteau sec. Il faisait également des pauses chez ses anciens camarades d'école, ou du moins chez leurs parents restés au pays, en demandant invariablement de leurs nouvelles : « Comment va la classe ? » lançait-il en entrant. Il était toujours bien accueilli ; on lui offrait aussi un réconfortant – mais un peu plus fort que du café…

Le chanteur des rues

Autrefois colportage comme un autre (c'était pour les plus pauvres une façon de gagner sa vie qui ne demandait aucun matériel), les chanteurs des rues ont petit à petit disparu des villes. En surface du moins. Car d'autres chantent aujourd'hui dans le métro…

! *Jusqu'à la guerre de 1914-1918, les musiciens sont souvent accompagnés d'un aide (une femme, un enfant) qui fait la quête et qui, parfois, vend aussi les chansons imprimées, pour un petit revenu en plus.*

Un colportage comme un autre

On n'imagine plus, aujourd'hui, ce que pouvaient être les rues des villes autrefois : un foisonnement de petits chanteurs de plein air, gagnant leur vie avec leur voix. Ils sont si nombreux (« Souvent, ils ne sont qu'à quarante pas l'un de l'autre », explique Mercier dans son ouvrage sur *Les cris de Paris*) que leurs voix se mêlent. On trouve

– des musiciens, qui s'accompagnent d'un violon ou d'une vielle,

– des chanteurs traditionnels qui entonnent leurs complaintes près d'une affiche où les péripéties de l'histoire (dramatique bien sûr) sont dessinées. Ils montrent le dessin correspondant à chaque couplet avec une baguette au fur et à mesure de l'avancée du récit. Et ce qui est important, c'est qu'il soit long : des chansons de trente ou quarante couplets ne sont pas rares. On captive l'auditoire et on espère une quête à la hauteur du temps passé !

– d'autres qui vendent le texte de leurs chansons sur des feuilles volantes

– et les plus pauvres qui n'ont ni instrument ni affiche ni couplets imprimés.

En clair, si l'on habite en ville, on ne peut pas sortir de chez soi autrefois sans revenir avec un ou plusieurs airs en tête. Des airs faciles à mémoriser et à chanter.

Des chansons parfois satiriques

Pendant longtemps, les chansonniers des rues chantent l'actualité. Dès le XVIe siècle, ils la commentent en rimes et en chansons : *Les camisards, Chanson sur la mort du duc de Guise, Si le roi m'avait donné, Vive Henri IV*… Non seulement les airs de ces « voix-de-ville » sont plus rythmées, mais les paroles bien moqueuses.

Sous la Terreur, ils sont du côté des plus forts, survie oblige. Un couplet meurtrier est même ajouté à la *Carmagnole* par les égorgeurs des prisons de septembre, le seul resté dans les mémoires aujourd'hui : « Ah ! Ça ira, ça ira, ça ira ! / Les aristocrates à la lanterne, / Ah ! Ça ira, ça ira, ça ira ! / Les aristocrates, on les pendra »… La veine des chansons satiriques se poursuit ensuite avec ceux que l'on va appeler les chansonniers, mais les voix des rues reviennent aussi à la fin du XIXe siècle vers les romances et les chansons traditionnelles.

À la limite de la mendicité

Une dame née en 1912 se souvient que sa mère l'envoyait acheter une « feuille de chansons » à la chanteuse de la rue, de la même façon qu'elle lui donnait une pièce pour « le pauvre à la sortie de la messe ». Chanter en plein air, surtout si l'on n'avait pas d'instrument, c'était un métier de gagne-misère, à la limite de la mendicité. Avec la multiplication des radios et baladeurs, il a disparu de nos rues, mais il reste encore pratiqué dans le métro avec un accordéon, une trompette, parfois une sono en fond musical… À Paris, la RATP lui a même donné droit de cité : on peut se faire enregistrer et chanter légalement aujourd'hui encore dans les couloirs et les rames.

Deux chanteuses
au destin exceptionnel

Chanteur des rues est a priori un métier de misère. Le chanteur et siffleur ci-dessous ou, plus bas, le petit musicien avec son orgue de barbarie monté sur une charrette n'ont sans doute gagné chaque jour que le minimum nécessaire pour vivre. Pourtant il arrive que des voix exceptionnelles connaissent une gloire inespérée. Zoom sur deux destins très différents.

Les débuts d'Édith Piaf dans la rue

Née en 1915 dans la misère, fille d'un contortionniste de cirque et d'une chanteuse de rue, élevée par une grand-mère paternelle tenancière d'un bordel à Bernay, Édith Gassion (Piaf est son nom de scène) débute bien mal dans la vie.

Son père vient la reprendre en 1922, quand elle a sept ans. Ils vivent d'abord dans de petits cirques itinérants, puis deviennent acrobate et chanteuse des rues. « Le jour où mon saltimbanque de père était venu me rechercher, qu'avais-je découvert de village en village ? Une nouvelle mère tous les trois mois, ses maîtresses, plus ou moins gentilles avec moi selon que mes chansons (car je chantais déjà et je faisais la quête) me valaient des sous ou des moqueries. [...] Je chantais dans les rues avec mon père. P'tit Louis était dans la foule qui nous entourait quand je chantais et qui se désagrégeait rapidement dès que je faisais la quête. Mais lui, grand, blond, souriant, il n'est pas parti avec les autres. Quand je me suis approchée de lui avec ma soucoupe, il a sifflé d'admiration, puis, avec un geste royal, il a déposé dans ma gamelle une pièce trouée de cinq sous. » (Édith Piaf, *Ma Vie*). Que cinq sous soient une merveille et que la foule s'écarte dès que la quête commence : deux signes qui montrent bien toute l'infortune du métier. Pour une chanteuse de rues comme Édith qui connaît la fortune, combien sont mortes dans la misère ?

Sirima et *Là-bas*

De mère française et de père sri-lankais, Sirima nous est davantage contemporaine puisqu'elle est née en 1964. Elle est pourtant devenue, comme Édith Piaf à ses débuts, une chanteuse de rue, ou plutôt de métro, époque oblige. De 1982 à 1987, elle gagne sa vie en chantant dans le métro parisien, en général à la station Châtelet-Les Halles. Son répertoire : des chansons de Joan Baez, Paul Simon et Barbra Streisand. Remarquée une première fois par un compositeur en 1986 qui veut l'auditionner, elle l'est une seconde fois par Jean-Jacques Goldman, qui l'entend chanter à la station Barbès en 1987. Sirima devient pour lui cette année-là la voix féminine du duo *Là-bas*, au succès considérable.

Sirima sortira en 1989 son premier album, *A part of me*, mais son compagnon cingalais l'assassinera dans une crise de jalousie.

Le chiffonnier, l'éboueur

On a beau ne rien jeter autrefois et tenter de tout réutiliser, la question du tri et de la récupération des déchets s'est posée avec le développement des villes. Ferrailleurs, chiffonniers et brocanteurs apparaissent au Moyen Âge. Le métier a évolué, mais les besoins sont toujours là.

Dans les rues du XVIIIe siècle, des « porteurs d'aisance » offrent pour quelques sous un seau et un grand manteau : les passants peuvent se soulager à l'abri des regards. Le contenu du seau est ensuite revendu comme engrais.

Une récupération nécessaire

À la campagne, le recyclage est facile autrefois : les produits n'ont ni emballage ni plastique, les épluchures nourrissent les animaux ou alimentent le fumier qui sert d'engrais, les peaux partent à la tannerie, le fer encore rare trouve toujours une réutilisation, le reste sert de combustible.

Mais si les villes du Moyen Âge abritent encore animaux et jardins, l'élimination des ordures d'une population entassée devient vite impossible. Pas de fosses d'aisance ni d'égouts avant le XIXe siècle (voire le XXe...). Chacun jette ses immondices dans la rue ou dans la rivière, d'où des problèmes sanitaires considérables. Les villes deviennent de véritables cloaques. Sous Louis XIV, un paysan qui vient s'installer en ville perd ainsi en moyenne sept ans d'espérance de vie.

Les premiers chiffonniers

Il n'existe pas de service public de ramassage d'ordures avant la IIIe République. Auparavant, des ramasseurs ambulants s'en chargent, nomades bien misérables vivant de la récupération des déchets et de leur revente. Des chiffonniers (ou biffins) récupèrent les textiles et le papier pour les papetiers, les peaux et les cuirs (pour les chapeliers ou les tanneurs), les plumes et même les os ! Des ferrailleurs s'occupent des métaux. Des boueux ramassent les déchets organiques pour les revendre comme engrais (crottes, bouses...) ou comme tannin (urine). Des métiers indispensables, mais bien mal considérés et pas toujours choisis : on s'y résoud quand on tombe dans la misère.

Une organisation se met en place

En 1879 sont créés les premiers bureaux d'hygiène. En 1884, le préfet Eugène Poubelle impose le ramassage des ordures à Paris dans « un récipient en bois garni à l'intérieur de fer blanc » que chacun doit poser devant chez lui : c'est la naissance de ce que l'on va appeler des « poubelles». Ce fameux préfet est aussi le premier à préconiser le tri des déchets entre matières dégradables, papier et chiffons, verre, faïence...

Enfin, une loi de 1902 (c'était hier...) oblige les maires à garantir la santé publique, et l'élimination des déchets en fait partie. Imposant une taxe spécifique, les plus grandes villes se dotent de services de collecte des ordures. Des « boueux » ramassent alors dans un tombereau les boues et gadoues, revendues comme engrais, et jettent les autres déchets dans des décharges extérieures. Les premières usines de broyage et d'incinération apparaissent (Saint-Ouen en 1896, Issy en 1904, Romainville en 1905...) où brûle tout ce qui n'est pas recyclable. Le traitement industriel des déchets et le ramassage systématique des ordures ménagères ne sont mis en place que dans les années 1950, ainsi que le statut moderne d'éboueur. Les chiffonniers disparaissent petit à petit. Les ferrailleurs se maintiennent grâce à l'essor de l'automobile... et des carcasses métalliques qui en résultent. Les brocanteurs, plus nobles, se chargent des vide-greniers.

Marcel
né en 1921, chineur et fils de chiffonnier.

Marcel est taciturne. Le silence ne le dérange pas, même en face d'un visiteur. Dans sa famille, on est plutôt taiseux, surtout devant les étrangers. Il faut plusieurs visites avant qu'il ne commence à raconter comment travaillait son père (qu'il définit comme chiffonnier) puis lui-même (il se qualifie de chineur ou brocanteur).

Il y a chiffonnier et chiffonnier

Pour commencer, dit-il, il y a chiffonnier et chiffonnier. Il ne faut pas confondre le malheureux qu'on appelle dans la profession un piqueur ou coureur, qui ramasse tout ce qu'il peut récupérer dans les ordures descendues sur les trottoirs : chiffons, bouts de pains, papiers... Il les enfourne dans ses innombrables sacs et vit comme un mendiant. Son père valait mieux que ça, il était placier. C'est-à-dire qu'il était en bons termes avec les concierges et les employés de maison. Il se chargeait de descendre les poubelles à leur place, en échange de quoi il était le premier à récupérer toutes les vieilleries intéressantes et les vieux vêtements. Pendant qu'il parcourait les rues le jour avec sa carriole, sa femme et sa mère faisaient le tri de ce qu'il avait rapporté la veille au soir. Marcel leur donnait un coup de main. C'est incroyable tout ce que les gens peuvent jeter dans les villes, surtout dans les beaux quartiers. Il y aurait de quoi monter un ménage !

Le difficile quotidien du chineur

Marcel est quant à lui devenu chineur. C'est lui qu'on appelle quand il y a des caves et des greniers à débarrasser. Il achète au poids les revues, les journaux, les vieux papiers et il négocie un forfait pour les vieux meubles. À partir des années 1960, les familles déménageant plus souvent, il a pris trois salariés pour l'aider et c'est l'un des trois qui a repris son activité quand il a voulu partir à la retraite. Car il en faut des bras pour vider en une demi-journée une maison entière, à l'issue de toute une vie d'accumulation de mobilier et de petits riens. Les chiffons sont apportés chez un grossiste, sauf les plus propres qu'il vend directement à des garagistes. Les vieux vêtements sont transformés en chiffons ou gardés pour les brocantes s'ils sont anciens et qu'ils ont un peu d'allure. Les objets et les meubles débités ou recyclés sur des brocantes.

Mais le travail est dur. On ne peut jamais rien prévoir. On peut être une semaine sans rien faire. Et recevoir trop de demandes la semaine suivante. L'important, c'est d'avoir, comme son père, un bon réseau pour ne pas rester trop longtemps sans rien.

Le travail de brocante

Travailleur infatigable, Marcel prend le week-end des emplacements sur les brocantes et les puces. C'est là qu'il peut étaler les fripes, les vieux outils, les horloges en panne, la vaisselle dépareillée, les bibelots variés, les magazines d'autrefois... Le prix ? Marcel avoue que c'est un peu à la tête du client car il n'y a pas toujours un prix de marché. La babiole qui s'arrachait le mois d'avant, plus personne n'en veut parfois le mois d'après. Et le meilleur prix, il ne le fait pas forcément aux bourses plates, mais à ceux qui s'y connaissent et qui savent discuter. En clair à des égaux.

Le cireur de chaussures

Les trottoirs d'autrefois ne sont pas toujours pavés ou goudronnés. Les rues des bourgs restent souvent en terre battue jusqu'après guerre. Celles des villes, même pavées, sont longtemps bien sales. Comment donc conserver des chaussures propres sans le cireur ambulant ?...

Un métier indispensable

Dans les campagnes d'autrefois, on portait des sabots, pas besoin de cirage ! Mais en ville et dans les gros bourgs, les chaussures en cuir des plus riches ont commencé à se populariser à la fin du XIXe siècle, portées le dimanche à la messe, ou bien lors des foires et des fêtes de famille.

On est soigneux à cette époque, on apprend très jeune à nettoyer et à cirer ses souliers (si l'on en a...) à moins que des domestiques ne s'en chargent. La corvée de cirage fait partie intégrante du service militaire : les godillots inspectés doivent briller et les boutons de guêtres reluire. Or, comment garder ses chaussures propres quand les trottoirs en terre battue sont poussiéreux l'été et boueux le reste du temps ? Comment, sans les salir, traverser des rues qui, même pavées, sont sales parce que l'évacuation des eaux usées se fait mal ? La solution passe par le cireur ambulant.

Décrotteur et cireur

Avant d'arriver à destination, si les chaussures ont été trop salies, on fait appel à un cireur. Présents un peu partout jusqu'à la Première Guerre mondiale, ces petits artisans des rues se maintiennent encore dans les grandes villes, aux abords des gares ou dans les quartiers chics pendant l'entre-deux-guerres avant de disparaître. Ils grattent la terre ou la boue collée, brossent, cirent et font briller : en quelques minutes, les souliers des beaux messieurs ou des paysans endimanchés dans leur grande blouse retrouvent une nouvelle jeunesse !

Qui et avec quoi ?

Ce métier de gagne-petit est souvent pratiqué par les deux extrêmes en termes d'âge : on y rencontre de tout jeunes cireurs comme des petits vieux qui s'agenouillent pour frotter malgré des articulations parfois douloureuses. Tout simplement parce que cet artisanat des rues ne demande pas beaucoup de force, que le temps d'apprentissage se réduit à quasi rien et que le matériel assez sommaire ne coûte pas très cher. Il faut au cireur un petit tabouret de bois sur lequel le client pose son pied, tabouret qui peut se fabriquer aisément. Les plus performants utilisent plutôt une boîte en bois au couvercle en pente : elle a le même usage vis-à-vis du client mais permet au cireur d'y ranger tout le reste de son matériel et de l'emmener en bandoulière une fois sa journée finie. Il lui faut aussi des grattoirs pour décrotter les chaussures, plusieurs brosses, du cirage et des chiffons. Et c'est parti !

! *Parce qu'il œuvre à genoux dans les beaux quartiers, le cireur de chaussures est souvent montré comme le symbole de l'humiliation du travailleur par l'employeur. Vision d'intellectuel qui oublie la notion d'entraide. Le client, notamment dans les gares, n'est pas forcément beaucoup plus riche que lui. Mais toute peine mérite salaire et ce qui compte c'est de faire bouillir la marmite...*

Dick
cireur de chaussures dans les années 1880.

Le petit Lord Fauntleroy, roman à succès pour enfants de 1886, met en scène un petit cireur de chaussures nommé Dick. Il s'associe à un autre adolescent de son âge pour acheter le matériel nécessaire et en vivre, les deux jeunes se partageant les outils et le temps de travail. Comme quoi même un matériel qui nous semble rudimentaire peut représenter pour les plus pauvres un achat très conséquent.. Voici un extrait du livre...

Les soucis du jeune cireur

[Ami du cireur de chaussures, Cédric, un enfant de huit ans, hérite brutalement du titre de comte, ce que vient lui apprendre l'homme d'affaires de son grand-père. Il l'interroge sur la façon dont il prend la nouvelle.]

« – Que feriez-vous si vous aviez beaucoup d'argent ?

– Oh ! Beaucoup de choses ! répondit Cédric sérieusement. Tenez, nous parlions de la marchande de pommes tout à l'heure ; eh bien, si j'étais riche, je lui achèterais une tente pour s'abriter quand il pleut. [...] Et puis il y a Dick.

– Et qui est Dick ?

– Ah, Dick, c'est un de mes amis, dit Cédric de plus en plus passionné, il est cireur de bottes et c'est un type formidable. Je le connais depuis des années. Il faut que je vous dise qu'un jour, quand j'étais petit, mais vraiment très petit, Chérie m'avait acheté une balle magnifique qui rebondissait très haut. Seulement, j'ai laissé échapper ma balle qui est allée rouler dans la rue, au milieu des voitures. Comme j'étais très petit, je me suis mis à pleurer. Alors Dick, qui était en train de cirer les chaussures d'un monsieur, a laissé là sa brosse et a couru dans la rue au milieu des chevaux et m'a attrapé ma balle. Il l'a essuyée sur son pantalon et il me l'a rendue en disant : « Pas de panique, jeune homme, y a pas de mal ». Et depuis, chaque fois que nous allons par là, Chérie et moi, nous nous disons bonjour et nous bavardons un moment. Il me raconte comment vont les affaires en ce moment. Et justement, cela ne va pas très fort.

– Tiens ? dit M. Havisham. Et que voudriez-vous faire pour aider ce jeune industriel ?

– Eh bien, fit Cédric soucieux, le plus important, ce serait de racheter la part de Jack.

– La part de Jack ? répéta le vieil avoué, en dissimulant un sourire, qui ne quittait plus ses lèvres, derrière ses mains réunies. Et qui est Jack ?

– Jack ? C'est son associé. Mais c'est le pire associé qu'un homme puisse rencontrer. Il sabote le travail, m'a dit Dick, ce qui fait que les gens qui ont fait cirer leurs chaussures par Jack ne reviennent plus et que tous les efforts de Dick ne servent à rien. Alors si j'étais riche, je donnerais à Dick de quoi racheter la part de Jack, parce qu'ils ont acheté ensemble leur matériel, le cirage, les chiffons et tout le reste. Il lui faudrait aussi une enseigne, ou un écriteau. Il dit qu'il n'y a rien de tel pour attirer la clientèle. Il lui faudrait aussi des brosses et du cirage bien sûr. Tout ce qu'il demande, c'est de se lancer en grand. »

Le conducteur de tramway

Les traminots, ou employés des tramways, sont nés avec eux au milieu du XIXe siècle. Ils forment des groupes solidaires, soudés par les compétences techniques, l'amitié et l'amour du métier. Ils disparaissent dans les années 1950. Le tram est aujourd'hui de retour, mais dans les villes seulement.

Vingt réseaux ont été créés depuis les années 1980. Cinq autres lignes de tramway sont actuellement en construction à Besançon, Brest, Dijon, Le Havre et Tours, et quatorze nouveaux projets sont à l'étude.

Les premiers tramways

En France, une ligne de tramway d'essai est présentée en 1855 dans le 8e arrondissement de Paris pour l'exposition universelle. L'expérience est étendue pour celle de 1867. Il s'agit alors de voitures à traction hippomobile : les rails sont là, mais c'est un cheval qui tire. Au besoin, il sort aisément le véhicule de ses rails pour se rapprocher des voyageurs sur le trottoir, puis le réenraille aussi facilement. Ces tramways sont plus rapides et plus confortables que les omnibus (également tirés par des chevaux à l'époque) mais coûtent cher. L'arrivée de l'électricité change la donne.

Du cheval à l'électricité

Le premier tramway électrique fonctionne en 1890 à Clermont-Ferrand. À partir de 1895 ce système de transport en commun de voyageurs prend son essor, non seulement à Paris et dans la plupart des villes de France, mais aussi pour relier les chefs-lieux de cantons. Ces lignes interurbaines se développent principalement à partir de 1880 et atteignent leur extension maximale en 1933 avec plus de vingt mille kilomètres de voies.

Le tramway connaît ainsi un bel âge d'or jusqu'en 1914, car il est plus efficace et moins cher que tous les autres modes de transport de l'époque. Il se maintient dans les zones urbaines au début de l'entre-deux-guerres, moins bien déjà sur les longues distances du fait de sa lenteur. À partir de 1935, les véhicules automobiles, qu'il s'agisse des voitures particulières ou des autobus, progressent techniquement et numériquement. Les autobus concurrencent d'autant plus les tramways qu'ils n'ont pas besoin d'infrastructures spécialisées : ni rail, ni câbles électriques. Les fermetures commencent. Mais les lignes de tramway sont maintenues voire remises en service pendant la Seconde Guerre mondiale, car il n'y a alors plus assez d'essence pour les autres moyens de transport.

De l'après-guerre au XXIe siècle

Au retour de la paix, les fermetures reprennent et les dernières lignes de tramways sont supprimées à la fin des années 1950. Georges Pompidou n'affirme-t-il pas un peu plus tard que « la ville doit s'adapter à la voiture » ?

Les chocs pétroliers et la congestion amènent les communes à réenvisager le tramway, malgré son image vieillotte. Nantes se dote en 1985 du premier tramway résolument moderne. Grenoble suit en 1988, Rouen et Strasbourg en 1994, puis Bordeaux, Nancy, Paris, Orléans, Reims, Nice, Angers... soit une vingtaine de villes équipées désormais.

Les mots du métier

Alimentation par caniveau : elle permettait l'alimentation souterraine des tramways en électricité, mais sa construction complexe (ci-dessous) l'ont

réservée aux centres historiques des villes et son utilisation difficile l'ont fait disparaître de toute l'Europe avant la Seconde Guerre mondiale. Les systèmes modernes du XXIe siècle s'inspirent de cette technique en l'améliorant.

Bogies : ceux des tramways peuvent tourner sur des angles beaucoup plus importants que ceux des trains, pour prendre des virages plus serrés.

Électricité : jusqu'à la Première Guerre mondiale, ce sont souvent les compagnies de tramways qui produisent leur électricité. Elles revendent leurs surplus à l'extérieur. Ci-dessous : les dynamos de l'usine des tramways de l'Est parisien en 1906.

Énergie : les tramways fonctionnent avec la vapeur à partir de 1873, à air comprimé à partir de 1878, à l'électricité à partir de 1881 et au diesel.

Freinage : longtemps assuré par un frein à vis, puis un frein pneumatique, désormais électrique ou par récupération.

Hippomobile : tramway tracté sur les rails par des chevaux. Les derniers de ce type disparaissent en 1910.

Lignes aériennes de contact (LAC) : nom donné aux fils électriques en hauteur qui alimentent les trams, si décriés dans les centres historiques.

Perche : la perche terminée par une roulette à gorge permet aux trams de s'alimenter aux fils électriques. Ce système remplace le trolley, trop instable, mais nécessite des aiguillages aux bifurcations.

Pantographe : les trams les plus récents (ci-dessous à Nantes) ont adopté le système d'alimentation électriques par pantographe, comme les trains.

Pince : les fils électriques aériens sont tenus par des pinces de suspension souvent très simples.

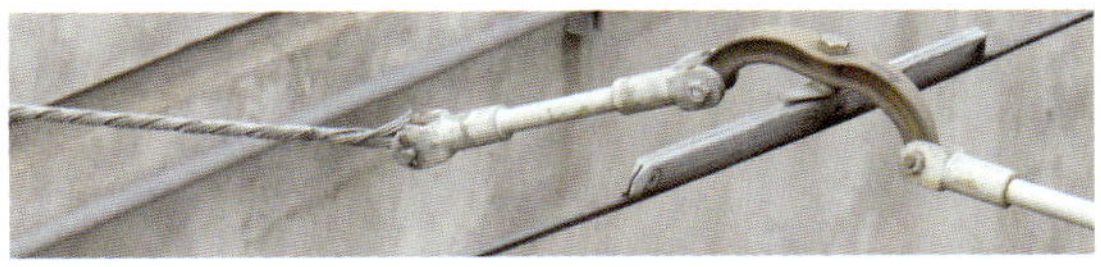

Rail : le tramway utilisait autrefois des rails avec traverses, masqués par les pavés, puis le bitume. Les rails sont aujourd'hui à gorge, avec une ornière (ci-contre en coupe).

Traminot : nom donné aux employés du tramway.

Trolley : le tramway s'approvisionnait au début en électricité par un chariot (troller, ce qui a donné le mot trolley) glissant sur deux fils aériens. Mais le chariot d'alimentation déraillait trop souvent.

Voie : les tramways utilisent des voies métriques ou de 60 cm de large, plus étroites que celles des trains des grandes compagnie (1,435 m).

Wattman : conducteur de tramway (au départ : homme des watts).

Tramways des bois et des champs

Des tramways de campagne

On imagine trop souvent les tramways comme des moyens de transport urbains. Ils sillonnaient pourtant les campagnes depuis la loi Freycinet de 1880. À l'origine de leur développement spectaculaire, elle prévoit la création de voies ferrées d'intérêt local créées par les départements avec l'aide de l'État pour relier les chefs-lieux de cantons.

Le musée du Tacot

Ébéniste de métier, mais fils de traminot et collectionneur, Claude Lornet a monté en 1983 un musée du Tacot à Cléron (Doubs). Il dispose d'une photothèque considérable, de toutes les cartes postales d'avant 1914 sur le sujet, et de la reconstitution au 1/5e d'un tacot avec lequel on peut rouler sur sept cents mètres.

Un système économique

Les voies sont celles des tramways : 0,60 ou 1 m de large (pas 1,435 m comme pour les grands réseaux). Elles sont construites le long des routes et des chemins et épousent la forme du terrain pour éviter des travaux d'infrastructures lourds. Le matériel est à vapeur (pas question d'installer des kilomètres de lignes électrifiées dans les campagnes) et léger (permettant des déclivités jusqu'à 40 ‰ et des courbes plus fortes). Deux à trois fois moins coûteuses que l'équivalent en train, ces lignes de tramways ont les défauts de leurs avantages : la vitesse est faible (pas plus de 30 km/h), ralentie encore dans les villages, les déraillements ou les pannes assez fréquentes, mais sans gravité. Si on déraille, on va chercher les gars costauds des environs (c'est comme une distraction) ou on se fait aider des voyageurs et on réenraille le tram ! Surnommés familièrement tacots, tortillards, coucous, yoyos, ces tramways de campagne subissent la concurrence de la route après la Première Guerre mondiale. Beaucoup de lignes ferment entre 1935-1938, d'autres se maintiennent pendant la guerre, faute d'essence pour les autres modes de transport, mais disparaissent dans les années 1950. Certains membres du personnel sont en vain candidats pour racheter un tram à la fermeture. Il faut rendre jusqu'au dernier boulon alors que tout part pourtant chez les ferrailleurs pour destruction... Grâce au soutien des populations, quelques lignes sont gardées : celle de Corse (290 km), de Nice-Digne, Salbris-Romorantin, Tournon-Lamastre (classée monument historique)... toutes en cours de rénovation.

Les traminots de l'entre-deux-guerres

Les poseurs de voie du départ sont transformés en agents d'entretien, responsables d'un cantonnement (c'est-à-dire de 20 km de voies de chaque côté d'une gare). Ouvertes toute la journée, les gares en tête de lignes sont tenues par des hommes, les gares intermédiaires par des femmes (en général les épouses des traminots chargés de l'entretien). Les plus petites gares, dans les villages, ne sont ouvertes qu'avant le passage du tram : quelqu'un du bourg ou bien le bistrot le plus près de la voie. Le tram dispose d'un mécanicien, d'un chef de train qui arrive une demi-heure avant le départ, et d'un chauffeur, qui débute à 3 ou 4 h du matin, parce qu'il faut 4 h pour monter la machine en pression. Les billets en carton sont poinçonnés à la montée par le chef de train et redonnés par les voyageurs à un employé de la gare de sortie.

Auguste Lornet
traminot, né en 1899.

Auguste Lornet et son épouse Laurence débutent comme traminots à la gare de Salins-Bracon (Jura) puis continue sa carrière sur la ligne sur la ligne Pontarlier-Besançon, fermée en 1953 et dont il fut le dernier employé du tacot. Son fils Claude est né en 1931 dans la gare Salins-Bracon. Il raconte...

Souvenirs de traminots...

Claude se souvient en premier lieu de l'entente formidable du personnel. Les traminots forment une grande famille et passent le dimanche et les veillées les uns chez les autres. Le système D est bien utile. Pour aller dîner chez leurs amis de la gare de Pont-d'Hery, en haut d'une pente par rapport à la leur, la famille

accroche un petit wagonnet plat à l'arrière du dernier tram de la journée. On y met la petite sœur dans une corbeille à linge, on s'assoie en tailleur à côté. À minuit, il n'y a plus de tram, mais il suffit de laisser glisser le wagonnet dans la pente pour rentrer. Le père se met à plat ventre pour actionner le frein à main pendant la descente et ne pas prendre trop de vitesse. Mais les freins couinent, ça réveille tous les chiens le long du trajet : « Les Lornet sont de sortie », commentent les voisins...

L'entraide est primordiale et va de soi. Les traminots chargés de l'entretien des voies ont une musette pour le midi, mais ils savent qu'ils peuvent compter sur la gare voisine pour le café et les gâteaux. Comme certaines gares sont isolées, les autres font parvenir le nécessaire par le tacot sans qu'on ait à se déplacer : le pain vient d'une gare, la viande d'une autre, le lait d'une troisième... La mère de Claude ayant été couturière, elle fait les robes de noces des filles des traminots. La fille institutrice du chef de la gare voisine apprend à lire à Claude, entre deux trains, quand il a cinq ans. Plus tard, de la gare isolée d'Entreporte, il va à l'école à Pontarlier par l'autorail L'Oiseau Bleu, le chef de train le prend avec lui et, merveilleux souvenir d'enfance, le laisse conduire dans les lignes droites ! À destination, il le prend par la main pour lui faire traverser la rue avant de remonter dans le tram.

Pendant la guerre, le tram sert au trafic d'armes et au troc, ce qui vaut aux employés quelques anicroches avec les Allemands. Des mécaniciens font parfois leur trajet la mitraillette dans les reins... On cache des résistants blessés, d'autant plus facilement que les Allemands coupent régulièrement les lignes téléphoniques mais oublient que celle du tram est indépendante... ce qui permet d'appeler à temps pour permettre à une famille de fuir.

Anecdotes de travail

Un principe de base des traminots, c'est que le travail doit être bien fait, même si on n'est pas payé pour ça. À la gare de Busy-Larnod, Auguste descend tous les matins de bonne heure la côte du Comice en vélo pour écarter les cailloux de la voie et remonte par le premier autorail pour prendre son service. À celle d'Entreporte, il est debout l'hiver à 4 h du matin pour déneiger. Parfois, il doit partir à reculons avec le tram pour demander aux jeunes paysans des environs de venir l'aider à déblayer la neige. Ils sont toujours partants : c'est sympa d'être ensemble et de rentrer la nuit avec une bouteille de goutte dans la poche... À la gare de Cléron, Auguste doit se lever trois ou quatre fois par nuit pour remettre du bois dans le chauffage et éviter que le réservoir d'eau ne gèle. Le 20 janvier 1945, il neige tant que la gare de Chaffois doit héberger les voyageurs le soir, le tram ne pouvant pas aller plus loin. Mais il tombe 1,50 m de neige dans la nuit et, le lendemain matin, il n'y a que le haut de la cheminée du tacot qui dépasse encore !

La diseuse de bonne aventure

La vie et la volonté ne suivent pas toujours le même chemin… Aussi les tentatives pour deviner le futur sont-elles aussi vieilles que l'humanité. Tout au long des siècles, voyants et diseuses de bonne aventure s'y sont essayé avec les méthodes les plus variées.

Un art aussi vieux que l'homme

L'astrologie, art d'examiner le ciel pour prédire ce qui attend le roi ou le simple mortel remonte à la plus haute Antiquité. La Mésopotamie, l'Égypte, la Grèce puis Rome y accordent la plus grande importance.

Des approches qui se diversifient

Après un oubli passager, l'étude des astres revient à la mode à la fin du Moyen Âge. L'astrologie populaire, avec de petits horoscopes personnalisés, est véhiculée dans les campagnes par les almanachs des colporteurs dès la fin du XIVe siècle. L'astrologie savante, aux calculs complexes, reste réservée aux lettrés et aux rois.

La chiromancie (la lecture des lignes de la main) apparaît à la Renaissance et fait ensuite le bonheur des romanciers, Cervantès, Paul Féval, Alexandre Dumas… C'est à cette même époque que l'on commence à pratiquer la géomancie (lecture de cailloux jetés au sol) et la cartomancie (interprétation des cartes retournées une à une).

Au XVIIIe siècle, les Tziganes se mettent à lire l'avenir aussi dans les gouttes de plomb ou d'étain, dans le marc de café ou dans les premières boules de cristal (accessoire incontournable des voyantes des images d'Épinal). Ces Bohémiens, qui prédisent le futur pour quelques sous dans les rues, ont un tel succès que les mots « voyante » et « gitane » sont quasiment synonymes en 1800.

Au XIXe siècle, on explore la communication avec les morts. On fait tourner les tables (Victor Hugo est un adepte assidu du spiritisme), les médiums ont la plus grande notoriété et la photographie naissante tente même de capturer les spectres sur ses plaques.

Un outil au service des élites

La divination est longtemps perçue comme une science véritable. L'astrologie est enseignée à l'université du XVe au XVIIe siècle et les rois s'attachent les services de visionnaires. Agrippa de Nettesham est ainsi à la fois le médecin et le devin personnel de la mère de François Ier ; Michel de Notre-Dame, dit Nostradamus, celui de Charles IX. Charles V crée la charge de médecin astrologue du roi pour Thomas de Pisan. Le comte de Saint-Germain, mystérieuse personnalité du XVIIIe siècle, est le favori de Louis XV qui lui installe à Chambord un laboratoire où il lit l'avenir à travers les miroirs et la fumée. Le nécromancien Cagliostro est consulté par Louis XVI. Ce recours des gouvernants à la divination perdure aujourd'hui. Jaurès, Clemenceau et Poincaré ont pris les conseils de la cartomancienne Mme Fraya et François Mitterrand eut recours aux services de l'astrologue Élizabeth Tessier…

Méfiance, méfiance…

« Ne te décharge pas de tes fautes sur le Bélier ou le Taureau », écrit au XIIe siècle Sir Thomas Brown. L'Église a très vite condamné sorcellerie, charlatanisme et tout système de prédiction personnelle. Au XVIIIe siècle, les philosophes la rejoignent : « Aujourd'hui, affirme Diderot, le nom d'astrologue est devenu si ridicule qu'à peine le bas peuple ajoute-t-il quelque foi aux prédictions des almanachs ». On commence alors à faire la différence entre science et occultisme, magie et physique, alchimie et chimie, astrologie et astronomie… La théorie des probabilités de Huygens en 1656 permet de distinguer prévision et prédiction. Tout cela n'empêche pas les voyants de prospérer aujourd'hui (y compris sur Internet), mais ils n'ont plus le statut de scientifiques.

! *Savez-vous que le mot grimoire vient de grammaire ? Cette association entre l'univers mystérieux des magiciens et celui tout aussi hermétique des lettrés s'était faite naturellement en milieu populaire.*

Les mots du métier

Arithmancie : technique de divination qui utilise les chiffres et qui aurait été développée par les pythogoriciens dans le monde antique. Le prénom et le nom sont transformés en suites de chiffres pour obtenir le nombre d'expression, le nombre intime et le nombre de réalisation propres à la personne.

Astrologie : tradition qui assure que la position des planètes dans le système solaire, notamment à la naissance d'une personne, permet de comprendre ou de prédire les événements collectifs ou individuels.

Auspice : appelée aussi ornithomancie, cette pratique divinatoire de l'Antiquité se fonde sur l'interprétation du vol des oiseaux.

Bibliomancie : pratique datant de l'Antiquité consistant à deviner l'avenir ou l'action à entreprendre par l'ouverture d'un livre au hasard et la lecture de la première phrase aperçue.

Caféomancie : pratique divinatoire venue de Perse via la Turquie cherchant à deviner l'avenir à partir des formes prises par le marc de café séché au fond d'une tasse ou d'une soucoupe.

Cartomancie : art divinatoire utilisant les cartes, souvent celles d'un jeu de tarot. Les cartomanciennes sont aussi appelées diseuses de bonne aventure.

Chiromancie : prédictions ou interprétations liées aux lignes de la main ainsi qu'aux autres signes de la paume et de la forme des ongles. Pratiquée depuis plus de cinq millénaires en Chine et en Inde, elle apparaît en Europe au XIIe siècle.

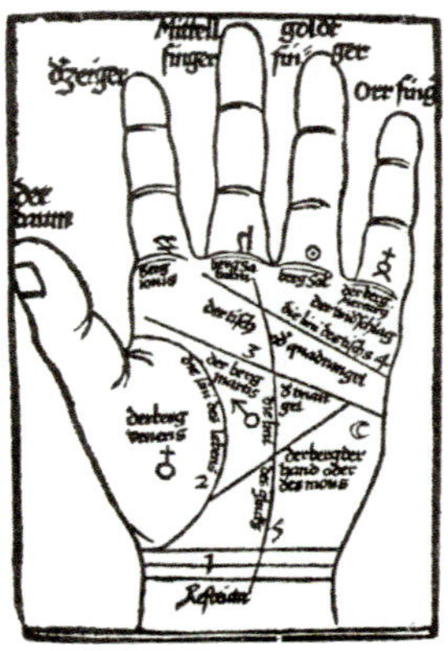

Cristallomancie : pratique de voyance relativement récente utilisant une boule de cristal. Cet objet est devenu au cinéma le symbole de l'art divinatoire populaire.

Géomancie : technique de prédiction à partir de l'analyse des figures géométriques obtenues par des cailloux jetés au hasard, par le lancer de dés (ce qu'on appelle aussi kybomancie) ou le comptage de traits dans le sable.

Graphomancie : technique divinatoire utilisant l'écriture automatique.

Horoscope : expression la plus populaire et la plus fréquente de l'astrologie antique. L'horoscope utilise les signes du zodiaque et les heures de naissance pour prédire l'avenir.

Kybomancie : méthode de prédictions obtenues par le lancer de dés.

Libanomancie : tradition qui prédit l'avenir en fonction de la forme des volutes de la fumée d'encens.

Nécromancie : interrogation des morts dans un but de divination. Cette technique rejoint le spiritisme et les tentatives de faire « tourner les tables ».

Numérologie : ensemble de croyances liées aux chiffres et qui dérive de l'arithmancie.

Oniromancie : art divinatoire très ancien, datant de l'Égypte antique et évoqué dans la Bible, basé sur l'interprétation des rêves.

Rhabdomancie ou radiesthésie : utilisation de pendules ou de baguettes de coudrier non pas pour détecter un point d'eau mais pour deviner l'avenir par la réponse affirmative ou négative donnée par ces objets aux questions posées.

Taromancie : art divinatoire, appelé aussi cartomancie, qui utilise comme support les cartes du Tarot de Marseille.

Quelques exemples de voyants fameux

Euphémia et Mlle Lenormand

En 1776, trois jeunes filles nobles des îles, Joséphine de Beauharnais, sa cousine Aimée Dubuc de Rivery et Juliette Bretton des Chapelles, rencontrent Euphémia, une vieille esclave antillaise, pour qu'elle leur lise leur avenir.

À Joséphine, elle prédit qu'elle sera plus que reine – Joséphine épouse en 1796 Napoléon Bonaparte et devient impératrice en 1804.

À Aimée, elle annonce qu'elle sera reine – Aimée, dont le bateau vers l'Europe est attaqué par des pirates, est vendue au sultan turc dont elle devient l'épouse (une aventure que Michel de Grèce met en roman dans *La nuit du sérail*).

À Juliette, elle indique qu'elle aura pour mari un homme de son rang – et elle se marie en 1790 avec Pierre de Bauduy de Bellevue, planteur d'une fortune équivalente à la sienne.

Une cartomancienne fameuse, Marie-Anne Gilbert, alias Mlle Lenormand, fait à Joséphine de Beauharnais la même prédiction. Fille de drapier versaillais, elle lisait déjà l'avenir à ses camarades de pension dans les cartes de tarot. Voyant sa main, une gitane lui promet une belle réussite à l'étranger. Et c'est effectivement à Londres, où elle s'installe en 1787, qu'elle connaît la célébrité et devient la voyante officielle de la famille royale. De retour en France en 1791, elle est consultée par Joséphine, Robespierre, Saint-Just...

Un tarot littéraire

Vous aimez la complexité des lectures que l'on peut faire d'un jeu de tarot ? Le roman d'Italo Calvino, *Le Château des destins croisés*, est fait pour vous. Des voyageurs muets de peur et rassemblés par la nuit dans un château, tentent de raconter leur histoire à travers les cartes d'un tarot. Passé, futur, hasard, rêves, craintes, difficultés d'interprétation... tout se mêle.

Nostradamus

Michel de Nostredame (1503-1566) ou Nostradamus reste le voyant le plus connu.

Beaucoup de ses prédictions ont été antidatées ou sont postérieures à sa mort, mais les différentes éditions du livre *Les prophéties de Michel de Nostradamus* publiées avant sa mort sont réellement de sa main. Elles rassemblent près d'un millier de quatrains prophétiques. Certains y croient, d'autres n'y croient pas. Ce qui est sûr, c'est que son style, mélange de vieux français, de latin, de grec et de provençal, permet toutes les interprétations. Le quatrain le plus célèbre est celui qui aurait annoncé la mort d'Henri II, l'œil transpercé à travers son casque au cours d'un tournoi : « Le lyon ieune le vieux surmontera, En champ bellique par singulier duelle, Dans cage d'or les yeux luy crevera, Deux classes une, puis mourir, mort cruelle ». Un autre aurait annoncé l'attentat commis à Lyon sur le pape Jean-Paul II. Toujours est-il qu'ils ne semblent clairs qu'a posteriori. Leur analyse a néanmoins fait l'objet de plus de 10 000 publications depuis la mort de Nostradamus...

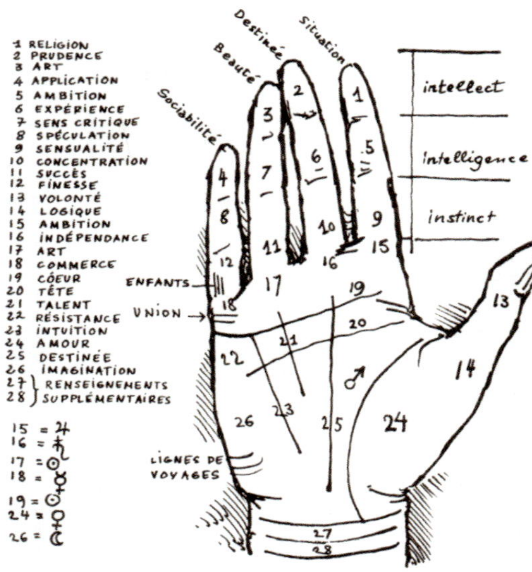

Deux voyantes
du XXe et XXIe siècles.

On pourrait croire la voyance effacée par les progrès de la science. Pas du tout. Les deux exemples sont contemporains

Une voyante contemporaine

Âgée d'une cinquantaine d'années, cette voyante d'aujourd'hui ne vit ni dans une roulotte ni dans un cagibi feutré plongé dans la pénombre et la fumée d'encens, mais dans un bureau rappelant celui d'un médecin. Elle a téléphone, fax, mail et site Internet. Des livres sur les astres, les horoscopes, la cartomancie et les méthodes divinatoires les plus diverses chargent les étagères. Peu d'objets asiatiques, contrairement aux pratiques des années 1950, où l'ésotérisme indien était à la mode et semblait renouveler les approches divinatoires. Un bouddha posé sur un meuble reste la seule concession à cette passade éphémère.

Cette voyante pourrait passer pour une psychologue mâtinée de consultante en communication. Très cadre dynamique. Elle affirme qu'elle a toujours eu un don prédictif, manifesté dès l'enfance, mais que l'étude rigoureuse et mathématique des astres lui permet de toutes façons de découvrir la personnalité du client. Il lui suffit de connaître son signe astral, son heure de naissance et ceux de ses parents. Elle admet qu'il y a, dans les prédictions qu'elle fait, de la déduction en même temps que de la prophétie, du rationnel en même temps que de l'irrationnel. Mais qu'elle apporte autant d'aide qu'un coach ou un conseiller matrimonial au moment d'une prise de décision difficile..

Une gitane née dans les années 1920

La fille d'une diseuse de bonne aventure parle de sa mère, une gitane ou une bohémienne, comme diraient les gadjos, qui lisait les lignes de la main dans les rues des villes, au hasard de leurs pérégrinations dans les années 1960-1970. Elle y croit dur comme fer et cite de nombreux exemples familiaux de prédictions réalisées. Mais elle n'a pas cherché à apprendre les secrets maternels et elle ignore s'il faut regarder la main droite plutôt que la gauche ou l'inverse. Par tradition, sa mère inspectait plutôt la main gauche, moins abîmée par le travail, où les lignes sont les plus nettes et reliées au cœur par le bras. Mais elle sait que, selon d'autres, la main gauche porterait le destin primitif inscrit à la naissance tandis que la main droite afficherait le destin modifié par la volonté. Les lignes de la paume les plus importantes sont celles de vie, du destin, de cœur, de tête et d'intuition. Elle n'en dit pas plus.

Comme il faut bien gagner sa vie, sa mère abordait de préférence les jeunes filles de dix-huit ou vingt ans. L'âge des amours inquiets et de la naïveté. « Cinq francs, elle disait, seulement cinq francs. Tu mets cinq francs sous ta main gauche, je te lis ton avenir, je te dis qui va t'aimer ». Elle maintenait avec ses doigts le billet de cinq francs sous la main de la jeune fille : « Je n'arrive pas à bien lire. Il faut remettre cinq francs. Remets cinq francs ». Et ça plusieurs fois de suite. Puis elle empochait l'argent tout en commençant à lire l'avenir. Si les prédictions semblaient justes, la personne n'osait pas protester, malgré le gonflement forcé du prix. Mais ça ne marchait pas toujours. Certaines protestaient tant et si bien qu'on leur rendait leur argent (moins les cinq francs annoncés au départ quand même). Mais les divinations s'étaient perdues dans les cris...

« Chauds, chauds, les marrons, chauds ! » Voilà un cri qui s'entend bien et qui attire quand il fait bien froid ! Le marchand de marrons parcourt les rues de nos villes hier comme aujourd'hui, car le métier se maintient bien.

Sont comestibles les châtaignes et les marrons (sauf les marrons d'Inde) qui en sont une variété. Les marrons sont plus gros que les châtaignes, avec un fruit en un seul bloc, sans la moindre peau de séparation ; ce sont eux d'ailleurs qu'on utilise en confiserie.

Le marchand de marrons

Un métier vieux de huit siècles

Ce petit métier des rues remonte au XIIIe siècle. Le premier marchand de marrons chauds, originaire de Lyon et nommé Benoît, se serait installé à Paris, près du Palais-Royal. Habillé en moine, il attirait le chaland à la fois par son cri et son déguisement.

Pendant des siècles, si la légende le veut lyonnais, le marchand de marrons est pourtant plutôt Limousin ou Auvergnat. Ou bien issu du Vivarais ou de la Savoie comme les petits ramoneurs. Paysan au départ, il quitte sa région à l'automne, lorsque la saison des gros travaux agricoles est finie et que, précisément, celle des châtaignes commence (récoltées entre septembre et novembre selon les régions). Il soulage sa famille en quittant son pays pauvre et en venant gagner un peu d'argent en ville, avec un matériel rudimentaire.

Une friandise d'hiver

Les bonbons chimiques n'existent pas. Les friandises sont celles qu'apportent les saisons à tour de rôle : les cerises, les fraises ou les framboises l'été, les châtaignes l'automne. Et les enfants en raffolent. Alertés par le cri du marchand mais aussi par la bonne odeur des marrons grillés, ils quémandent quelques pièces à leurs parents pour acheter un cornet (ou un chapelet de vingt-cinq disait-on autrefois). Ils ne craignent ni de se brûler les doigts en voulant prendre un marron trop vite, ni de se salir avec la cendre noire des coques trop grillées, ça fait partie du plaisir !

Du mendiant à l'amuseur de foire

Autrefois, ce métier de gagne-petit se pratique même quand on est à la limite de la mendicité, pour survivre : il suffit d'un petit brasero portatif et d'un sac de châtaignes.

Certains marchands sont bien sûr mieux équipés, avec du matériel solide, parfois une charrette à bras ou à âne. D'autres ont carrément pignon sur rue, avec un emplacement attitré à l'entrée d'un grand magasin ou d'un site touristique. Dans les années 1920, un marchand parisien près de la tour Eiffel donne même à son gril la forme d'une locomotive : les marrons fument en cuisant et cette fumée part alors dans la cheminée de la loco ! Quel succès ! De vendeur le voici transformé en attraction ! Et on retrouve aujourd'hui encore des braseros camouflés en locomotives, qui vendent des marrons chauds sur les fêtes foraines.

Les mots du métier

Brasero : chaudron en métal, rempli de braises (d'où son nom), utilisé en plein air.

Caddie : remplace parfois, pour les petits marchands de marrons d'aujourd'hui, la charrette à bras ou à âne d'autrefois.

Charbon de bois : utilisé dans le fourneau, il noircit souvent les mains du marchand !

Chauvet : nom donné en occitan à une châtaigne cuite sous la cendre.

Cornet : nécessaires pour éviter aux doigts de se brûler, les cornets sont aussi bien en papier journal qu'en feuilles un peu plus chics, aux couleurs assorties aux châtaignes.

Couteau : pour fendre les marrons avant de les mettre à griller, pour éviter qu'ils n'éclatent.

Crèche : le saviez-vous ? Le marchand de marrons est l'un des personnages de la crèche napolitaine, les plus petits et les plus modestes devant être les premiers auprès de l'enfant Jésus.

Cri : « Chauds, chauds, les marrons chauds ! », « Tout chauds les marrons, tout chauds, Venez vois comme ils sont beaux ! », « Ça brûle, ça brûle, les marrons bien chauds ! » – chaque ambulant a son cri, et il s'entend de loin !

Échoppe : celle du marchand de marrons peut se résumer à un simple brasero posé au sol (ou aujourd'hui dans un caddie de supermarché), à un étalage plus élaboré monté sur une charrette, sur des tables (avec même un parapluie en guise d'auvent comme ci-dessous), sur des chariots à roulettes ou sur des voiturettes plus sophistiquées, parfois motorisées désormais.

Écumoire : pour retirer les marrons de la poêle.

Poêle ajourée ou écuelle percée : elle est posée sur le brasero pour faire griller les marrons.

Pincette ou gaffas : pincette en bois (ci-contre) pour ramasser les châtaignes dans les sous-bois sans se piquer.

Rastelet : petit râteau utilisé pour le ramassage des châtaignes.

Soufflet : pour attiser les braises.

Tablier : le marchand de marrons porte un tablier à deux poches qui le protège de la chaleur du fourneau. Il y loge son couteau et la pincette avec laquelle il remue les braises de temps à autre.

La châtaigne, le pain du pauvre

L'arbre à pain

On a longtemps appelé le châtaignier l'arbre à pain, parce qu'il pousse sur les terres arides et que son fruit « tient au corps », c'est-à-dire qu'il a une valeur nutritive équivalente à celle des céréales. Avec la pomme de terre, il constitue longtemps la nourriture de base des paysans vivant dans ces régions pauvres. Les principales régions de production sont la Corse (en 1931, les châtaigneraies corses représentent encore 44 % du tonnage total français), l'Auvergne et le Limousin. Mais la cueillette se pratique dans bien d'autres régions, comme le montre cette carte postale des années 1910 : le jeune garçon ci-dessus, qui part ramasser des marrons avec son grand sac et un parapluie, est solognot.

Et l'été ?

Que devient le marchand de marrons l'été, quand la saison est finie ? Souvent, il rentre chez lui : travailler sa terre dans le Limousin ou en Auvergne autrefois, au Maroc parfois aujourd'hui. Ou bien il vend de l'eau, des fruits, des glaces, du maïs grillé...

Zoom sur la châtaigne

À l'intérieur de la coque épineuse, la bogue contient un fruit blanc divisé en une ou plusieurs parties comestibles. Il faut la débarrasser de sa peau (ce n'est pas si facile dans les plis...) pour la moudre et la transformer en farine. On peut aussi la laisser entière et la manger bouillie (le plus simple : il n'y a qu'à la faire cuire non décortiquée dans de l'eau) ou grillée (ce qui demande davantage de soin et de surveillance). Grillée, elle se mange brûlante, avec un peu de beurre pour les gourmands. Bouillie, elle se consomme chaude ou froide (trempée dans du lait). Mises à sécher à l'ombre et au frais, les châtaignes se conservent tout l'hiver. Il faut simplement les trier avant la cuisson : on écarte les coques ratatinées ou celles percées d'un petit trou rond (un ver est passé avant nous...).

Le gâteau de châtaignes du Limousin

Pain ou plat de résistance, la châtaigne est aussi utilisée en soupe, à partir de farine de châtaignes mêlée à du lait, ou en dessert. Voici une recette limousine toute simple. Prenez 500 g de châtaignes, 200 g de beurre, 200 g de sucre, 3 œufs. Faites cuire les châtaignes blanchies, égouttez-les puis passez-les à la moulinette. Incorporez le beurre à cette purée chaude, puis le sucre et les œufs. Versez dans un moule rond et faites cuire 30 à 40 mn à thermostat 6.

Les spécialités corses

La meilleure préparation corse à base de châtaigne est la polenta. On délaie de la farine de châtaigne petit à petit dans de l'eau mise à chauffer – et il faut bien de la force, car cette pâte épaisse devient vite très difficile à tourner. La polenta est cuite lorsqu'une grosse bulle vient crever à la surface. On verse alors cette pâte sur

un torchon fariné, on la roule en boule et on la laisse refroidir. Coupée en tranches, la polenta accompagne le fromage et les *figatelli*. Mais elle peut aussi se manger seule, comme un gâteau. Les beignets corses, les fritelles, se font aussi à partir de farine de châtaigne (remplacée parfois aujourd'hui par de la farine de blé). Les ingrédients de la recette : 500 g de farine de châtaigne, 2 jaunes d'œufs, ¼ de litre d'eau, 2 cuillères à soupe de levain, 1 cuillère à soupe de beurre, 1 pincée de sel. Il faut ensuite mélanger tous ces ingrédients pour obtenir une pâte homogène, puis en plonger l'équivalent d'une grosse cuillère à soupe dans de l'huile bouillante : le beignet doit ressortir bien doré et bien solide. Recommencez ensuite jusqu'à ce que toute la pâte ait été utilisée.

Jules Delcourt
né en 1908
et Tarik, né en 1982

Deux portraits, deux visages de marchands de marrons à près d'un siècle d'écart, l'un dans le nord de la France, l'autre dans les rues de Paris.

Jules et sa locomotive

Le grand-père de Martine, Jules Delcourt, était marchand de marrons comme son père avant lui.

Bricoleur doué de ses mains, il s'était construit une locomotive en bois : 1,50 m du sol jusqu'en haut de la cheminée, autant en longueur. Ce décor en bois peint en rouge et noir porte son nom en blanc avec l'inscription « marrons chauds » en grandes lettres dorées. Il masque le brasero, la réserve de charbon et de châtaignes, et les roues du chariot.

Jules vendait encore ses marrons quand Martine était enfant. Elle se souvient surtout de ses mains, si noires de cendres et de charbon en fin de journée qu'elles ne retrouvaient plus leur couleur d'origine ; cela frappait d'autant plus la fillette qu'elle était à l'âge où il faut montrer aux parents des paumes blanches avant de passer à table ! Elle se rappelle aussi combien le pouce de son grand-père était entaillé, tout couturé de cicatrices à force d'avoir fendu au couteau la coque des marrons contre son pouce.

Martine a conservé la locomotive de son grand-père. Des associations locales la lui demandent de temps en temps pour la remettre en route à l'occasion de fêtes foraines ou agricoles. Elle accepte volontiers, très heureuse que des marrons s'y fassent encore griller.

Tarik et son caddie

Tarik n'a pas réellement le statut de commerçant : vendre des marrons, c'est simplement pour lui une façon de gagner de quoi vivre puisqu'il n'a ni emploi salarié, ni allocations chômage. Il installe son matériel du côté des grands magasins, de midi à 18 heures, d'octobre à mars. Son outillage est des plus simples : un caddie « emprunté » à un supermarché, un grand bidon d'huile en métal vide découpé pour se transformer en brasero, une plaque de fer trouée à la main en guide de poêle. Ses marrons, il les achète une fois par semaine par sacs de dix kilos (environ 30 euros le sac) au marché de Belleville ou de la porte de Clignancourt. Le charbon lui revient à 3 euros par semaine. Il vend ensuite les sachets de marrons grillés à 2 euros, parfois 1 s'il sent que le client ne paiera pas davantage. Il ne peut pas demander plus, avec un étal aussi rudimentaire et des sachets qui ne sont qu'en papier journal, même si ses marrons sont aussi bons que les autres.

Les revenus de la journée sont très variables, fonction de la météo et de l'affluence. Il faut aussi éviter les rondes de police. Il y a quelques années, les agents lui demandaient seulement de partir. Maintenant, ils saisissent le matériel et il faut repartir de zéro le lendemain. Mais payer une patente pour être légalement commerçant ne lui est financièrement pas possible. Comme les marchands de marrons de l'Ancien Régime ou du XIXe siècle, Tarik reste un gagne-misère.

Le perruquier

La mode des postiches se développe au XVIIe siècle. Ils sont alors montés sur une armature métallique, et, pour les femmes, surmontés de dentelles, de bijoux, avec de longues anglaises poudrées. Des rouleaux postiches se portent jusqu'en 1914 sous les cheveux naturels, pour les gonfler.

! *Au XVIIIe siècle, les perruques « en pouf » se prêtent à l'actualité, parce qu'on peut y ajouter des accessoires qui lui donnent un sens. On décrit ainsi des coiffures « à la crue de la Seine », à « la Caisse d'escompte »... Sous Louis XVI, la mode se fait plus champêtre, les coiffures se couvrent de moutons, de bottes de paille et de légumes...*

À côté des barbiers qui s'occupent de la barbe, on trouve le perruquier, qui accomplit les autres tâches du coiffeur actuel : il coupe et frise les cheveux, en même temps qu'il fabrique et vend des perruques.

Les coiffures montent...

Les premières perruques sont portées à Paris en 1620. Pour les fabriquer, le perruquier achète sa matière première à des « coupeurs de cheveux » qui parcourent les villages et en rapportent jusqu'à cinq kilos. Les cheveux les plus appréciés, ni trop épais, ni trop fins, viennent de Normandie, de Flandres ou des Pays-Bas, et plutôt des femmes que des hommes. Les plus chers sont les blonds cendrés et les blancs. Selon la qualité et la couleur, une livre de cheveux vaut entre 4 francs et 50 écus.

Sous l'Ancien Régime, les hommes et les femmes du peuple portent en général les cheveux longs : attachés dans le dos pour les hommes, dissimulés sous une coiffe pour les femmes. Dans la haute société par contre, il est mal venu, du moins dans le siècle qui précède la Révolution, de ne pas porter une perruque par-dessus ses propres cheveux. De forme changeante, fluctuant au gré des modes, cette perruque faisait dire à Montesquieu que le visage d'une femme, selon la mode et la hauteur du postiche, se retrouvait aussi bien en haut qu'au milieu de sa silhouette.

... puis retombent

La Révolution sonne la fin de ces postiches poudrés. La crise économique et l'émigration des aristocrates et des étrangers résidents fait perdre dans un premier temps une partie de leur clientèle aux perruquiers. Puis la profession disparaît en quelques mois, dès que la perruque est dénoncée par les révolutionnaires comme symbole de l'Ancien Régime. Le 18 août 1789, les garçons perruquiers au chômage s'attroupent dans Paris pour manifester, mais c'est trop tard. À partir de 1794, les femmes de la bonne société gardent les cheveux courts, à la Titus, comme les hommes. « Sur 10 000 femmes, à peine 10 gardent les cheveux longs, et encore les cachent-elles sous des perruques à cheveux courts », écrit en 1801 le *Journal de Paris*. La perruque est donc toujours là, mais elle a bien changé...

Le grand retour du postiche

Sous l'Empire, à partir de 1808, les femmes reviennent aux chevelures plus longues. On garde parfois la coiffure courte, mais on y ajoute des nattes postiches pour les bals ou de faux chignons portés hauts et ornés de fleurs. La coiffure se complexifie à partir de 1825, avec des tresses sur le haut des coques (grandes boucles lisses), des paires d'anglaises et des mèches pendantes, souvent postiches, fixées sur les côtés par des peignes. Elle prend de la hauteur entre 1825-1830 avec des architectures en laiton et des postiches de la teinte des cheveux naturels pour donner du volume ou des boucles en plus.

Les mots du métier

Bas-métier : utilisé pour tresser des cheveux pour une perruque (ci-dessous).

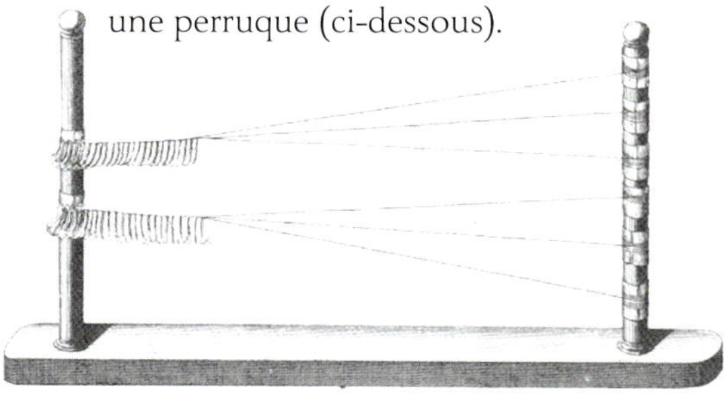

Bilboquet ou moule : morceau de bois, de longueur variée, qui permet de friser les cheveux. Il est de la grosseur du pouce aux deux bouts et un peu plus menu au milieu ; c'est sur ce milieu qu'on roule les cheveux pour les friser.

Carde : brosse hérissée de longues pointes de fer, pour démêler les cheveux qui vont servir à la réalisation de la perruque. Il en existe de différentes sortes : cardes à tirer à plat qui sont doubles et posées l'une sur l'autre, gros serran, serran fin, carde à dégager les pointes.

Champignon à perruque : instrument en bois qui sert à placer la perruque pour mieux la préparer (voir ci-contre).

Coiffe à perruque : réseau de soie sur lequel on monte les tresses de cheveux, et sur lequel se cousent tous les cheveux composant la perruque.

Compas à pistolet (ci-dessous) : sert à rouler les cheveux.

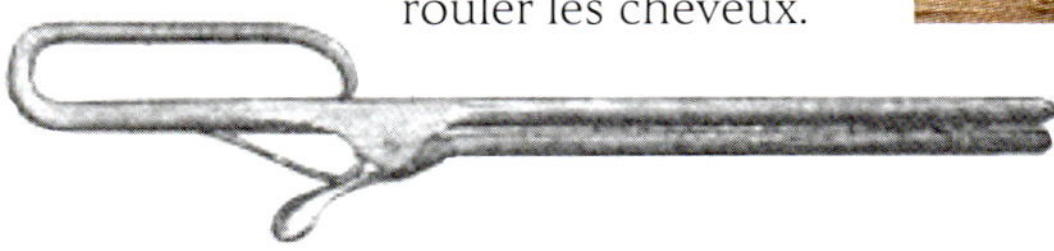

Cornet à œil de verre : cornet que l'on place sur le visage lorsque l'on poudre la perruque, pour que la peau ne soit pas poudrée en même temps.

Cuir à repasser : bande de cuir montée sur un manche. On y passe les rasoirs pour les affiler.

Étau : instrument de fer dont on se sert pour contenir les assemblages de cheveux quand on veut les tirer pour les séparer en plusieurs portions.

Étuve : tonneau sans fond avec un treillage de fil de fer dans lequel on fait sécher les cheveux, avec une poêle et de la poussière de charbon.

Fer à friser : pince à longues branches à mâchoires plates en dedans, utilisée pour dessécher les cheveux renfermés dans des papillotes, et leur faire tenir la frisure. On fait chauffer ce fer au feu et quand il est chaud, on pince les papillotes entre ces deux plaques.

Fer à passer : permet au perruquier de rendre le cheveu ferme et solide. Il ne doit pas être trop chaud.

Fer à toupet : pince (ci-dessous) dont les deux branches sont allongées. Une branche est ronde comme un cylindre, l'autre a une rainure creusée pour recevoir la branche ronde. Comme son nom l'indique, elle est utilisée pour friser le toupet, c'est-à-dire les cheveux qui bordent le front. Il faut préalablement la faire chauffer puis pincer entre les deux branches la pointe des cheveux. On roule ensuite les cheveux autour du fer pour renverser et tourner la frisure vers le haut de la tête.

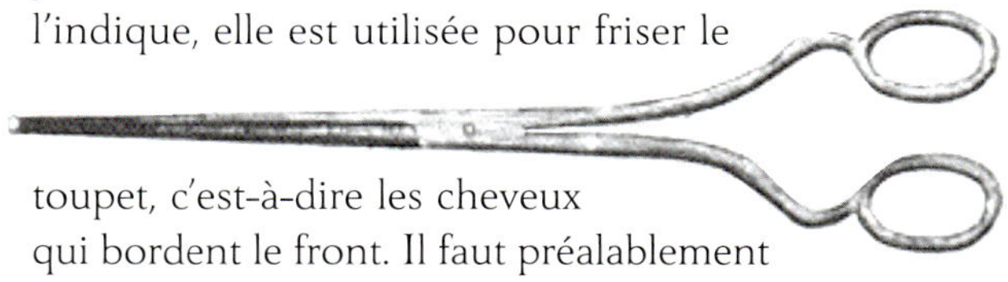

Melon : étui à perruque qui a la forme d'un melon, d'où son nom. Il est fait la plupart du temps en carton battu recouvert d'une peau.

Papillotte ordinaire et à crêpe : petit morceau de papier coupé en triangle dans lequel on enveloppe les cheveux qu'on enroule sur eux-mêmes pour les friser.

Peigne à queue : peigne dont la moitié de la longueur a des dents, l'autre moitié une pointe.

Peigne à retaper : peigne long et étroit à dents fines sur la moitié de la longueur et à dents plus grosses et plus écartées sur l'autre moitié.

Poupée : tête de carton sur laquelle on accommode les perruques.

Règle à étager : règle de bois marquée de lignes espacées pour mesurer les différentes longueurs des paquets de cheveux avant de les tresser.

Zest ou poudroir à soufflet : bourse de cuir ou de peau douce, qui s'enfle et se resserre grâce à une baleine. Elle porte la poudre sur les cheveux ou sur une perruque, dans l'endroit qui en a besoin, par un petit tuyau d'ivoire ouvert à l'extrémité pour la laisser échapper.

La fin du marchand de cheveux

Une embellie…

Dans les années 1860, le chignon revient à la mode posé à des hauteurs variables selon chaque dame, gonflé progressivement par des postiches, agrémenté de frisures et de mèches en touffes, et laissant tomber sur la nuque (jusqu'en 1882) des cascades de rouleaux et de boucles. La mode de la perruque intégrale de l'Ancien Régime n'est pas de retour, mais le perruquier a encore de beaux jours devant lui pour donner aux cheveux des dames de la bonne société ce volume supplémentaire qu'elles réclament. Quant aux femmes du peuple, à la ville comme à la campagne, elles continuent de cacher leurs cheveux sous une coiffe, ce qui permet de masquer une coupe infâmante due à la vente de la chevelure pour quelques sous…

La fin des postiches

Le *Journal du Temps* publie en 1925 un sondage selon lequel à peine 10 % des Françaises auraient conservé leurs cheveux longs !

… jusqu'à la IIIe République

Le chignon augmente encore de volume après 1870, grâce à de faux cheveux cachés sous les vrais et de fausses nattes torsadées en diadème sur le devant. En même temps, apparaît la mode des cheveux ondulés en rouleaux sur le front devant des cheveux ramenés en coque sur le haut de la tête. « Autant de têtes, autant de coiffures, écrit un journal de mode. Rouleaux, coques, tresses, boucles, tout se porte en ce moment ».

À partir de 1890, le chignon résulte parfois de l'assemblage de multiples nattes, relevées en haut de la tête en coiffure dite néo-grecque. À la toute fin du siècle, le chignon chargé de postiches se fait imposant et la chevelure est relevée sur le côté autour de rouleaux de faux cheveux de la teinte des cheveux naturels, ce qui lui donne un bouffant conséquent (voir la coiffure de la mariée de 1903 page 86). L'amélioration du niveau de vie permet aux jeunes filles des campagnes d'en porter aussi, au moins le jour de leur mariage.

La fin d'un métier

Les photographes des années 1900-1920 ont immortalisé sur cartes postales des scènes de la vie courante, dont la vente des cheveux aux marchands de cheveux ambulants. Ces marchands sont souvent colporteurs en même temps : tantôt ils achètent les cheveux, tantôt ils les échangent contre quelques bimbeloteries ou quelques rubans qui tentent les coquettes sans le sou. Mais la mode des cheveux courts des années 1920 va faire disparaître postiches et perruquiers.

Jo March

l'une des quatre filles du Dr March vers 1865.

Si vous avez lu ou vu au cinéma *Les quatre filles du Dr March,* vous vous souvenez sans doute que Jo vend un jour ses cheveux pour envoyer de l'argent à son père sur le front....

Vendus pour la bonne cause

Jo posa devant sa mère un rouleau de billets en disant d'une voix un peu étranglée :

- Voici ma contribution pour que papa soit bien soigné et qu'on le ramène vite à la maison.

- Vingt-cinq dollars ? Mais, ma chérie, où as-tu trouvé tout cet argent ? demanda Mme March.

- Cet argent est à moi. Je ne l'ai ni mendié, ni emprunté, ni volé. Je l'ai gagné. Je n'ai fait que vendre ce qui m'appartenait et je ne crois pas que tu me le reprocheras.

Tout en parlant, Jo retira son bonnet, ce qui provoqua un cri général :

- Tes cheveux ! Tes beaux cheveux ! Jo, comment as-tu pu faire une chose pareille ? Ma chérie, ce n'était vraiment pas la peine ! Ma petite Jo, je ne te reconnais plus, mais je t'aime encore plus parce que tu as fait ça !

Tandis que tout le monde se récriait, Beth serra tendrement sur son cœur la pauvre tête tondue. Jo affecta une indifférence qui ne trompa personne et dit, en passant la main dans ses cheveux ras comme si sa coiffure lui plaisait beaucoup :

- Ce n'est quand même pas une catastrophe nationale ! Ne pleure pas, Beth, je suis ravie [...]

- Qu'est-ce qui t'a poussé à faire ça ? demanda Amy qui se serait laissé couper la tête plutôt que ses jolies boucles.

- Je voulais absolument aider papa, répondit Jo. Au début, l'idée de vendre mes cheveux ne m'était pas venue. Et puis j'ai vu des postiches dans la vitrine d'un coiffeur avec les prix marqués dessus. Il y avait une grande mèche de cheveux noirs, pas aussi épais que les miens, qui valait quarante dollars. J'ai réalisé que c'était un moyen pour me procurer de l'argent, et sans prendre le temps de réfléchir, je suis entrée et j'ai demandé au coiffeur s'il achetait des cheveux et combien il me donnerait pour les miens.

- Je ne comprends pas comment tu as eu le courage de faire ça, dit Beth horrifiée.

- Oh, c'était un petit bonhomme pommadé qui n'avait rien de terrifiant. Il a commencé par me regarder avec les yeux ronds, et j'ai bien senti qu'il n'avait pas l'habitude de voir les filles se précipiter dans la boutique. Il m'a d'abord dit que mes cheveux ne l'intéressaient pas, que leur couleur n'était pas à la mode, que de toutes façons il ne les payait jamais très cher parce que la main d'œuvre était trop coûteuse, etc. Il commençait à se faire tard et je me suis dit que c'était maintenant ou jamais. Alors, je l'ai supplié d'accepter en lui expliquant pourquoi j'étais si pressée. J'étais tellement énervée que j'ai déballé mon histoire n'importe comment. Il commençait à se laisser attendrir quand sa femme, qui avait écouté, lui a dit très gentiment : Prends-les, Thomas, pour rendre service à la demoiselle. Je t'assure que je n'hésiterais pas à vendre mon chignon pour Jimmy, si c'était nécessaire.

- Qui est-ce Jimmy ? demanda Amy qui aimait bien qu'on lui explique les choses au fur et à mesure.

- Son fils. Elle m'a dit qu'il était au front. Elle n'a pas cessé de me parler pendant que son mari me coupait les cheveux, ce qui m'a permis de penser à autre chose.

- Et quand il a donné le premier coup de ciseaux, ça n'a pas été horrible ? demanda Meg en frissonnant.

- Je n'allais quand même pas pleurnicher pour si peu. Mais je dois avouer que, quand j'ai vu ma bonne vieille tignasse étalée sur la table, ça m'a fait une drôle d'impression. C'était presque comme si on m'avait coupé un bras ou une jambe. La femme du coiffeur a surpris mon regard et m'a fait cadeau d'une longue boucle. Tiens, maman, je te la donne en souvenir des splendeurs passées.

Le porteur de journaux

Il y a porteur et porteur : d'un côté le crieur de journaux, petit métier de rue quasiment disparu, abordé dans ce chapitre, et de l'autre le salarié très matinal des journaux ou des centres de messageries qui assure la livraison aux abonnés et aux revendeurs, un vrai métier toujours d'actualité.

Le crieur de journaux d'autrefois

Autrefois le porteur de journaux s'installe avec ses chevalets et sa large sacoche dans les gares ou près des grands magasins. Pour signaler sa présence et attirer les clients, il est pourvu parfois d'une corne, mais toujours d'une bonne voix, et crie les gros titres. S'il représente un seul groupe de presse, il est coiffé d'une casquette avec le nom du journal principal en lettres dorées au-dessus de la visière. Dans tous les cas, il est rémunéré en fonction du nombre d'exemplaires vendus. À lui donc de bien se débrouiller. De toutes façons, comme il le dit à l'hésitant qui ne trouve pas sa feuille habituelle parmi les titres qu'il distribue ce jour-là, il « ne vend que de bons journaux ».

Le crieur en chanson

Marcel Amont a immortalisé le crieur de journaux en chanson en 1957. « On raconte l´histoire / Du marchand de *France-Soir* / De *Paris-Presse*, l´Intran / Qui vendait dans le noir / Tous les journaux du soir / Aux passants du quartier / Qui allaient se coucher :
– "Demandez *France-Soir, Paris-Presse, Le Monde* ! / Demandez *Le Figaro Littéraire* !
– [Voix féminine] "Demandez *Marie-Claire* !
– Qu´est-ce que j´entends là ? / Un écho à ma voix? / Je n´peux pas supporter Qu´on vienne dans mon quartier / Me marcher sur les pieds. Ah! / Surtout quand c´est une femme. / Ça, ça fait toujours des drames. Demandez *France-Soir, Paris-Presse, Le Monde* ! Demandez *Le Figaro Littéraire* !
– [Voix féminine] "Demandez *Marie-Claire* !
– Allez, ça r´met ça ! / Ah... oh, mais maintenant j´la vois. / Qu´elle est jolie, cette fille, / Elle a quinze ans au pire. / J´va lui faire un sourire :/ Bonjour, jolie, p´tite fille. Alors, c´est dur c´métier-là, hein ? / Demandez *France-Soir, Paris-Presse, Le Monde* ! / Demandez *Le Figaro Littéraire* ! / Allez, à toi ! Et bien, oh, t´en va pas ! / Hé, t´as rien vendu? Ne pleure pas ! / J´te propose un marché. Si tu veux t´associer. / On aura tout l´quartier. Hein, tu veux bien ? / Allez, donne, j´vais t´aider. Et puis après, on ira au ciné. / Demandez *France-Soir, Paris-Presse, Le Monde* ! / Demandez... *Marie-Claire* !"

! *Dans les années 1990, des journaux de rue comme* L'Itinérant *sont apparus pour permettre aux SDF de gagner un peu d'argent. Ils achètent le journal cinquante centimes et le revendent deux euros. Pour beaucoup d'exclus, c'est important de recevoir de l'argent sans l'avoir mendié.*

Une marchande
de journaux à Paris dans les années 1880.

L'écrivain François Coppée a raconté dans ses œuvres le quotidien des petits travailleurs des rues. Il est en 1880 l'auteur d'un conte intitulé *La marchande de journaux*.

Le Temps

LE SOUDAN FRANÇAIS

1887 — VOYAGE DU CAPITAINE BINGER — 1889

Une marchande devant son étal

« Demandez les journaux du soir, *La Liberté, La France* ! » À cet appel sans cesse répété par la vieille marchande à la voix âpre et claire, je faisais halte au coin du faubourg populaire dont les vitres flambaient au soleil couchant. Ce n'est pas que je sois ardent en politique, les révolutions me rendent un peu sceptique ; mais, par vieille habitude et besoin machinal, je parcours volontiers tous les soirs un journal, pour savoir si l'on va changer ou non de maître, comme avant de sortir on voit le baromètre.

« Demandez les journaux du soir, *Le Temps, Le Moniteur* ! ». Et, prenant le paquet tout frais que le porteur lui jetait, en courant, dans sa pauvre boutique, la bonne femme, active à servir la pratique, derrière un vasistas ouvert sur le trottoir, se démenait, cherchait des sous dans son tiroir, et vendait, d'une humeur absolument égale, papier conservateur ou feuille radicale. Et, lorsque je prenais un journal au hasard : « Ah ! Vous voilà, monsieur ! Vous arrivez bien tard, disait-elle gaiement. Voyez : ma vente est faite. Je n'ai plus qu'un *Pays* et que deux *Estafette*. Et c'est toujours ainsi lorsque les députés, comme ils m'ont fait hier, se sont bien disputés. Et quand on dit qu'on va changer de ministère ».

Quelquefois, je causais, auprès de l'éventaire, avec la brave vieille aux yeux intelligents. Et, tout en déployant *La Presse* ou *La Patrie*, qui m'envoyait sa bonne odeur d'imprimerie, j'avais pour mes trois sous un instant d'entretien. « Mon Dieu, pour le moment, ça ne va pas trop bien. C'est la morte-saison vous savez, et la Chambre ne se réunira que vers la mi-novembre. Les grands formats sont nuls, et les petits journaux n'ont que les faits divers et que les tribunaux. Vous autres, les messieurs, vous chassez ou vous êtes aux bains de mer, aux eaux… Sans le sou des grisettes qui ne voudraient pour rien manquer le feuilleton de leur *Petit Journal,* à peine vivrait-on. Pour écouler ce tas de papiers qu'on imprime, c'est triste à dire, mais il faudrait un gros crime. » […]

Le porteur d'eau

Les porteurs d'eau, ont existé bien longtemps, puisque ce n'est que dans les années 1960 que l'eau courante est arrivée dans toutes les campagnes. Curieusement, le métier réapparaît aujourd'hui sous une nouvelle forme, de jeunes chômeurs proposant aux personnes âgées de leur livrer leurs packs d'eau minérale à l'étage !

! *Un médecin écrit encore au début du XIXe siècle, à propos de Paris : « La salubrité de l'eau de la Seine est une chose démontrée. L'eau de la Seine réunit toutes les qualités qu'on peut désirer : il faut seulement avoir l'attention de puiser l'eau à quelque distance des bords. » Il sera interdit de boire l'eau de la Seine en 1815 seulement.*

Un métier indispensable à tous

L'eau, c'est la vie. Il en faut pour les gens, il en faut pour les bêtes. Pendant des siècles, pour tous ceux qui n'ont ni puits individuels ni domestique ni volonté pour aller en chercher à la fontaine ou à la rivière, le porteur d'eau va remplir son office : apporter de l'eau potable à ceux qui peuvent s'offrir ses services (un sou pour un seau de six litres en 1905 encore). Ils sont présents aussi bien dans les campagnes que dans les villes. Mais à Paris, le problème de l'approvisionnement se pose avec une acuité plus grande qu'ailleurs.

Les porteurs d'eau à Paris

À Paris, à la fin du XVIIe siècle, on estime la quantité d'eau disponible par personne et par jour à cinq litres, le double un siècle plus tard. On compte alors 20 000 porteurs d'eau, surtout des Auvergnats. On recense trois types de porteurs : ceux dont les tonneaux sont traînés par un cheval, ceux qui tirent un tonneau monté sur deux roues et enfin les porteurs à sangle. Ils prennent l'eau aux fontaines publiques et se querellent avec les servantes et les bourgeois qui veulent y accéder. Ils ont aussi le droit de la puiser dans la Seine, mais uniquement en amont de la place Maubert.

Chaque porteur a un numéro d'ordre délivré par la police et paie à la ville un droit par hectolitre. Il est sommé d'avoir ses tonneaux pleins la nuit et de seconder les pompiers en cas d'incendie. Robustes, expansifs, mais âpres au gain, ils sont infatigables et peuvent monter leurs deux seaux remplis à ras bord jusqu'au septième étage d'une maison, trente fois dans la journée.

Un approvisionnement difficile

Cette eau puisée et transportée sans la moindre hygiène est dangereuse pour la santé. Le *Tableau de Paris* de 1782 dénonce la pollution des puits provoquée par les infiltrations des latrines, des métiers salissants, des établissements chimiques... Que faire sinon filtrer l'eau à travers du sable ou des éponges, la faire bouillir ou la désinfecter au vinaigre blanc ? Fin 1768, des voitures d'eau clarifiée font leur apparition à Paris, conduites par des porteurs d'eau en uniforme bleu à boutons jaunes et bonnet aux armes du roi et de la ville ; ils distribuent dans les quartiers chics, aux seuls abonnés, la voie d'eau de 36 pintes vendue 2 sols.

À la veille de la Révolution, on se plaint de la cherté de l'eau à Paris et l'on jalouse les Londoniens, alimentés par des pompes à eau. Bientôt les fameuses machines de Chaillot vont débiter 11 740 m³ d'eau puisée aux sources du Pré-Saint-Germain, de Belleville, d'Arcueil ou à la pompe du pont Notre-Dame. L'adduction dans les villes se généralise dans la seconde moitié du XIXe siècle.

Les mots du métier

Baignoire : en bois puis en cuivre à partir du XVe siècle, la baignoire est un luxe que peu peuvent s'offrir avant le XXe siècle.

Cerceau : certains porteurs d'eau utilisent un cerceau métallique, suspendu par des bretelles à leurs épaules, auxquels ils accrochent les seaux.

Crochets : indispensables pour fixer les seaux au joug qu'on porte sur les épaules. Ils sont en général fixés au bout d'une chaîne ou d'une corde.

Cuvette et broc : longtemps les seuls accessoires de la salle de bains contenant de l'eau, tirée du puits ou apportée par un porteur d'eau ou par un domestique.

Eau potable : en 1892, seules 127 000 familles en France ont l'eau potable directement à leur domicile. Dans les campagnes, elle n'arrive au robinet que dans les années 1960.

Fontaine : indispensable au porteur d'eau, elle alimente les villes en eau de source.

Joug : barre de bois ou lanière de cuir avec un seau suspendu à chaque extrémité. Cet équipement, conçu au XIIIe, est inchangé jusqu'au XIXe.

Nageoire : morceau de bois rond qu'on place dans chaque seau rempli, et qui arrête le mouvement que le porteur donne à l'eau en marchant, pour que l'eau contenue dans les seaux ne puisse en sortir et mouiller ses pieds ou ses jambes.

Palache : barre de bois utilisée pour porter les seaux sur les épaules.

Porteur à sangle : nom donné au porteur d'eau qui n'a pas de carriole mais seulement un joug, ses bras et ses épaules pour porter ses seaux.

Voie d'eau : abonnement que passe un particulier auprès d'un porteur, qui l'alimente en eau tous les jours. Au XVIIIe siècle, cet abonnement coûte 2 sous jusqu'au second étage et 3 à tous les autres.

Wallace : nom donné à des fontaines à cariatides (ci-dessous en 1911) offertes en 1870 à la ville de Paris par le philanthrope Richard Wallace, devant la détresse des habitants après la destruction de nombreux acqueducs pendant le siège.

La baignoire et son eau

Les baignoires de l'Ancien Régime...

La baignoire reste longtemps un objet d'autant plus exceptionnel que le volume d'eau qu'elle réclame est important... et qu'on se lave bien peu. On pense, depuis les grandes pestes du Moyen Âge, que l'eau dilate les pores de la peau et favorise les contagions... En 1679 cependant, le médecin de Louis XIV l'oblige à prendre des bains et fait installer deux baignoires à Versailles. Il n'en faut pas plus pour que la no-blesse s'empare de l'idée et en fasse une mode. Au XVIIIe siècle, on se doit donc d'avoir une baignoire chez soi, en tôle ou en fonte émaillée, et de forme originale (fauteuil, chaise, bureau).

La baignoire de Marat

Si Marat pose une planche sur sa baignoire, comme le montre le fameux tableau sur sa mort, ce n'est pas seulement pour écrire. C'est une habitude fréquente pour que l'eau reste chaude le plus longtemps possible.

... puis au XIXe siècle

L'usage s'en répand au XIXe siècle. Mais l'eau courante n'existe pas. C'est avec des brocs d'eau chaude qu'il faut remplir la baignoire et avec des seaux qu'il faut la vider. Les baignoires sont en fonte, en zinc aussi à partir de 1840, en porcelaine ou céramique à partir de 1886, montées sur pied et souvent entourées d'un coffrage en bois qui maintient la chaleur. Pour la même raison, elles sont étroites, épousant la forme du corps, et disposent souvent d'un couvercle rabattable. Certaines ont même, entre leurs pieds, des compartiments à braises.

L'intervention du porteur d'eau

Le problème de l'arrivée d'eau chaude dans la baignoire bénéficie aux porteurs d'eau. Car si la maisonnée n'a pas de domestique prêt à s'en charger, ce sont eux qui interviennent. Certains se font même à Paris une spécialité de la location de baignoires, service complémentaire de leur activité. Le bourgeois qui veut ainsi prendre son bain à domicile peut louer une baignoire en cuivre 20 sous par jour ou, pour 18 sous, une baignoire pliante en cuir verni. En effet, les porteurs d'eau peuvent livrer à la demande aussi bien de l'eau froide que de l'eau chaude. Ils la font chauffer dans leur petite boutique avant de l'apporter dans leur carriole, en même temps que la baignoire éventuellement demandée. Les porteurs d'eau reviennent chercher la baignoire le lendemain. Entre temps, toute la famille y a pris son bain : la mère, le père, puis les enfants. On finit même d'utiliser l'eau tiède en y lavant le chien...

L'eau potable et la fin d'un métier

À la fin du XIXe siècle, l'eau courante devient fréquente dans les grandes villes. La robinetterie se perfectionne et permet de relier les baignoires au service communal de l'eau ou à une citerne. L'invention du chauffe-eau permet d'augmenter la taille des baignoires. Mais cela sonne la fin du métier de porteur d'eau urbain. Il se maintient encore quelque temps, parfois jusqu'à l'entre-deux-guerres, mais dans les campagnes seulement.

Les Bouges
porteurs d'eau rouergats à Paris au XIXe siècle.

Dans les montagnes, les porteurs d'eau chargeaient jusqu'à 200 litres d'eau sur leurs charrettes et s'arrêtaient sur les places. À leur appel, les villageois qui n'avaient pas de puits individuels venaient remplir leurs seaux. Pas d'étage à monter avec des seaux bien lourds. Pourtant, certains préféraient aller à Paris, car ils gagnaient davantage. Une passionnée de généalogie, Josette Bouges, a patiemment reconstitué le quotidien de ses ancêtres porteurs d'eau.

Monté à Paris comme porteur d'eau

Le premier à monter à Paris est un Pierre Bouges en 1794. Son frère Guillaume le rejoint, puis les fils de celui-ci, Gervais, Félix et Pierre-Jean. Ils sont porteurs d'eau quand ils n'ont pas de travail plus rémunérateur, car on les trouve aussi porteurs de charbon ou de bois, déménageurs, commissionnaires... Leur migration est provisoire. Le but est de s'enrichir et de retourner au pays où la famille est restée. Quand Guillaume Bouges monte retrouver son frère aîné Pierre par exemple, il part le lendemain de sa nuit de noces ! Et l'argent gagné repart vers la famille : on économise sur tout, on couche sur la paille sans se déshabiller, on ne remplace les vêtements qu'au retour, on ne s'accorde aucune distraction. Les porteurs d'eau logent dans des garnis sous les toits (une paillasse, une chaise, c'est tout) et sont parfois plusieurs à se partager ces greniers.

Les porteurs à sangle ont le droit de s'approvisionner gratuitement à 60 fontaines (un chiffre qui passe à 127 en 1835). La police relève régulièrement des incidents autour de ces fontaines prises d'assaut à la fois par de multiples porteurs d'eau et les gens du quartier : bagarres, seaux renversés sur les pieds d'un voisin « par malice », cruches cassées... Ils doivent monter les deux seaux de vingt litres chez les clients (pour un sou les deux seaux en 1830, quel que soit l'étage). Pas de concurrence entre les porteurs : ils sont solidaires et se partagent les immeubles de façon précise.

Les porteurs au tonneau, comme les Bouges, sont pourvus au moins d'une charrette et d'un tonneau (parfois plusieurs), mais pas toujours d'un cheval (ils tirent alors à bras). Considérés comme des commerçants, ils paient une patente et ont une clientèle attitrée, qu'ils revendent à leur successeur. On les trouve principalement autour du Pont Neuf, car c'était dans ses alentours qu'ils avaient le droit de puiser l'eau de la Seine avant 1815. Après cette date, ils doivent s'approvisionner à des fontaines payantes de la ville. Du moins en théorie, car ils se rabattent parfois sur les fontaines gratuites des porteurs à sangle... Les contraventions pleuvent mais n'empêchent rien.

Pour quel revenu ?

Par ses recherches dans les documents notariés, Josette Bouges a retrouvé le revenu annuel des porteurs d'eau. En 1858, un porteur à bras gagne environ 1 000 F par an (pour une mise de fonds faible, limitée aux seaux et au joug), revenu qu'il complète avec d'autres petits travaux : 100 F pour des déménagements, 300 F pour du sciage de bois. Les porteurs au tonneau payent plus cher pour s'établir mais s'entraident et se prêtent l'argent entre gens « du pays ». À Paris, c'est un notaire cantalien de la rue de la Monnaie qui est le notaire attitré des porteurs d'eau. La mise de fonds initiale est plus importante, mais les revenus sont proportionnels. Le but ? Faire fortune et revenir au pays « acheter une montagne », comme le dit cette chanson traditionnelle : « C'est moi Baptistou, je vends de l'eau fraîche / De la bonne eau fraîche, le seau pour un sou. /C'est moi Baptistou toujours sur la brèche / Et qui se dépêche de gagner des sous. [...] C'est moi le porteur d'eau qui suis revenu au hameau. / J'ai acquis un petit domaine, je suis bien payé de ma peine. / On me prend pour un magnat, je ne suis qu'un simple Rouergat. / On dit que j'ai eu de la veine, je me demande pourquoi ? / C'est moi Baptistou, toute mon existence / Avec insistance, j'ai trimé beaucoup. / Et si Baptistou est dans l'opulence / C'est la récompense... des gars de chez nous. »

Populaire parmi tous, le métier de ramoneur est associé à bien des contes et légendes. Le mythe du petit Savoyard contribue à le rendre sympathique malgré la noirceur de la mise et les misères du travail. Souvent, les ramoneurs sont de jeunes enfants descendus des montagnes pour l'hiver.

! *Le petit ramoneur est très souvent accompagné d'une marmotte pour l'aider dans son travail. Elle est notamment très utile lorsque le hérisson se coince dans le conduit.*

Le ramoneur

Le nettoyage s'impose

On s'est bien longtemps chauffé avec des brasiers et des chariots à feu. C'est au XIIe siècle qu'on commence à construire des cheminées fixes à foyer, surmontées d'une hotte, dont l'emploi se généralise au XVe siècle. Débarrasser régulièrement les conduits de la suie qui s'y dépose est alors indispensable pour écarter le danger des feux de cheminée et des incendies qu'ils entraînent. C'est ainsi que naît et se constitue un corps de métier chargé du nettoyage des cheminées, les ramoneurs, qui doivent leur nom au fagot de branches qu'ils utilisent (en vieux français *raim* signifie rameau et *ramon* balai).

La charge de ramoneur des maisons royales est créée et des ordonnances en 1672 et 1698 enjoignent aux propriétaires de tenir leurs tuyaux toujours nets. Au XVIIIe siècle, les ramoneurs, qui se distinguent par un costume spécial et par un numéro inscrit sur leur bonnet, sont jour et nuit dans des bureaux à la disposition des usagers : le prix du ramonage est fixé d'après le nombre des étages des maisons et leur fréquence est liée à l'usage qui est fait de la cheminée. En 1884, une ordonnance de police rend obligatoire le nettoyage des cheminées aux habitants et surtout aux boulangers et aux restaurateurs. Ceux qui négligent de faire ramoner les cheminées sont passibles d'une amende de cinq francs et en cas de récidive d'emprisonnement de un à cinq jours. Aujourd'hui encore, ceux qui utilisent une cheminée ont l'obligation de la faire ramoner une fois par an.

Les conduits rétrécissent

Les premières cheminées des châteaux et des fermes sont larges et droites si bien que pour les nettoyer, il suffit de grimper sur une échelle, d'y introduire un fagot attaché à une corde et de faire tomber la suie par un mouvement de va-et-vient de haut en bas. Cependant, dès le début du XVIIe siècle, on construit à Paris des cheminées dont les conduits sont plus étroits. On date du dernier quart du XVIIe siècle l'afflux régulier à Paris, puis dans les villes de province, de ramoneurs petits et menus, donc très jeunes, capables de grimper dans les cheminées pour les nettoyer à la main, avec une raclette.

L'adoption, dans les villes, de conduits de plus en plus étroits et l'invention du hérisson par un quincailler de Paris en 1848 signent la disparition progressive des petits ramoneurs. Ces derniers continuent cependant jusqu'au début du XXe siècle leur travail dans les campagnes.

Un peuple migrateur

Dès le XVIe siècle, le métier est déjà exercé par de petits Piémontais « à peine sortis de l'escaille ». Aux Piémontais se mêlent des Lombards qui, lorsque l'ouvrage manque, mendient et vivent du colportage et de la vente de petis objets d'orfèvrerie et de quincaillerie.

Au XIXe siècle, ramoneur reste un métier de migrants. On les dit « Savoyards » mais ils viennent également du Dauphiné, de Franche-Comté, du Velay, de l'Auvergne, voire des Pyrénées. La migration des ramoneurs est en fait un exode de la montagne vers la plaine. Les parents ont une bouche de moins à nourrir pendant une saison. Passer l'hiver dans une région au climat moins rude, échapper à l'école et au dur travail de la ferme, voir du pays, « faire comme les autres » sont d'autres raisons qui peuvent expliquer ces migrations saisonnières. Après accord des parents, les patrons ramoneurs recrutent ainsi dans les régions de montagne de jeunes garçons de six à sept ans, parfois même des filles déguisées en garçons.

Au début du XXe siècle, l'émigration des petits Savoyards prend fin avec l'apparition de nouvelles lois sur le travail et pour des raisons techniques : constructions bien plus hautes, aux conduits de cheminée très étroits, accessibles aux seuls hérissons.

Les mots du métier

Cheminée : elles sont de moins en moins larges au fil des siècles, ce qui modifie progressivement les techniques de ramonage.

Corde : elle est utilisée depuis le toit, avec un fagot de bois ou un hérisson métallique accroché à une extrémité. Le ramoneur lâche le hérisson dans la cheminée et la ramone en tirant sur la corde par saccades.

Crémaillère : quand la cheminée était large, le petit ramoneur y entrait par le bas, en s'accrochant à la crémaillère.

Échelle : autrefois en bois, maintenant en métal, elle est toujours indispensable au ramoneur s'il veut monter sur les toits.

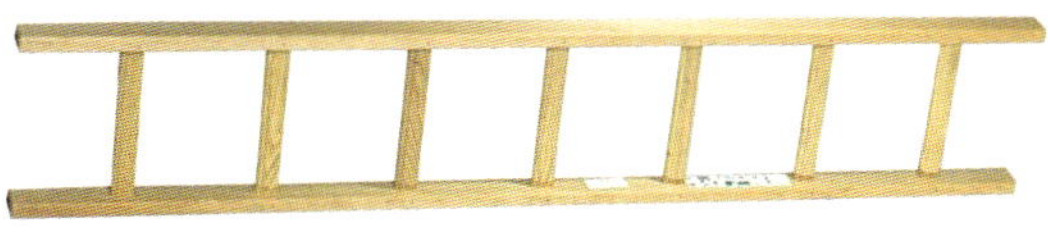

Écouvillon : long manche au bout duquel est fixée une raclette ou une brosse (à gauche).

Éponge : pour laver les éventuelles traces de suie autour de la cheminée, après le ramonage (à droite).

Équipement : le matériel est porté dans une besace ou bien sanglé sur le dos du ramoneur. S'y ajoute aussi un sac pour mettre la suie.

Fagot : ancêtre du hérisson.

Genouillères : elles permettent au petit ramoneur d'entrer dans la cheminée et d'y grimper en s'appuyant sur les genoux et le dos. La gravure à droite montre bien les genouillères du ramoneur, ainsi que son hérisson et sa corde sur le dos.

Hérisson : grosse brosse métallique permettant de gratter la suie des cheminées par des mouvements de va-et-vient.

Housseux : autre nom du ramoneur autrefois, donné à partir du verbe housser (brosser, nettoyer).

Marmotte : apprivoisé, cet animal familier aide le petit ramoneur dans les conduits, surtout quand le hérisson se coince.

Raclette : utilisée pour le décrassage à la main de la suie des cheminées (voir à droite celle tenue par le petit ramoneur ou à gauche à la ceinture de l'autre enfant).

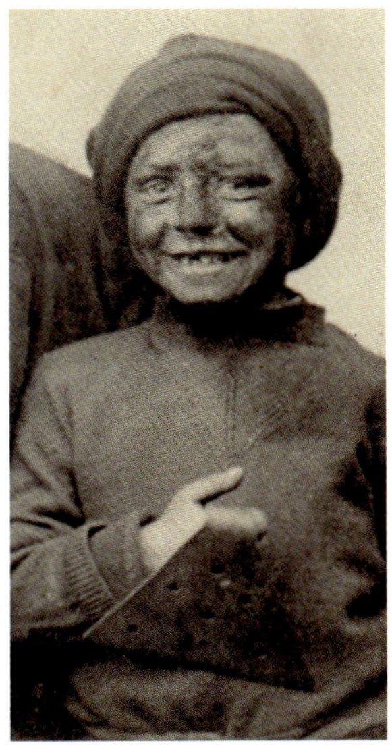

Suie : la suie grattée, décollée et évacuée de la cheminée est récupérée par le ramoneur dans un grand sac. Il l'utilise comme combustible ou il la revend aux sidérurgistes ou aux teinturiers et comme engrais aux agriculteurs.

Tarastiou : nom donné à l'argot de métier des ramoneurs.

Les hirondelles d'hiver

« Ramonez vos cheminées ! »

On reconnaît les petits ramoneurs à leur hardes trop grandes pour eux, à leurs bonnets rouges noircis de suie et à leur attirail, genouillères, corde à nœuds, raclette. Leur habitude d'arriver en ville avant que le froid n'oblige à faire du feu dans la cheminée les a fait surnommer les hirondelles d'hiver, qui sonneraient le glas des beaux jours. Leur cri « Ramonez-ci, ramonez-là, la cheminée de haut en bas » est toujours chanté sur les deux mêmes notes. Ils délaissent leur patois pour parler entre eux un argot de métier, le *tarastiou*.

Pauvre petit ramoneur...

« Il est bien cruel de voir un pauvre enfant de huit ans, les yeux bandés et la tête couverte d'un sac, monter des genoux et du dos dans une cheminée étroite et haute de cinquante pieds ; ne pas pouvoir respirer qu'au sommet périlleux ; redescendre comme il est monté, au risque de se rompre le col ; et la bouche remplie de suie, étouffant presque, les paupières chargées, vous demander cinq sols pour prix de son danger et de ses peines. » (Sébastien Mercier).

Au cœur de la suie

Pour s'introduire dans la cheminée, le ramoneur utilise une petite échelle ou s'accroche à la crémaillère. Puis, il monte dans le conduit en s'appuyant sur les genoux et sur les coudes. Cette technique d'opposition se retrouve chez les alpinistes. Péniblement, en décrassant avec une raclette à main les parois du conduit, le petit ramoneur arrive au faîte de la cheminée et chante pour indiquer qu'il a fini sa besogne. Le salaire du travail est versé au maître ramoneur, qui redonne aux familles une somme correspondant à la location de l'enfant (à peu près le prix d'un veau). Le ramoneur est nourri, vêtu. Il emporte la suie, qui sert à chauffer le hangar où tous dorment, ou la vend aux viticulteurs comme engrais, ou au Creusot où elle est utilisée pour tremper des aciers. Elle sert aussi à faire une teinture appellée *bidanet*, qui donne une couleur jaune assez belle. Elle sent fort mauvais mais a la propriété de mettre les étoffes de laine à l'abri des piqûres de teignes. Cette revente de la suie, premier maillon d'une chaîne de récupération, est à l'origine de la reconversion des petits ramoneurs arrivés à l'âge adulte et qui ne peuvent plus monter dans les cheminées. Ils deviennent alors marchands de peaux de lapins, chiffonniers ou chineurs.

Une saison pleine de misères

Ramoner les cheminées est un métier dangereux. Aux dangers du métier, s'ajoutent bien des misères, la faim, le froid, les mauvais traitements des maîtres qui souvent ont laissé le souvenir d'hommes durs et rapaces. Pour venir en aide à ces enfants, plusieurs œuvres de secours voient le jour au XIXe siècle.

Lorsque la saison des ramonages est finie, certains repartent chez eux, d'autres restent, se font balayeurs des rues, cireurs de chaussures. Ils jouent de la vielle, de l'orgue ou de la serinette, traînant avec eux un singe, un chien en habit de marquis, un cochon d'Inde, une marmotte apprivoisée ou une souris blanche. Ils mendient « un petit sou pour le petit Savoyard ».

Charles Gaspoz
né en 1881
en vallée d'Aoste.

Des récits familiaux et des recherches généalogiques livrent le départ d'une fratrie de ramoneurs de la fin du XIXe siècle. Un univers bien noir… sans jeu de mot.

Le troisième d'une fratrie de sept

Ils étaient sept dans sa famille. Les deux grands, Jean-Baptiste et René, étaient déjà partis deux fois à la Saint-Gras (7 septembre) les années précédentes, loués par les parents à un maître qui les emmenait travailler sur Paris. L'année de ses sept ans, en 1888, Charles part avec eux. Normalement, il n'aurait pas du, les lois Jules Ferry de 1882 faisant obligation aux parents d'envoyer leurs enfants à l'école jusqu'à treize ans. Mais le pli n'était pas encore pris [il faut attendre 1914 pour que les ramoneurs de moins de treize ans soient interdits]. Et s'il n'habitait plus la commune, les parents ne se sentaient pas en tort vis-à-vis du maire ou de l'instituteur…

Un trajet bien long…

Chaque maître ramoneur a un trajet qui lui est propre. Le leur passe par Mâcon, Autun, Clamecy… jusqu'à Paris. Les étapes font de 40 à 50 km. Charles marche pieds nus, parce que c'est plus facile et que ça évite d'user les sabots, qu'il vaut mieux conserver pour la ville et pour les mois d'hiver. Les plus grands portent le matériel. Les bagages individuels sont réduits à trois fois rien : une besace individuelle dans laquelle glisser une gourde, du pain, un ou deux vêtements, guère plus. Le long de la route vers Paris, ils demandent l'hébergement là où ils arrivent en soirée. Ils frappent aux portes des fermes ou chez le maire, qui leur indique où ils peuvent s'installer. Parfois au chaud chez un habitant qui leur offre le repas, parfois dans une grange, mais c'est mieux que rien. En 1891, les journaux rapporteront le décès de deux enfants ramoneurs, de neuf et onze ans, morts une nuit de janvier dans la petite charrette à bras contenant leur matériel parce qu'on leur avait refusé le gîte dans une ferme de Saint-Ouen-la-Rouérie (Ille-et-Vilaine) et qu'ils s'étaient endormis en rase campagne par un froid glacial…
Le retour au printemps sera plus facile parce que le PLM offre des billets demi-tarif aux ramoneurs pour les rapatrier comme chômeurs : le luxe !

Un travail bien difficile

À Paris, la journée commence tôt. Comme Charles est petit, on le fait monter à l'intérieur des cheminées. Il doit s'aider des genoux et du dos et gratter en même temps les parois à la raclette. Ses genoux sont écorchés dès le premier jour. Le maître ramoneur lui passe les plaies à la bougie et, au bout de deux semaines, la peau s'est endurcie. Un jour, il s'est retrouvé coincé dans un conduit trop étroit. Il pleurait sans oser appeler, par crainte de la colère du maître. C'est son frère René qui s'est inquiété, l'a trouvé et l'a tiré de là. Pour ne pas respirer les particules de suie, il rabat son bonnet sous son menton. Il n'y voit plus rien, mais de toute façon le conduit est noir. C'est avec les mains qu'il sait s'il a assez gratté et enlevé toute la suie ou pas. Les vestes et les pantalons s'abîment vite, à cause des frottements contre la pierre. Il n'y a pas d'argent pour en acheter, on les remplace par les vieux vêtements que les clients donnent.

Le rémouleur

« Rémouleur ! Couteaux, ciseaux, rasoirs à r'passer ! » Ce cri traditionnel des rues d'autrefois, encore très présent pendant l'entre-deux-guerres, a aujourd'hui disparu. Ou presque. Il reste douze rémouleurs ambulants en France et le métier s'éteindra avec eux.

Un gagne-petit des rues

Il ne faut pas confondre l'émouleur, ouvrier qui s'est organisé en corporation dès le XVe siècle et aiguise les lames dans le cadre d'un atelier de coutellerie, et le rémouleur, qui n'a pas le droit sous l'Ancien Régime de fabriquer le moindre couteau, mais seulement de les réparer et de les affuter.

Dans tous les cas, le rémouleur gagne bien peu, moins que l'émouleur dont le salaire est modeste mais tombe avec régularité. Il est souvent né de régions pauvres : Auvergne, Limousin... Il court les routes et les rues des villes pour offrir ses services en échange de quelques pièces, parfois du couvert dans les campagnes.

! *De nombreux films ont montré le rémouleur :* Angèle *(1934) et* Regain *(1937) de Marcel Pagnol ;* Liliom *(1934) de Fritz Lang ;* Adieu Léonard *(1943) de Pierre Prévert ;* Sous le ciel de Paris *(1951) de Julien Duvivier ;* Poly et le diamant noir *(1967) de Cécile Aubry...*

Bouger avec son outillage

Dans les villes, il est à pied, au mieux ajuste-t-il un vélo au bout de la charrette qui porte son outillage. Dans les campagnes, il se déplace de bourg en bourg et dans les hameaux avec une petite roulotte, tirée à bras, ou par un cheval, une vache, un bœuf ou un âne. Plus récemment, certains rémouleurs ambulants du Massif Central ont utilisé un petit tracteur. Et dans le roman *Regain* de Giono, le rémouleur Gédémus fait tirer sa carriole par Arsule, une femme qui remplace son âne crevé. Bref, tout est possible.

La chanson du rémouleur

Le rémouleur passe dans les rues en chantant un couplet sur son métier. Chaque rémouleur a le sien, repérable de loin par les habitués. « Je passe, repasse. Sur ma meule passent les p'tits couteaux, les p'tits ciseaux » dans l'Aube. « Je suis le rémouleur, je vais de ville en ville, parcourant le pays jusqu'au fond des hameaux. Tout le long du chemin, portant ma meule agile, je crie : À repasser les couteaux, les ciseaux » en Île-de-France. Ou, plus direct : « Rémouleur, rémouleur ! Couteaux, ciseaux, rasoirs à r'passer ! » dans le Val-de-Loire.

Un travail fait sur place

En entendant son cri dans la rue, ainsi que le bruit de sa meule, les ménagères sortent de chez elles et lui apportent les couteaux et les ciseaux émoussés, les rasoirs à aiguiser ou les cuillères ébréchées. Le rémouleur s'arrête, répare et affûte sur place et se fait payer en rendant l'objet. Un attroupement se fait souvent autour de lui : les enfants du quartier le regardent travailler, des voisins bavardent... Les caricatures des années 1900 montrent parfois un rémouleur distrait par les commérages – ou par le joli visage d'une cliente, et qui aiguise tant et si bien un couteau qu'il en use la lame jusqu'au manche !

Les mots du métier

Aiguiseur : autre nom du rémouleur.

Charrette du rémouleur : les plus petits modèles de meule se portent à dos d'homme. D'autres, comme celle ci-dessous, se poussent comme des brouettes. D'autres encore sont montées sur de véritables carrioles et un siège permet au petit artisan de s'asseoir pendant son travail. Sur le tard, certaines sont accrochées à l'avant d'une bicyclette ou d'une petite automobile.

Couteaux : avec les ciseaux et les rasoirs, ce sont les couteaux que le rémouleur répare et affute en priorité.

Cuillères : on portait parfois aussi aux rémouleurs les cuillères en cuivre ébréchées pour lisser à nouveau un côté abimé. Ci-dessous, des cuillères limées de la fin du XVIIIe siècle.

Enclumette : une petite enclume est souvent montée sur la charrette à côté de la meule du rémouleur. Le rémouleur y redresse les couteaux tordus à l'aide d'un marteau.

Étau : un étau de petite taille fait en général partie de l'outillage du rémouleur.

Meule : outil de base du rémouleur, en grès fin. Il en existe de plusieurs tailles. Les plus petites sont à manivelle, les autres à pédales, avec parfois une roue pour démultiplier le mouvement.

Peyroulier : nom donné au rémouleur dans le Massif Central. On l'appelle aussi le peirolier (de l'occitan *peirol* qui veut dire seau), le mouronaïre ou le pétassaïre (du verbe occitan signifiant raccomoder).

Planchette : actionnée au pied, elle permet à la meule de se mettre en mouvement. Ce qui vaut à l'artisan le surnom de « rémouleur à la petite planchette » dans certaines régions.

Repasseur : autre nom du rémouleur, le verbe repasser ayant autrefois le sens d'aiguiser.

Roue : sur la charrette du rémouleur, les deux roues des côtés servent à rouler. Mais la grande roue centrale, quand elle existe, démultiplie l'action de la pédale pour accélérer le mouvement de la meule.

Réservoir à eau : sorte de petit arrosoir que le rémouleur accroche au-dessus de la meule pour la mouiller tandis qu'il affûte une lame.

Les autres savoir-faire du rémouleur

D'autres cordes à son arc

Le rémouleur itinérant a plusieurs cordes à son arc. Il ne se limite pas toujours au seul affûtage des lames, notamment dans les campagnes, où il y a toujours beaucoup à faire. Il se charge ainsi souvent de raccommoder la porcelaine et les chaudrons, par l'ajout de rondelles de métal ou par une soudure réparatrice. Il propose aussi de réparer les parapluies dont les baleines sont cassées ou la toile déchirée. Car on ne jette jamais rien à cette époque. Remplacer coûte cher, on a peu d'argent, il vaut mieux réparer et faire durer. Et puis, pour le rémouleur, les possibilités de travail sont ainsi plus nombreuses dans les petits bourgs et les fermes isolées.

Rémouleur du XXIe siècle

Le métier et la liberté qu'il implique font toujours rêver. Ainsi Michel Cogliani est récemment devenu rémouleur dans les Ardennes. Modernité oblige, il se déplace dans une camionnette d'affûtage ambulant. Et au lieu de l'étamage des chaudrons, c'est un service de réparation électrique qu'il propose en plus !

Enfin, signalons que les rémouleurs ont toujours eu bonne réputation. On les considère traditionnellement comme les plus honnêtes des artisans. Alors que les autres petits artisans des rues et les marchands ambulants ont rarement bonne presse.

Raccommodeur de faïence

La faïence cassée ou fêlée est réparée avec de la colle et maintenue par des agrafes. Le long de la fêlure, le rémouleur perce les points d'agrafage avec une tige d'acier, mais sans traverser la faïence pour qu'il n'y ait pas de fuite : si l'assiette ou le bol ont 4 mm d'épaisseur par exemple, le trou percé pour l'agrafe ne fait que 3 mm. L'agrafe est fabriquée à partir d'une épingle à cheveux tordue et brisée par le rémouleur pour mieux resserrer la fêlure. Un mastic cache ensuite les points d'agrafage. Pour la porcelaine, plus précieuse, ce mastic est fait de céruse et de blanc d'œuf et résiste à l'eau bouillante.

Rétameur de casseroles

Le rémouleur se charge souvent de réparer les casseroles et les chaudrons percées. Pour cela, il fixe une rondelle de métal qui masque et bouche le trou. S'il s'agit d'une louche, il badigeonne le fond avec de l'étain fondu, après l'avoir décapé. Il s'occupe également de l'étamage des cuillères.

Réparateur de parapluies

Aujourd'hui, si un parapluie se retourne et se casse, on le jette.

Autrefois, le rémouleur propose de remplacer les baleines cassées. Il sait également poser des colliers pour réparer les manches brisés. Il rapièce aussi la toile. Ce raccommodage est particulièrement demandé pour les parapluies de bergers, dehors par tous les temps donc plus rapidement abîmés que les autres, et particulièrement larges, jusqu'à deux mètres de diamètre.

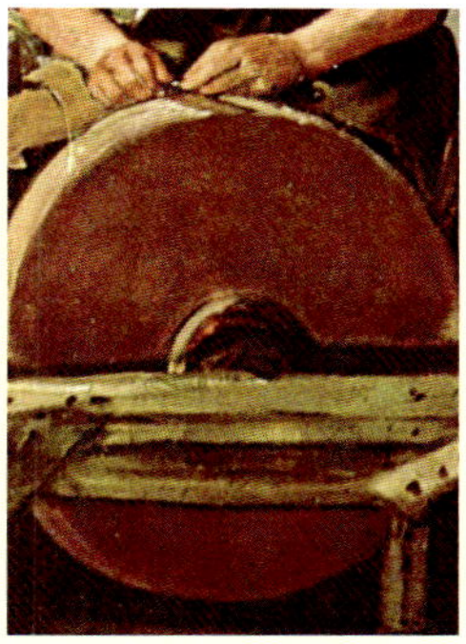

Jean Tournadre
né en 1895 en Auvergne.

L'ethnologue Jean Prival rencontre en 1973 Jean Tournadre, l'un des derniers rémouleurs ambulants, et raconte sa vie dans *Ainsi va l'homme et ses métiers* (Créer, 1999).

Une tournée immuable

Pendant quarante années, Jean parcourt les routes de la Creuse, selon un trajet immuable en boucle, repassant aux mêmes endroits tous les ans pour revenir à son point de départ.

De juin à septembre, il reste dans son village pour les gros travaux d'été et les moissons, et d'octobre à mai, il prend la roulotte et s'en va sur les routes. Pendant longtemps, son épouse l'accompagne, l'assiste un peu dans son travail et prépare les repas. Elle renonce à le suivre en prenant de l'âge… car son mari continue à exercer son métier ambulant jusqu'à soixante-dix-neuf ans. Une longévité et une régularité dans le passage qui font que ses clients lui ont accordé depuis bien longtemps leur confiance et leur fidélité. D'ailleurs, quand un concurrent a cherché à précéder Jean Tournadre d'une semaine pour prendre à sa place les travaux de réparation à faire, ils n'ont rien donné : les couteaux ont attendu leur rémouleur habituel…

La roulotte : lieu de vie et de travail

C'est en 1934 que Jean Tournadre achète sa roulotte, une ancienne diligence de la fin du XIXe siècle qu'il transforme et adapte à ses besoins. Car cette roulotte est à la fois l'endroit où il vit, où il dort et où il travaille. Tout son outillage est là : sa meule de rémouleur bien sûr, ainsi qu'un soufflet d'étamage et tout le petit matériel nécessaire. Sans oublier aussi son lit, son réchaud, ses ustensiles de cuisine, ses couvertures et ses vêtements…

Pendant longtemps, Jean a des chevaux qui tirent la roulotte. Puis, à partir des années 1960, après la mort du dernier cheval, il demande à un cultivateur de la tirer avec un tracteur jusqu'au prochain village, service qu'il rémunère. Quand il est temps de repartir de cette nouvelle halte, il demande à un autre. Et ainsi de suite.

La journée du rémouleur

Jean Tournadre fait arrêter sa roulotte au centre du bourg, sur la place. Les villages ont encore des épiceries pour s'approvisionner. Puis il prend une grande sacoche et part à pied dans les hameaux, reprenant contact avec ses anciens clients, acceptant là un café, là un verre de vin, et ramenant le soir à sa roulotte tous les ustensiles à réparer. Un ou deux jours plus tard, quand le travail est fini, il repart les porter dans chaque ferme ou dans les maisons du bourg. Puis il cherche quelqu'un pour tirer sa roulotte jusqu'au bourg suivant. Le chemin continue et la vie aussi.

Le vitrier

Le vitrier a une petite boutique, où il entreprose son verre. Mais il passait autrefois régulièrement dans les rues des villes, avec une hotte chargée de vitres de toutes tailles sur le dos, en criant : « Vitrier, vitrier ! ». Il faut dire que les vitres d'hier étaient plus minces et plus fragiles...

! *On connaît tous la chanson : « Encore un carreau d'cassé, V'là l'vitrier qui passe. Encore un carreau d'cassé, V'là l'vitrier passé. V'là l'vitrier, V'là l'vitrier, V'là l'vitrier qui passe, V'là l'vitrier, V'là l'vitrier, V'là l'vitrier passé ».*

Les fragiles vitres d'autrefois

Les vitres d'autrefois présentaient davantage de défauts que celles d'aujourd'hui. Des irrégularités et des bulles d'air déformaient l'extérieur quand on regardait à cet endroit-là, au grand amusement des enfants. Surtout, elles étaient plus minces. Un coup de coude ou une fenêtre qui claque suffisaient à les fêler. Aussi le passage du vitrier était-il attendu. On sortait l'appeler dès qu'on entendait son cri. Les humoristes d'avant 1914 ont souvent dessiné le vitrier accompagné d'un garnement chargé de jouer au ballon dans les rues.... La pensionnaire d'un internat de l'entre-deux-guerres se souvient qu'il venait dans leur école tous les quinze jours (sic !) changer les vitres cassées de l'école. En deux semaines, les élèves en brisaient bien huit à dix, sur lesquelles les religieuses collaient du carton en attendant mieux. La balle au prisonnier était le jeu qui faisait le plus de dégâts...

Les gestes du vitrier

Hier comme aujourd'hui, les gestes sont les mêmes. Le vitrier commence par enlever l'ancienne vitre et son lut, en tapant avec son marteau sur un couteau à démastiquer. Puis il taille la vitre neuve à la bonne dimension et la pose contre le bois de la fenêtre. Il la maintient par des pointes tous les quatre ou cinq centimètres. Ces pointes sans tête sont ensuite masquées par le mastic, mais il faut les enfoncer sans briser la vitre. On utilise soit un tasseau de bois qu'on fait glisser sur le verre et qui frappe en même temps, soit un marteau de vitrier, très mince, après qu'on ait fait glisser le tasseau entre la pointe et la vitre pour frapper sans risque.

Le plus dur, c'est la pose du mastic. Si on ne le fabrique pas soi-même, la qualité varie selon la marque utilisée et la date d'ouverture de la boîte. S'il a durci, on peut rajouter un peu d'huile de lin et le délayer. On doit en poser de petites quantités tout autour de la vitre. La difficulté vient ensuite, quand il faut étaler ce mastic tout au long du rebord avec le couteau. S'il est trop liquide, il ne tient pas ; s'il est trop épais, il colle à la spatule et s'en va avec elle. Une astuce d'un vitrier : cracher sur le couteau pour le mouiller légèrement, le mastic n'y adhère plus...

Le service après-vente

Parfois le vitrier se charge aussi de l'entretien et du lavage de vitres. Cela semble simple et sans risque ? Pas toujours.

Un Bruxellois se souvient : « Mon père me racontait que dans les années 1950-1960, pour arriver à une certaine hauteur, c'était assis sur une chaise hissée par un collègue qu'il lavait les carreaux de certains immeubles ! Parfois la corde était tellement pourrie qu'il se demandait comment ils étaient encore en vie ! Une autre fois, un employé de la RTT [la salle de spectacles de Bruxelles] l'avait oublié. Il avait fermé la fenêtre alors que mon père faisait l'extérieur... au dernier étage. Le temps lui a semblé long, mais long ! C'est en faisant des signes qu'un passant l'a vu ! Il a arrêté cette profession pendant une dizaine d'années pour s'en remettre » (Jean-Louis, sur le site Internet *Quand Bruxelles bruxellait*).

Les mots du métier

Ailes ou ailerons : petites bandes de plomb qui servent à engager les losanges de verre dans les panneaux des vitres et à les y tenir fermes.

Balai : outil dont se servent les vitriers pour ôter les taches de couleurs au-dessus des planches.

Chassis : encadrement de la fenêtre.

Compas de vitrier : compas avec un bras monté sur une ventouse et l'autre pourvu d'une pointe coupante, pour réaliser des vitres rondes (hublot par exemple).

Couteau de vitrier ou spatule (ci-contre): sert à étaler le mastic tout le tour de la fenêtre.

Diamant : outil à couper le verre (voir ci-dessous). Il en existe de plusieurs types : diamant à queue (avec un manche en bois), le diamant à rabot (monté dans une virole de fer qui traverse un morceau de buis en forme de petit rabot), coupe-verre à molette...

Dormant ou traverse dormante : partie de la fenêtre non mobile fixée dans le mur.

Drague : outil ou pinceau qui sert à signer ou à marquer le verre.

Équerre : permet de tracer le trait de coupe et de couper le verre avec le diamant.

Fiche : petit morceau de fer ou autre métal qui sert à la penture des fenêtres.

Fléau : crochet pour porter les feuilles de verre.

Grésoir ou égrisoir : outil de fer pour enlever les parties superflues d'un carreau de vitre.

Grosse brosse : outil pour coller les vitres.

Lut : enduit très résistant, durcissant par dessication et devenant alors hermétique.

Marteau bisaiguë : petit marteau qui sert à enlever le vieux mastic et à planter les nouvelles pointes de maintien de la vitre sur le chassis.

Mastic : lut composé de craie et de d'huile de lin cuite dont les vitriers se servent pour luter, c'est-à-dire boucher hermétiquement le tour d'un carreau de vitre.

Mouflette : sorte de manche en bois qui permet de tenir un fer à souder.

Penture : bande métallique ou ferrure qui soutient une fenêtre sur ses gonds.

Petit bois : petite barre horizontale entre deux vitres, à l'intérieur du cadre en bois de la fenêtre.

Plaquesain ou plaque-sein : petit bassin de métal dans lequel on dépose la couleur après qu'elle ait été broyée.

Pointes : aiguilles sans tête qu'on pose tout autour de la vitre contre le cadre de la fenêtre et qui permettent de la maintenir en place avant la pose du mastic.

Portoir : hotte de vitrier pour porter les vitres.

Pousse-fiche de fer pour faire ressortir les fiches des châssis.

Tasseau : sert à redresser et à enfoncer les pointes sans risquer de taper sur la vitre.

Traverse : partie mobile en bois de la fenêtre.

Vitrail : composition décorative faite de pièces de verre, généralement colorées, assemblées à l'aide de plomb et d'une armature métallique.

MÉTIERS AGRICOLES

Partie 3

Le berger
Le bouilleur de cru
Le chevrier
Le journalier
ou le salarié agricole

Le laboureur
Le maquignon
Le maraîcher
Le marchand de peaux
de lapins
Le métayer

Le puisatier
Le saisonnier
Le tueur de cochons
Le vendangeur
Le vigneron

Le berger

Le métier de berger plonge ses racines dans le Néolithique, lorsque nos ancêtres se sédentarisent en pratiquant l'élevage. Longtemps les pratiques et l'outillage restent inchangés, jusqu'au XIXe siècle où la modernisation modifie peu à peu cinq mille ans de tradition pastorale.

! *Un berger bien connu des images d'Épinal est le berger landais (chancayre). Souvent perché sur des échasses, il ne se déplace jamais sans son cujoun (sa gourde), ses garematches (ses guêtres) et ses camaus (ses jambières en peau de brebis).*

La transhumance

Le berger est avant tout pluri-actif. Au début du XXe siècle, avoir la garde d'un cheptel implique soin des bêtes et protection contre les prédateurs, parallèlement à la fabrication de beurre et de fromage avec une partie du lait des traites, spécifique aux zones montagneuses. Les troupeaux communaux ou intercommunaux y sont confiés à plusieurs pâtres, sous la responsabilité d'un majoral (maître berger), qui se voit généralement confier la transhumance et la confection des produits laitiers.

La transhumance est, en montagne, la première étape du berger : conduire les bêtes en altitude pendant tout l'été, là où les pâturages poussent avec un léger décalage et fournissent toujours une herbe tendre. Les vaches précèdent les ovins car, contrairement à eux, elles ne broutent pas la totalité de l'herbe dans sa hauteur. Une fois tondues et marquées à la poix, les brebis sont ensuite menées à leur tour en haute montagne. Là, pourtant, les dangers ne manquent pas. Loups et ours menacent souvent les troupeaux. Le berger dispose de plusieurs moyens pour y faire face, tels que les chiens de défense, la corne dont le son grave effraie les bêtes sauvages, les fusils de chasse pour les périodes les plus récentes.

Même en pays de plaine, les troupeaux se déplacent d'un endroit autorisé à un autre, avec un berger équipé d'une cabane portative et de claies pour parquer les moutons.

Un outillage réduit au minimum

Suivant les déplacements de son troupeau, le berger se trouve éloigné des zones habitées pour une durée variable. Il doit donc garder sur lui le matériel indispensable à la vie quotidienne. Celui-ci consiste surtout en produits et ustensiles médicaux nécessaires pour d'éventuels soins urgents à apporter aux bêtes, comme les cornes à vitriol. En plaine, les bergers sont réapprovisionnés par leur ferme toutes les semaines, mais en montagne, l'isolement est plus long. Une tapisserie française du XVIe siècle montre bergers et bergères portant chacun une ceinture à laquelle sont attachés divers outils : couteau, pinces, ciseaux, petites sacoches, peignes, etc. Cette technique disparaît ensuite au profit du sac, souvent confectionné par le berger lui-même, et porté soit à l'épaule, soit en bandoulière, pour une complète mobilité des bras. Il a aussi à sa disposition des récipients divers, faits dans des essences de bois différentes selon les endroits. Les gourdes, les louches, les cuillères et les spatules qu'il utilise ont aussi une forme et des motifs propres à chaque région.

Lors de la transhumance, le pâtre de montagne habite temporairement plusieurs cabanes, des igloos de pierres ou, plus rarement et surtout en plaine, une cabane portative. Il emporte le minimum en matière d'objets ménagers, une écuelle de bois agrémentée d'une poignée, une cuillère de bois et, pour les périodes récentes, un batteur culinaire et une tabatière en écorce de bouleau.

Ses activités de fromager lui imposent en revanche un matériel de fabrication un peu plus important, qu'il fabrique souvent lui-même : planches-égouttoirs, moules, tranche-caillé... Il dispose aussi de montres solaires, encore utilisées au début du XXe siècle.

Le salaire du berger

La principale ressource du berger de montagne consiste en la vente de ses fromages, parfois de beurre, rare parce que plus difficile à conserver. De plus, selon un accord conclu au préalable avec les propriétaires des brebis, le berger prend possession d'un nombre d'agneaux nés pendant l'estive.

Aujourd'hui, plus question de payer en nature, mais les bergers disparaissent. Car non seulement le métier est rude et attire moins, mais il devient, pour le propriétaire, moins cher de laisser le troupeau sans surveillance et de perdre des bêtes dans les ravins en montagne, que de salarier un berger...

Les mots du métier

Besace : poche en toile ou en cuir où le berger range tous ses ustensiles.

Cabane ambulante : logement du berger. Elle existe surtout en plaine. Construite en bois, elle est couverte autrefois de chaume puis de zinc.

Canne de berger ou houlette : long bâton, muni d'un crochet assez serré qui permet au berger de saisir la patte arrière d'un animal méfiant pour l'attirer à soi ou le ramener dans le troupeau. Les gravures du XVIIIe siècle montrent les bergers avec cette houlette caractéristique et celles des bergères y sont même agrémentées d'un ruban dans les scènes galantes. Dans la réalité, certaines houlettes sont terminées par une plaque de fer en gouttière allongée, sorte de pelle qui permet de jeter de petites mottes de terre sur les moutons pour les ramener dans le troupeau.

Chien : inséparable du berger, il l'aide à surveiller le troupeau et à ramener les égarés. Dans les Pyrénées, il s'agit souvent d'un patou (ci-contre) car ils sont capables d'affronter les ours.

Ciseaux à onglons : cisaille aux branches très longues utilisée pour couper les dents ou les onglons (sabots) des moutons.

Ciseaux de berger : ils sont utilisés pour la tonte des moutons à partir du XIXe siècle en remplacement des forces. Avec l'apparition des tondeuses mécaniques, ils ne sont plus utilisés que pour les finitions ou les petites coupes décoratives.

Cornes de bovins : le berger utilise des cornes de bovins pour transporter des boissons ou les produits pour soigner le troupeau. Par exemple de l'huile de cade pour traiter les affections de la peau ou du jus de tabac pour soigner la gale.

Couteau : celui qu'on appelle le berger est à deux lames, dont la plus petite sert à nettoyer le sabot du mouton.

Crochet : le crochet permet au berger d'attraper le mouton par la patte arrière pour qu'il retrouve sa place dans le rang (voir canne).

Flûtiau : passe-temps du berger… du moins dans les images d'Épinal et les gravures anciennes !

Forces : grands ciseaux utilisés pour tondre les moutons. Les forces les plus petites servent à tondre la laine autour des yeux.

Panetière : poche de cuir dans laquelle le berger met son pain et sa nourriture.

Piétin : couteau à deux lames pour tailler les sabots des moutons.

Pince à tatouer ou pince emporte-pièce : avec cette pince, le berger laisse sa propre marque sur l'oreille du mouton pour montrer sa propriété.

Pince à onglons : grandes pinces permettant de couper les bords des onglons des sabots.

Rainette : outil utilisé pour gratter la corne du sabot et soigner ainsi les abcès.

Tondeuse à mouton : instrument mécanique composé de deux lames dentelées. Elle remplace les forces et les ciseaux à partir des années 1900-1910. Elle permet alors un bien meilleur rendement de tonte.

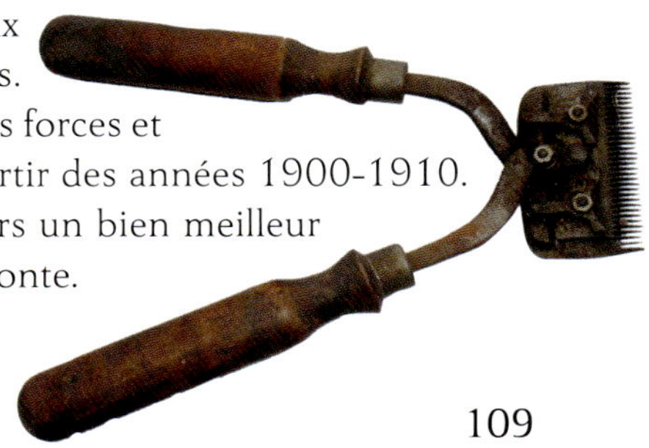

Le berger des Pyrénées

La cabane portative

Liée aux besoins du nomadisme pastoral, la cabane portative est un objet insolite qui se rencontre en plaine comme en montagne, équipée soit de roues soit de brancards. La variété des formes qu'elle prend la rend parfaitement adapté au terrain sur lequel le berger mène ses troupeaux. Elle lui permet de s'installer exactement où il veut, sans suivre le parcours préétabli des transhumances, mais aussi de se protéger pendant la nuit des animaux sauvages.

Bien entendu, les abris de berger portent des noms différents dans chaque région de France. En Provence, on les appelle borris ; dans le Cantal ce sont les burons ; les capitelles dans l'Hérault ; les cazelles dans le Lot ; les gariottes dans le Périgord ; les orris en Ariège ; et les trullis en Corse.

La tonte des moutons

Savez-vous qu'il faut , avec les tondeuses électriques, moins de trois minutes aujourd'hui pour tondre un mouton sans le blesser ?

Le seau à traire de l'Ariège

En Ariège, le lérou ou seau à traire est toujours fabriqué à partir d'un tronc d'arbre selon une méthode ancestrale, mais, dans certaines vallées il a une forme courbée. La raison en est simple : posé sur le sol l'ouverture vers le haut, il permet au berger de s'asseoir à califourchon derrière la poignée et sert ainsi à la fois de récipient à lait et de tabouret. Ce genre de seau à traire apporte une stabilité non négligeable en montagne, où le terrain pentu est souvent instable, bosselé.

Une méthode pour affronter l'ours

Jusqu'au début du XXe siècle, les loups et les ours menacent encore les troupeaux en montagne et le berger doit s'en garder.

Dans les Pyrénées, une méthode est devenue assez fréquente en cas d'attaque du troupeau par un ours. Lorsque le berger n'a pas de fusil, il peut le tuer à l'aide de son grand couteau de chasse. Pour cela, il doit attendre le moment où la bête, selon son habitude pour attaquer l'homme, se redresse sur ses pattes arrière et « embrasse » littéralement son adversaire en le serrant contre lui avec ses pattes avant. Il place alors son couteau contre sa poitrine, lame pointée vers l'animal, et se laisse agripper. L'ours s'empale donc lui-même sur l'arme du berger. Inutile de préciser le danger encouru avec cette méthode, qui laisse le berger à la merci des griffures et des morsures...

La lutte ancestrale contre les loups et les ours est restée très vive dans toutes les mémoires s'il faut en croire les réactions hostiles des gardiens de troupeaux à la réintroduction de ces animaux dans les montagnes aujourd'hui.

Alexis Driancourt

berger en Ile-de-France au XIXe siècle.

On imagine toujours les bergers en haute montagne. Or il en existe aussi pendant longtemps dans toutes les régions de plaine. Une passionnée de généalogie dont l'arrière grand-père, Alexis Driancourt, était berger en région parisienne, a étudié sur deux siècles ses ancêtres : ils pratiquaient ce métier aux portes mêmes de la capitale.

Bergers de Gonesse à Ivry...

Le premier, Nicolas Driancourt, né en 1713, est berger à Gonesse. C'est là et à Saint-Denis qu'ont lieu en juillet, jusqu'au début du XXe siècle, les grandes foires où l'on vient acheter les bêtes. Les races élevées en région parisienne le sont davantage pour la viande, revendue dans la capitale, que pour la laine.

Son fils Étienne (1746-1810), berger à Épiais-lès-Louvres, épouse une Montalan, fille d'une des plus importantes dynasties de bergers d'Ile-de-France, originaire de Gonesse, puis une Marianne Delettre, également fille de bergers. Leur fils Alexis (1785-1858) est berger à son tour, époux de Jeanne-Gabrielle Boulogne, fille de bergers. De maître en maître, de troupeaux en troupeaux, il passe d'Épiais, près de Roissy à la frontière entre le Vexin et le Parisis, à Ivry, au sud de Paris. Cette ville, aujourd'hui banlieue industrielle, est encore une commune d'élevage, avec de nombreux troupeaux, sous le second Empire. D'avril à octobre, les moutons sont menés paître sur les jachères et le long des routes (ils assurent l'entretien naturel des bordures...). Le berger vit avec eux, dormant dans une cabane ambulante et enfermant le soir les bêtes avec des claies qu'il déplace. La ferme qui l'emploie lui procure tous les huit jours le ravitaillement en nourriture et en eau. Pour gagner un peu d'argent, le berger vend le lait de ses brebis et parfois les crottes de son troupeau (excellentes paraît-il comme engrais pour les blés...). L'hiver, les bêtes sont rentrées à la ferme, confinées dans des étables. Elles agnellent au printemps, avant de reprendre la route avec leur berger.

La vie au quotidien

La vie du berger, c'est une succession de loues (c'est-à-dire d'engagements) auprès d'un ou plusieurs fermiers dont il promet de soigner le (ou les) troupeaux. Les loues sont plus ou moins longues : un an, cinq ans, parfois plus. Approvisionné par les propriétaires en boisson et nourriture, le berger mange ainsi, comme il le dit, « à tous les râteliers ». Il n'est difficile ni pour manger, ni pour dormir car la cabane mobile permet tout juste de loger un lit. Côté habillement, les vêtements sont chauds et « ne craignent pas ». Car le métier se pratique dehors, par tous les temps, au contact permanent des bêtes (chiens et moutons). Le dernier berger connu d'Ile-de-France est un Boucly, chargé à quatorze ans en 1915 de s'occuper de 250 brebis pour 100 francs par an.

Le bouilleur de cru est un propriétaire de verger ou de vigne, distillateur de ses propres fruits, soit par lui-même, soit par l'intermédiaire d'un distillateur professionnel, ambulant ou non. On confond souvent le bouilleur de cru et le distillateur.

Si l'eau-de-vie porte son nom, c'est parce qu'elle avait la réputation de rajeunir les vieillards, de redonner de la vigueur aux malades et, avec quelques gouttes, de fortifier les enfants pâlichons...

Le bouilleur de cru

Un peu de vocabulaire

Distillateur, bouilleur de cru, bouilleur de cru ambulant : les trois termes sont souvent confondus. Le bouilleur de cru est un récoltant qui possède une vigne ou un verger et peut distiller sa récolte. Le distillateur est celui qui distille ces récoltes. Le bouilleur de cru ambulant est un distillateur qui va au gré des villages pour effectuer la distillation des récoltants. Il est possible d'être l'un et l'autre à la fois. À l'arrivée, une eau-de-vie destinée à l'usage domestique, à la consommation de la famille, voire aux soins du bétail et une tradition séculaire qui attire à la ronde.

Une fabrication en essor

Jusqu'à la Renaissance, les eaux-de-vie sont considérées comme des produits d'apothicaires et proposées aux malades. Puis elles deviennent progressivement des produits de consommation courante, la fameuse goutte. Au XVIIe siècle, la distillation à usage personnel se développe. En 1806, Napoléon instaure le premier contrôle de production d'alcool fermier. En 1916, la profession est réglementée et l'alcool très fortement taxé : seuls les bouilleurs de cru et les distillateurs munis d'une licence peuvent exercer, les premiers étant bien sûr beaucoup plus nombreux que les seconds. À titre indicatif, il y avait, en l'an 2000, dans le département de la Creuse, 4 distillateurs pour 8 000 bouilleurs de cru.

Le privilège de bouilleur de cru

Depuis le premier Empire, l'administration fiscale favorisait les producteurs d'alcool. Tout bouilleur de cru (c'est-à-dire tout propriétaire de vignes ou de vergers) pouvait distiller pour d'autres sans payer de licence à condition de ne pas faire de ventes au détail, mais seulement en gros. Il avait aussi le droit de distiller chaque année pour son propre compte 10 litres d'alcool pur, soit 20 litres à 50°, en toute franchise de taxes. Une franchise qui se transmettait à ses héritiers, tant qu'ils avaient des terres agricoles.

Un même agriculteur pouvait ainsi cumuler les droits de bouillage de plusieurs grands-parents, oncles, tantes... ce qui finissait par représenter des volumes d'alcool bien supérieurs à sa consommation personnelle ! Ce privilège des bouilleurs de cru est supprimé en 1960, maintenu seulement pour ceux qui le détenaient encore, avec la possibilité de le transmettre à leur conjoint, pas au-delà. En 1975, la France comptait encore deux millions de personnes titulaires de ce privilège de bouilleur de cru, alors qu'il s'en éteignait pourtant par décès près de soixante mille par an depuis les années 1960.

Le privilège est définitivement supprimé en 2007, remplacé par une ultime dérogation jusqu'à fin 2010 : une remise de 50 % sur les taxes des dix premiers litres d'alcool.

Les propriétaires de vignes ou de vergers sont toujours bouilleurs de cru, c'est-à-dire qu'ils peuvent porter leur récolte à distiller, mais ils sont désormais taxés dès le premier litre (15,30 euros à payer au Trésor public par litre d'alcool pur, auxquels s'ajoute la TVA).

Les bouilleurs ambulants

Souvent présent sur les cartes postales des années 1900-1920, le distillateur ambulant commence sa saison vers septembre et la termine vers mai. Il installe son alambic près d'un point d'eau (fontaine, ruisseau, source), au centre du bourg (c'est plus pratique) ou bien à l'écart des villages (à cause des relents d'alcool). Cet artisan, souvent paysan par ailleurs, quitte sa famille pour une saison, accompagné parfois par des apprentis. Dans les communes où il vient travailler, il trouve le gîte, le couvert et le bois de chauffe dont il a besoin. Les viticulteurs lui apportent leur marc par charretées, les agriculteurs leurs fruits fermentés. La rémunération s'effectue au litre. Mais au cours du XXe siècle, avec la fin des privilèges héréditaires, l'exode rural et l'apparition d'unités de distillation industrielles employant un personnel sédentaire, c'est la fin de la distillation ambulante.

Les mots du métier

Alambic : appareil à distiller composé au minimum d'une chaudière (ou cucurbite), d'un serpentin et d'un réfrigérant.

Col de cygne : tube aux extrémités recourbées reliant la cuve de cuite et le serpentin situé dans la cuve de refroidissement.

Chauffe : l'alambic est chauffé à feu nu, au bain-marie ou à vapeur, par du bois puis du gaz. Certaines eaux-de-vie font l'objet de deux chauffes successives, on dit qu'on les repasse.

Cuite : nom donné à la première chauffe des matières brutes.

Cuivre : les alambics sont toujours en cuivre, car celui-ci n'est pas attaqué par la distillation et ne transmet ni goût ni odeur à l'alcool.

Dénaturant : comme l'alcool fourni à l'industrie n'est pas assujetti aux taxes fiscales, contrairement à celui destiné à la consommation, il est désormais obligatoire d'ajouter un dénaturant (méthylène additionné de benzine) à l'alcool industriel pour le rendre imbuvable et éviter les détournements.

Distillat : produit issu de la distillation.

Distillation : opération consistant à vaporiser partiellement un liquide, et à condenser les vapeurs formées pour les séparer.

Eau-de-vie de marc : la plus renommée, le cognac, est obtenue par la distillation des vins de Charente (ci-dessus un alambic charentais à Cherves). On distingue dans le cognac la grande champagne, la petite champagne, le fin bois, les bons bois, les surgères et aigrefeuilles, les terroirs. L'armagnac est produit surtout dans le Gers et le Lot-et-Garonne. Tous les pays de vignoble produisent de l'eau-de-vie de marc. Les plus réputées viennent de Bourgogne, de Champagne, de Lorraine ou de Touraine.

Eau-de-vie de fruits : tous les fruits peuvent être utilisés : les cerises (qui donnent le kirsch), les prunes, les quetsches, les poires, les pommes...

Eau-de-vie autres : on en fabrique à partir de grains (vodka, bourbon, gin, whisky), de cidre (calva), de pomme de terre (schnaps) ou de canne à sucre (rhum).

Petites eaux : eau-de-vie issue de la fin de la cuite des matiè-res brutes. Elle titre environ 30°.

Rendement minimum : défini en litre d'alcool pur obtenu par hectolitre de matières premières. Il varie selon le taux de sucre des fruits et l'ensoleillement. En Lorraine par exemple, ce taux est de 5 pour les mirabelles, 4,5 pour les cerises, 4 pour les quesches, 3 pour les prunes, 1,5 pour le raisin.

Raffin : eau-de-vie issue de la distillation des petites eaux. Son degré d'alcool varie d'environ 70° au début à environ 45° à la fin de l'opération.

Résidus : produits restant dans la cuve après la cuite ou chauffe.

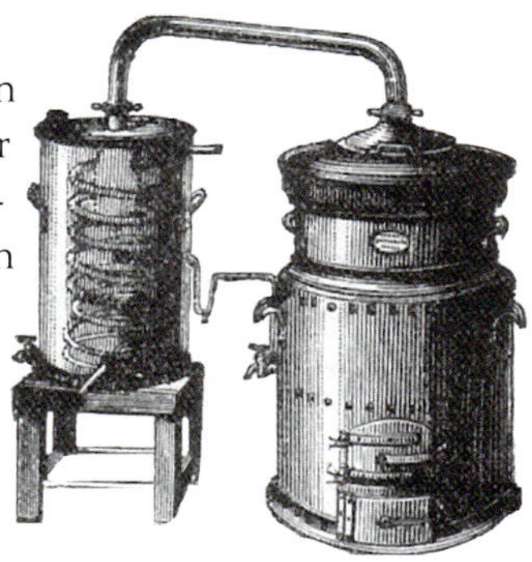

Serpentin : tube enroulé en hélice ou en spirale, pour faire tenir une grande longueur de tube dans un espace limité.

Tisonnier : instrument de fer, étroit et long, pour attiser le feu de la chaudière.

Volume d'alcool pur : quantité d'alcool pur contenu dans un litre d'eau de vie. Un litre d'eau de vie à 45° contient ainsi 0,45 litre d'alcool pur.

L'alambic et son fonctionnement

Le principe de la distillation

La distillation permet par chauffage de recueillir deux liquides différents : celui de la matière en ébullition (résidu) et celui correspondant à sa vapeur condensée, redevenue liquide par refroidissement (condensat ou distillat). En chauffant dans un alambic un liquide alcoolisé (fruits fermentés ou marc additionné d'eau) et en conduisant les vapeurs qui s'en dégagent dans un serpentin qu'on refroidit, l'on obtient de l'alcool plus concentré. Plus le serpentin est long, meilleure est la distillation.

Du fard à l'alcool...

Connu depuis des millénaires, le principe de la distillation est utilisé dans le monde arabe pour réaliser des fards à paupières. Il est repris au Moyen Âge pour les onguents et les produits pharmaceutiques. La fabrication d'alcool arrive plus tard...

Les alambics les plus rustiques, utilisés autrefois dans les fermes, pouvaient n'être qu'un simple serpentin fixé sur une lessiveuse ou sur une marmite au couvercle percé, chauffée par un feu de bois. Les plus importants se composent d'une chaudière recouverte d'un chapiteau où l'on place la matière sèche ; d'un plateau en cuivre percé qui permet de filtrer le mélange ; d'une colonne de réfrigération, grand bac clos rempli d'eau ; et d'un serpentin qui s'y enroule, pour refroidir les vapeurs et récupérer l'eau-de-vie. Certains alambics, dits à « repasse », réalisent une double distillation dans deux chaudières successives. Et ceux des distilleries industrielles sont devenus d'énormes machines.

Le déroulé du travail

La matière première (marc, cidre ou fruits fermentés) est mélangée à un peu d'eau pour ne pas être trop épaisse, puis chauffée « à feu cru ». Deux cents litres de matière mettent environ trois heures à couler. Au bout d'une heure et demie, les vapeurs d'alcool plus légères commencent à se vaporiser dans les appareils, arrivent dans le serpentin réfrigéré, et se liquéfient par condensation.

La journée n'est pas de tout repos, le distillateur a beaucoup de travail à accomplir au fur et à mesure du processus : il lui faut entretenir le feu (qui doit chauffer doucement et régulièrement à la fois), charger la marchandise dans la cuve, surveiller la température (en fonction de la qualité de la matière première et du degré d'alcool recherché), contrôler la pression, alimenter le réfrigérant en eau froide, mettre en bonbonne ou en fût l'alcool obtenu avec des entonnoirs, en vérifier l'alcoométrie au moyen du pèse-alcool, vidanger, puis recharger la marchandise suivante, et tout recommencer, sans oublier bien sûr de remplir les registres fiscaux !

Le bouilleur n'utilise en général que le cœur de la distillation, c'est-à-dire ni les produits de tête (début de la distillation) ni les produits de queue (fin de distillation). Les premiers sont trop âpres et contiennent du méthanol dangereux pour la santé. Les seconds, appelés aussi petites eaux, sont moins parfumés et moins alcoolisés ; aussi sont-ils récupérés et distillés avec les cuites suivantes. Certains alambics, dits à repasse, réalisent une double distillation de la matière première à travers deux chaudières successives.

Louis et Jean-Pierre
nés en 1921 et 1946, bouilleurs de cru.

Louis était bouilleur de cru ambulant dans son canton. Son fils Jean Pierre a repris la suite comme distillateur fixe : il ne se déplace plus, ce sont les agriculteurs qui viennent à lui.

De village en village...

Louis sillonnait les villages du canton avec son alambic quand venait la saison des fruits mûrs. Il s'installait en plein bourg ou dans une grosse ferme pourvue d'un ruisseau. L'ambiance était chaude ! Et pas parce qu'on

buvait autour de l'alambic : un dé à coudre pour goûter à la fin, c'est tout. Mais on bavardait en même temps que le travail avançait. Et on cassait la croûte. Se distraire n'empêchait pas l'alcool d'être bien meilleur, dit Jean-Pierre, que ce que fournissent aujourd'hui les distilleries industrielles avec leur travail de chimiste...

Une administration toujours plus lourde

Jean-Pierre a pourtant renoncé à être distillateur ambulant à cause de la lourdeur des procédures. Aujourd'hui, la distillation ne peut être réalisée qu'en atelier public ou dans le local d'une coopérative. Bien sûr, il existe au moins un atelier public de distillation par commune, désigné par l'administration des douanes et droits indirects. Mais, pour y déplacer ses alambics, il faut faire une demande de descellement (car les alambics sont plombés par les douanes), puis une demande d'ouverture d'atelier public, avec des affiches pour annoncer que Jean-Pierre viendra distiller à l'atelier public de telle ou telle commune à telle date (les périodes et les heures de travail sont fixées par l'administration). Il faut ensuite qu'il obtienne un permis de circuler pour ses alambics, effectuer la fermeture de l'atelier à la fin du travail, puis faire reposer les plombs sur les alambics par les douanes. Et tout recommencer à chaque ouverture d'atelier.

Un travail en distillerie fixe

Aujourd'hui donc, Jean-Pierre ne se déplace plus. Mais on vient à lui : on lui apporte les pommes, les poires, les prunes ou le marc de raisin de trente kilomètres à la ronde. Les agriculteurs les ont laissé fermenter dans des sacs en plastique ou dans des tonneaux, contenants qu'ils ont soigneusement fermés pour empêcher l'évaporation de l'alcool. Car si la fermentation est mal faite, la quantité d'alcool qu'on obtiendra peut être très inférieure à ce que l'on attendait. Jean-Pierre est rémunéré au litre d'alcool distillé mais, si la matière première apportée est vraiment de trop mauvaise qualité, il l'est alors en fonction du temps passé.

Avant de lancer la distillation d'une nouvelle fournée, Jean-Pierre lave la chaudière à grande eau. Il recouvre la grille du fond de la cuve d'un lit de paille, pour empêcher les morceaux de fruits de passer à travers, et verse la nouvelle fournée. Pour obtenir vingt litres d'alcool à 50°, il lui faut environ deux cent quarante kilos de fruits fermentés et cinq heures de chauffe. Un alcoomètre lui permet de mesurer le degré d'alcool au départ et à l'arrivée. Un tableau lui indique aussi à quelle température il doit chauffer la matière première pour atteindre le degré recherché. Le reste est question d'expérience dans la maîtrise de la chauffe...

Le chevrier

Surnommée la vache du pauvre, la chèvre est résistante et facile à nourrir. Elle permet aux plus modestes paysans de gagner quelques sous avec son lait et sa viande. Son élevage s'est aujourd'hui industrialisé dans les régions où l'on réalisait traditionnellement du fromage.

! *En 1823, Victor Hugo a pris une chèvre pour allaiter son fils aîné Léopold, après trois essais malheureux de nourrices. Le lait de chèvre était très réputé car il était mieux digéré par les nourrissons que le lait de vache.*

Un animal tout terrain

Animal rustique, la chèvre est moins sujette aux maladies que le mouton et nécessite moins de soins et de nourriture qu'une vache. Presque tous les paysans en ont donc chez eux autrefois, pour améliorer l'ordinaire avec la vente du lait, des fromages et des chevreaux. La viande des « vieilles biques » est quant à elle beaucoup trop dure pour être portée sur les marchés. Mise au saloir, elle n'est mangée que par l'éleveur... après des heures de cuisson.

Côté nourriture, la chèvre sait trouver ce qu'il lui faut même sur les sols caillouteux. Tout lui convient, les chaumes, les bords des routes, les creux de fossés... et les légumes du jardin ! Comme elle est curieuse, qu'elle grimpe partout et saute avec agilité, il faut la surveiller attentivement pour empêcher qu'elle ne s'échappe ou qu'elle n'aille dévorer les jeunes pousses du potager...

Qui garde les chèvres ?

Si la ferme a des troupeaux de vaches ou de moutons, les chèvres sont gardées en même temps et sur les mêmes lieux de pâturage. Si le troupeau de chèvres est important, un chevrier professionnel est engagé. Mais il est rare qu'il reste plusieurs jours loin de la ferme comme le berger, parce que les chèvres abîment moins les sols.

Dans la plupart des cas, la ferme n'élève qu'une poignée de chèvres. Pas besoin de chevriers. Ce sont les enfants ou les grands-mères qui les surveillent. Et qui doivent ouvrir l'œil si les chèvres sont sorties et que le jardin est mal clos. Les bêtises sont vite arrivées...

Un souvenir d'enfance...

Un homme se souvient avoir mené les chèvres de son grand-père sur les collines dans les années 1940, quand il avait huit ou neuf ans et qu'il n'avait pas d'école. Dès que les bêtes, sorties de l'écurie, le voyaient prendre son bâton de chevrier, elles se regroupaient près de la porte de la rue, prêtes à sortir : car monter sur les coteaux, c'était une fête ! Elles y allaient si volontiers qu'il n'y avait guère d'efforts à faire pour les guider. Le bâton prévu pour les chèvres récalcitrantes ne servait guère. Et le chien de la maison passait aussi un bon moment au grand air sans effort. Le soir, il fallait les rentrer pour la traite. Là encore, les chèvres, pressées d'être libérées de leur lait, redescendaient vers la ferme sans se faire prier. Un souvenir : celui d'un orage monstrueux, accompagné de grêle, en milieu d'après-midi. Chèvres, chien, enfant : tous ont dévalé la colline pour rentrer se mettre à l'abri. Mais l'enfant qui courait derrière les chèvres voyait leurs pis ballotter si fort à droite et à gauche pendant leur course, qu'il s'imaginait que le lait allait sortir et qu'il allait être grondé...

Les mots du métier

AOC : les appellations d'origine contrôlées (AOC) sont signes de qualité depuis 1935. Actuellement, douze fromages au lait de chèvre bénéficient d'une AOC : le banon, le chabichou du Poitou, le chevrotin, le crottin de Chavignol, le mâconnais, le pélardon, le picodon, le pouligny-saint-pierre, le rocamadour, le sainte-maure de Touraine, le selles-sur-cher et le valençay.

Caillage : coagulation du lait obtenue par ajout de présure ou d'un acidifiant, étape indispensable à la réalisation d'un fromage.

Cendre : certains fromages sont roulés dans la cendre de charbon de bois mêlée de sel, ce qui leur donne une croûte bleutée.

Fer à corne : outil utilisé sur les chevreaux pour couper les cornes naissantes au ras de la racine. Cela évite que les chèvres se blessent entre elles plus tard en se battant.

Faisselle : pot métallique perforé de nombreux trous pour faciliter l'égouttage du caillé et achever d'en retirer le petit lait.

Flanelle : tissu utilisé pour filtrer le lait avant l'ajout de la présure.

Fruitière : terme utilisé à partir du XVIe siècle pour désigner une fromagerie. À partir de la seconde moitié du XIXe siècle, il désigne dans toute la France des coopératives paysannes, où le lait issu de plusieurs élevages est transformé en fromage et en beurre.

Garde manger : cage grillagée où l'on enfermait autrefois les fromages à l'abri des mouches, et que l'on plaçait dans un endroit frais (la cave par exemple, les réfrigérateurs n'existant pas encore) Ci-dessous un garde manger posé sur un tonneau.

Gestation : il faut compter cinq mois de gestation entre la saillie et la naissance des chevreaux.

Mohair : fait à partir de poils de chèvre angora.

Moule à fromage : il en existe de multiples variantes, qui donnent au caillé la forme du fromage, qui est variable selon les régions.

Paille : le sainte-maure est traditionnellement percé d'une paille de seigle pour empêcher qu'il se brise. Aujourd'hui, cette paille est gravée avec le nom du fromage et le numéro d'identification de l'artisan fromager.

Présure : ferment naturel extrait de la caillette de jeunes ruminants et qui fait cailler le lait.

Sel : son ajout au caillé favorise la formation de la croûte du fromage.

Tranche-caillé : outil métallique servant à briser avant égouttage le caillé obtenu par la coagulation du lait.

Traite : les chèvres sont traites deux fois par jour.

Trayeuse : la traite autrefois faite à la main est aujourd'hui mécanique (voir ci-dessous). Les chèvres sont traites par deux ou par quatre.

Les fromages de chèvre

Une histoire ancienne

Le fromage de chèvre est une tradition attestée dès l'Antiquité chez les Romains et les Grecs, qui le mangeaient aromatisé d'huile d'olive. Au Moyen Âge, il sert de monnaie, mentionné dans certains actes notariés ou partie intégrante des droits seigneuriaux. En 1793, quand la Révolution réglemente le prix des produits, elle fixe entre autres celui du fromage de chèvre.

Une histoire de femmes

Jusqu'à la Première Guerre mondiale, la fabrication des fromages de chèvre est considérée dans la plupart des régions comme une tâche ménagère parmi d'autres. C'étaient les grands-mères qui apprenaient les gestes à leurs petites-filles pendant que les parents étaient occupés aux travaux des champs. Dans beaucoup de régions, la taille du moule à fromage représente l'équivalent de la traite d'une chèvre. Chaque ferme fabriquait ainsi ses propres fromages. Certains fermiers les mangeaient frais, car ils étaient très tôt vendus aux marchands qui passaient les prendre pour les affiner. D'autres les laissaient reposer et vieillir, pour les vendre sur les marchés ou directement aux amateurs qui venaient les chercher. Au XIXe siècle, Honoré de Balzac évoque le fromage de Sainte-Maure dans *La Rabouilleuse* (1841) : « De forme longue, avec une paille à l'intérieur, fabriqué avec le lait de chèvre caillé à la présure, salé, affiné, il est conservé dans la cendre des javelles de sarments. La paysanne le garde à la ferme sur des claies de bois, dans un endroit sec ». Les garder dans un endroit sec, c'était facile. À l'abri des mouches, c'était à l'époque une autre histoire. D'ailleurs, tout le monde savait qu'il était préférable de gratter la peau des fromages l'été...

Rares mais bons !

Aujourd'hui, sur les 2 millions de tonnes de fromages produits par an, 90 % sont faits à partir de lait de vache, le reste se partageant entre laits de chèvre et de brebis.

Les procédés de fabrication

Les fromages de chèvre sont réalisés avec du lait cru. On entrepose le lait de la traite dans une pièce fraîche pendant une journée. Puis on le mélange avec de la présure caprine et le lactosérum de la veille. On le laisse cailler une journée entière avant d'en remplir à la cuillère des faissines en fer-blanc qui lui donnent la forme voulue. Ces moules perforés laissent le caillé s'égoutter deux à trois jours selon les régions. Le démoulage intervient alors, précautionneusement car les fromages sont encore humides et fragiles. Pour les croûtes bleues, le fromage est saupoudré de cendre de bois mêlée de sel avant d'être mis à sécher deux ou trois autres jours. Pour les croûtes blanches, il est seulement salé. Il est ensuite placé dans un hâloir frais et ventilé et affiné au moins dix jours. Certains, comme le picodon de Dieulefit, sont affinés plus longtemps (un mois minimum) et leur croûte lavée plusieurs fois.

Une anecdote sur le valençay... On raconte qu'il était initialement en forme de pyramide et que Napoléon, d'un coup de couteau, aurait tranché le sommet pour que le fromage cesse de lui rappeler la campagne d'Égypte. En réalité, il doit son allure caractéristique au clocher de l'église de Levroux, son village d'origine.

Paulette et Michel Charlon

nés dans les années 1930, chevriers dans le Cher.

Une vie entière comme chevriers salariés, au service d'un élevage de plus de cent chèvres, en plein cœur du pays du crottin de chavignol. Avec beaucoup de souvenirs à raconter...

Une année coupée en deux

L'année de travail avec les bêtes est coupée en deux grandes périodes : d'avril à septembre, les chèvres sont dans les champs ; d'octobre à mars à l'écurie.

L'hiver, c'est à la fois la fin de la lactation (les chèvres ont moins de lait) et la période de gestation (dans l'attente de la naissance des chevreaux, en mars et en avril). Il en naît un ou deux par chèvre, parfois trois. Les mâles sont vendus jeunes, à un ou deux mois pas plus, les chevrettes en partie gardées. Le troupeau et les petits sont lâchés dans des champs pourvus d'une clôture électrique. « Sans ça, rien ne les arrêterait », assure Michel en riant. Le fil électrique permet de les laisser au pré sans surveillance. Les bêtes redoutent tellement ce fameux fil qu'elles ne se sauvent pas lors des coupures d'électricité, car elle ne s'en approchent même pas.

Pas besoin de les tondre comme des moutons : leur poil d'hiver tombe naturellement au sortir de l'écurie en avril et laisse place au pelage d'été, à poil ras.

Pendant la belle saison, la grande affaire, c'est d'engranger suffisamment de foin pour nourrir les cent chèvres pendant les six mois d'écurie de l'hiver suivant. Il faut faucher de grandes étendues d'herbe avec la faucheuse à cheval. En trois ou quatre jours, le soleil a séché l'herbe coupée, que l'on retourne à la fourche si la couche est trop épaisse. Puis on passe une andaineuse ou râteleuse, tirée par un cheval (puis par un tracteur). Cette machine (ci-dessous à gauche en photo) dispose de grands râteaux tournant autour d'un axe fixe. En deux passages, elle permet de ramener le fourrage en lignes continues appelées andains. Michel rassemble à la fourche les andains en boules qu'il est alors facile de mettre dans une remorque. Le fourrage est ensuite acheminé vers les greniers où il finit de sécher. Les chèvres le mangent pendant l'hiver. En complément alimentaire, Paulette et Michel leur donnent aussi un mélange d'avoine et d'orge, qu'il ont remplacé par des granulés industriels à la fin de leur carrière.

Deux traites quotidiennes

Un travail à accomplir tous les jours celui-là, été comme hiver (même si la quantité de lait fournie en hiver est plus faible), c'est la traite des chèvres. Deux fois par jour, à six heures du matin et à dix-huit heures, du lundi au dimanche sans exception. Les Charlon ont toujours été équipés de trayeuses électriques permettant de traire les chèvres quatre par quatre. Même avec ce matériel, il faut quand même deux heures pour venir à bout de la traite de cent chèvres ! Et les pannes d'électricité sont vécues comme des catastrophes, puisque les bêtes ne peuvent pas attendre. Il faut les traire à la main... et on a bien mal au poignet à la fin !

Tout le lait est utilisé pour faire des fromages, les fameux crottins de chavignol. Paulette et Michel se chargent des premières étapes de la fabrication mais pas de l'affinage. Un marchand passe prendre tous les deux jours les fromages un peu solidifiés et s'occupe de la suite.

Le journalier / le salarié agricole

Journalier, manouvrier, brassier... Sous l'Ancien Régime, ces appellations différentes selon les régions désignent celui qui loue ses bras à la journée. On pense trop souvent qu'il s'agit d'un ouvrier agricole. Dans de nombreux cas pourtant, le terme recouvre un petit artisan rural ou citadin.

En 1700, on récoltait entre 15 et 20 quintaux de grains par hectare de champ contre 100 aujourd'hui.

Un travailleur agricole...

Le terme de journalier est souvent classé dans le groupe des métiers liés à l'agriculture. On trouve pourtant un grand nombre de journaliers dans les registres des villes, comme une main-d'œuvre que l'étroitesse de son lopin de terre ne peut faire vivre et qui se loue là où se trouve le travail. À Bourg, sur la Dordogne, tel père de famille se déclare tantôt batelier, tantôt journalier.

L'appellation de manouvrier pose le même problème. Au XVIe siècle, les manouvriers forment de véritables bataillons, parfois plus de 10 % de la population des grands plateaux céréaliers d'Île-de-France. La définition du mot lui-même varie selon les provinces. Pierre Goubert a montré que les manouvriers du Beauvaisis appartiennent à la couche inférieure de la société paysanne. Ils s'apparentent aux mendiants mais sont assez souvent propriétaires ou locataires d'une petite maison. Ils ont peu de biens, un coin de jardin qui permet quelques cultures, peu de bétail, surtout de la volaille, une vache ou quelques ovins souvent nourris par la vaine pâture. Ici, le manouvrier est un « rural non spécialisé qui travaille chez les autres, à des tâches banales, saisonnières, intermittentes : faner, moissonner, vendanger, battre en grange, aider aux menus travaux des exploitations importantes ».

... un petit artisan rural...

Mais une autre catégorie de manouvriers se rencontre dans cette même région du Beauvaisis, les manouvriers-sergers qui tissent des serges durant la saison hivernale, lorsqu'il n'y a plus de travaux dans les champs. Le terme de manouvrier recouvre donc une grande diversité de conditions, celle de paysan comme celle d'ouvrier ou d'artisan.

... ou un tâcheron citadin ?

On trouve aussi journaliers et manouvriers dans les villes, pratiquant une multitude de petits métiers et louant là aussi leurs bras à la journée. « Les conditions de vie du journalier citadin, écrit Jean Jacquart, sont encore plus difficiles qu'au village ». Entassés dans les faubourgs ou les quartiers les plus pauvres, ou relégués dans les galetas des étages supérieurs des maisons, ils glissent souvent vers la mendicité ou la délinquance.

Pauvres et nombreux...

Journaliers, brassiers ou manouvriers, ils représentent toujours une part importante de la population et vivent à la frange de la mendicité. En zone rurale, ils subsistent grâce aux travaux agricoles d'appoint chez les laboureurs ou marchands fermiers mais grâce aussi à la filature de la laine, à l'artisanat ou au transport. Ils servent encore de main-d'œuvre d'appoint dans le bâtiment, aident les bûcherons, fabriquent des fagots... Les femmes font des lessives ou prennent des enfants en nourrice.

Jean Jacquart précise que « leur condition est très précaire, dépendant de l'embauche, très irrégulière, des salaires, généralement payés en nature ou de quelques sous, et surtout du prix des grains et du pain. Un accident de santé du chef de famille est grave. Ils sont extrêmement sensibles à la conjoncture des récoltes et glissent alors dans la pauvreté et l'errance ».

La ration de pain est de l'ordre d'une livre et demie à deux livres par jour et par personne - une moyenne car il y a bien sûr de fortes différences entre les enfants et les travailleurs de force. C'est trois fois plus qu'aujourd'hui mais le pain n'est pas à cette époque consommé sec : on le mange sous forme de soupes épaisses, le matin comme le soir, et Jacquou le Croquant, au début du XIXe siècle, ne rompt pas avec ces habitudes. Aussi, lorsqu'une mauvaise récolte fait monter le prix du pain, les journaliers ont peine à vivre : la malnutrition puis la famine ne sont pas loin, avec leur cortège de malheurs.

Les mots du métier

Andain : ligne d'herbes coupées par le fauchage.

Assainir : assainir un sol c'est le débarrasser de son excès d'eau en pratiquant des fossés ou des rigoles pour l'évacuer.

Assolement : varier les cultures sur un même sol pour ne pas l'épuiser.

Bêche : outil de jardinage pour retourner le sol.

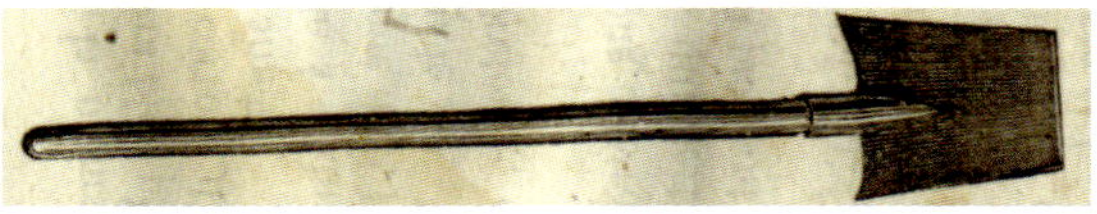

Biner : ameublir le sol et détruire les mauvaises herbes qui y poussent, soit avec une binette, soit avec une serfouette.

Binette : truelle à bords tranchants qui sert à trancher les racines des mauvaises herbes.

Botteler : mettre en bottes (comme ci-contre) du foin, des gerbes de céréales…

Cisailles : ciseaux à tondre les haies.

Coupe foin : utilisé pour le fourrage (ci-dessous).

Crochet à foin : utilisé pour rassembler le foin coupé en tas (ci-contre à gauche).

Défricher : mettre un terrain en état d'être cultivé.

Drainage : pour assécher un terrain humide par des rigoles ou des drains.

Écobuage : enlever par tranches la couche supérieure du sol et la brûler. Cela se pratiquait sur les terrains demeurés longtemps incultes.

Épierrer : débarrasser le sol des pierres qui l'encombrent (ci-dessous : un rateau à pierre).

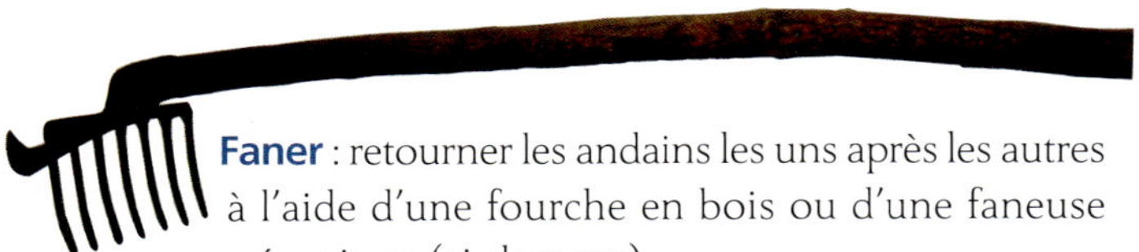

Faner : retourner les andains les uns après les autres à l'aide d'une fourche en bois ou d'une faneuse mécanique (ci-dessous).

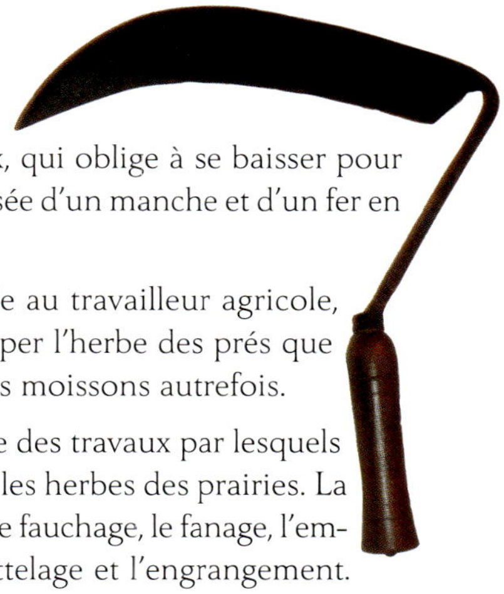

Faucille : petite faux, qui oblige à se baisser pour moissonner, composée d'un manche et d'un fer en croissant de lune.

Faux : indispensable au travailleur agricole, aussi bien pour couper l'herbe des prés que le blé ou le seigle des moissons autrefois.

Fenaison : ensemble des travaux par lesquels on convertit en foin les herbes des prairies. La fenaison comprend le fauchage, le fanage, l'emmeulage, puis le bottelage et l'engrangement.

Fertiliser : mettre de l'engrais sur un terrain, fumier ou engrais chimique, sauf sur les landes nouvellement défrichées, où l'on met chaux ou marne.

Fourche en bois : utilisée pour faner.

Houe : pioche à lame large.

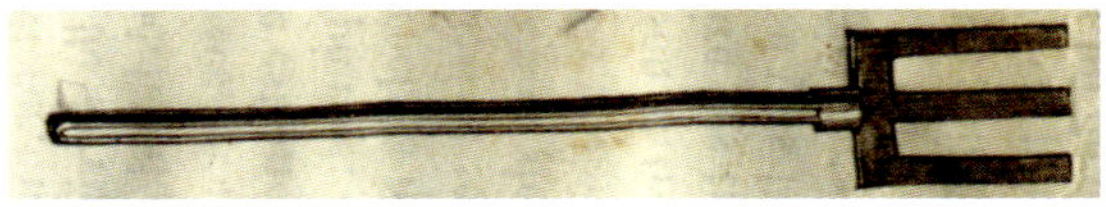

Jachère : repos d'un an donné à la terre.

Meule : tas de foin, c'est-à-dire d'herbe fanée.

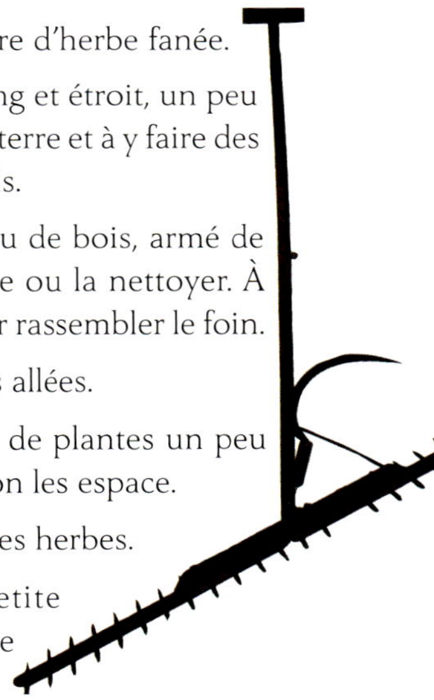

Pioche : instrument de fer long et étroit, un peu recourbé, qui sert à remuer la terre et à y faire des trous, avec un manche en bois.

Rateau : instrument de fer ou de bois, armé de dents, pour égaliser une terre ou la nettoyer. À droite : un rateau de bois pour rassembler le foin.

Ratissoire : sert à nettoyer les allées.

Repiquage : transplantation de plantes un peu grandies dans un terrain où on les espace.

Sarcler : arracher les mauvaises herbes.

Sarcloir ou Serfouette : petite houe qui sert à remuer une terre qui a déjà été travaillée.

Semis : on sème à la volée ou on dépose la semence à la main dans des sillons ou de petits trous, avant de la recouvrir de terre. On sème sur place quand les plantes vont grandir là, ou bien on sème pour repiquer (voir repiquage).

Serpette ou sécateur : ces deux outils servent pour la taille des arbres.

Terreau : décomposition de débris végétaux, réduits en une terre très noire, qui est un engrais excellent.

Un métier qui disparaît

Des journaliers mieux payés

« Un très bon ouvrier agricole embauché par mon père en 1939, raconte un agriculteur tourangeau en 2000, était payé 4 500 F par an (et encore, pas tous les mois, on payait à la fin de l'année) + 500 F de « pièce » (prime). Quand j'ai demandé ce que ça représentait, mon père a feuilleté ses livres de compte et m'a dit que 5 000 F, c'était le prix de 12 laitons. Un laiton, c'est un petit cochon de lait de 22 kg. Donc, un laiton par mois payait son ouvrier. Avec une mère truie qui a 12 petits, il arrivait à payer son ouvrier. Aujourd'hui (année 2000), si j'additionne le salaire et les charges, il me faut 4 laitons par jour ! » (*Vienne et plateaux*, Les Deux Mémoires).

Homme ou machine ?

Dans les villages du XXe siècle, l'eau courante arrive au robinet dans les années 1950-1960, les tracteurs vers 1960, les moissonneuses-batteuses à moteur vers 1964-1965.

Remplacés par la machine

Ce problème du coût de la main d'œuvre qui devenait trop chère se pose dès la fin du XIXe siècle. Aussi les enfants sont-ils les bienvenus. « Les enfants sont richesse de pauvres gens », disait-on autrefois. Au début du XXe siècle encore, un paysan auquel on parlait d'un couple n'ayant qu'un enfant s'étonnait : « Mais comment font-ils donc pour gagner leur vie ? » En Lorraine, les paysans disaient : « Il ne sera jamais aidé, il n'a point d'enfants ». Pour eux, les enfants étaient des bras en plus : les plus petits pouvaient garder les oies et nourrir la volaille, les autres participaient aux travaux de la ferme, évitant le coût de salariés, les plus grands enfin, s'ils étaient placés, donnaient à leurs parents une partie de leurs revenus.

Mais surtout l'agriculteur commence à s'équiper avec du matériel qui économise de la main-d'œuvre. Les moissonneuses, les machines à battre à vapeur, les lieuses... apparaissent à la fin du XIXe siècle. L'État crée en 1894 ce qui va devenir le Crédit Agricole pour financer l'achat des machines, achat souvent réalisé par des coopératives regroupant les fermiers. Le salarié agricole est presque totalement remplacé par des machines dans les années 1950-1960. Le nombre de fermes a été divisé par quatre entre les années 1950 et les années 2000. Le travail communautaire, la fatigue mais aussi la joie des battages (« On chantait, on dansait, c'était la fête ! »), tout est fini. L'agriculteur ou l'agricultrice sont devenus solitaires et ne représentent plus que 6 % des actifs aujourd'hui.

Théodore Rouchon
né en 1878
en Corrèze.

Théodore était dur, ses enfants en savent quelque chose : ils ont gardé le souvenir de quelques corrections cuisantes. Il était connu comme un travailleur infatigable, mais qu'il ne fallait pas contrarier. Sa petite-fille raconte…

Une famille nombreuse en Limousin

Le Limousin était pauvre. Les parents de Théodore aussi. Comme disait le curé, ils n'étaient riches que d'enfants. Ils étaient deux métayers voisins à avoir des ribambelles de gosses. À tel point que le propriétaire avait dit à l'un d'eux, à la naissance de son quinzième petit : « Si vous en avez vingt, je vous donne la ferme ! ». Véridique : le couple est allé jusqu'à vingt et ils ont eu la ferme. Leurs voisins, les parents de Théodore, racontaient l'histoire avec une petite pointe de jalousie dans la voix…

Domestique agricole à douze ans

Quant à Théodore, il est placé à douze ans comme domestique dans une ferme à une douzaine de kilomètres de chez lui. Mais le maître est trop dur. Dix jours plus tard, l'enfant se sauve et revient. Pour tout réconfort, il reçoit une bonne raclée et son père le raccompagne chez son maître. Nouvelle fugue un mois plus tard. « Si vous me ramenez chez lui, je me tue ».

On lui trouve donc une nouvelle place. Il travaillait dans les champs toute la journée. Le soir, il logeait dans la grange, dans le foin. Sa toilette, il la faisait dans la cour, avec la pompe à bras du puits. Côté nourriture, il avait toujours faim. Le midi, du pain et du fromage dans les champs, c'était normal. Mais le soir, après une journée de travail, il n'y avait pas de viande pour les domestiques, sauf aux grandes fêtes. C'était toujours une soupe de pain aux légumes. Les fermiers économisaient sur tout. Le dimanche, le maître prenait une tranche de lard, la plongeait dans la soupe en train de mijoter… puis la retirait et l'essuyait afin qu'elle puisse resservir. Théodore avait le parfum du lard dans sa soupe, sans le lard… Quand, soixante ans plus tard, Théodore racontait ça, ses enfants le faisaient taire. « Arrête avec ça ! Tu te prends pour Jacquou le Croquant ! ». C'était pourtant vrai.

Une longue vie de travail

Ce régime ne l'empêcha pas de grandir et de devenir l'un des journaliers les plus demandés. Mais toujours à la peine, car quand il y avait un gros travail à faire dans une ferme, on attendait son jour de présence pour le commencer. Il épousa une fille courageuse c'est-à-dire, comme on dit dans les campagnes, qui ne rechigne pas à travailler, et qui lui donna quatre enfants.

Après-guerre, le gouvernement créa une petite retraite pour les travailleurs agricoles. Grande nouveauté. Leur petite fille se rappelle encore du rire de ses grands-parents. « Tu te rends compte : l'État nous donne de l'argent ! » Et ils ajoutaient, parce que c'était ça qu'ils trouvaient le plus incroyable : « Et on n'a même pas besoin de travailler pour le gagner ! » Ils avaient quatre-vingts ans.

Et si je faisais la journée de huit heures, Qu'est-ce que tu mangerais?

Le laboureur

Laboureur : une appellation qui a disparu avec l'Ancien Régime. On s'imagine trop facilement qu'elle équivaut à l'agriculteur d'aujourd'hui. C'est compter sans la multitude de niveaux sociaux des ruraux d'autrefois. Le laboureur est un paysan aisé, qui possède au moins un attelage.

! *En 1800, 80 % de la population française vivait à la campagne. C'est moins de 20 % maintenant. Le terme d'exode rural a été créé en 1895.*

L'organisation complexe du village

Un village d'autrefois ne constitue pas une unité homogène. Des situations et des dénominations complexes permettent de désigner, classer, ordonner socialement l'immense masse paysanne.

En haut de la hiérarchie sociale, on trouve le marchand fermier, qui afferme les seigneuries ou les domaines d'Église. Il peut réunir jusqu'à cent hectares, voire plus. Il perçoit la dîme et autres redevances en lieu et place du seigneur.

Au-dessous : le laboureur, assez aisé pour posséder au moins deux chevaux de trait, un attelage et une charrue. « Au prix habituel du cheval, toujours supérieur à 50 livres, lorsqu'il n'est ni vieux ni malade, cela situe le personnage, écrit Pierre Goubert. La dénomination de laboureur est un titre porté avec fierté, auquel on renonce difficilement, même si on a subi des revers. »

Ensuite : des petits paysans ou vignerons mi-propriétaires, mi-fermiers, vivant modestement.

En bas de cette société rurale : les journaliers ou manouvriers, qui ne vivent que de leurs bras, avec souvent un petit jardin. Ils ont des ressources irrégulières, des situations inégales mais rarement bonnes, allant de la médiocrité au dénuement.

L'entraide villageoise

Laboureurs et villageois s'entraident mutuellement au temps des moissons ou des semailles : le laboureur prête ses chevaux et sa charrue à ceux qui n'en ont pas, ceux-ci lui fournissant en contrepartie leurs bras au moment des récoltes.

« Avec sa paire de chevaux accompagnés souvent d'une cavale et d'un poulain, écrit l'historien Pierre Goubert, le laboureur exploitait aussi quelque fermage qui pouvait égaler en étendue ses propres terres, et il labourait pour des voisins moins fortunés. Toujours propriétaire de sa maison, il en donnait souvent en louage une seconde, qui lui était venue d'un aïeul ou d'un beau-père également laboureur ; car les laboureurs se mariaient entre eux et s'accrochaient solidement aux lopins légués par leurs ancêtres. »

Moins de bétail et plus de terres

Chevaux mis à part, le laboureur a rarement beaucoup de bétail. Il préfère travailler la terre, même s'il n'en est pas le propriétaire. Dans la plupart des provinces françaises en effet, la noblesse et le clergé possèdent souvent entre la moitié et les deux tiers des terres cultivables. Le laboureur en a bien sûr quelques hectares en propre, rarement plus d'une dizaine, mais il loue en complément des champs qui jouxtent les siens par exemple, ou bien de meilleures terres. Les baux sont en général de trois à neuf années, renouvelables.

Aussi n'est-il pas rare de voir un laboureur et sa famille déménager tous les deux ou trois ans à quatre ou cinq kilomètres de son ancien logis : les déplacements se font de ferme en ferme, de village en village, au gré des opportunités, surtout si la fortune de la famille est modeste. « Pour essayer d'accroître leurs ressources, pour mieux employer leurs chevaux insuffisamment utilisés sur une médiocre étendue de terres, tous les petits laboureurs prirent des fermages, un, deux, trois, parfois jusqu'à six petits fermages. »

Un personnage important

Le laboureur, économiquement indépendant, est en quelque sorte un chef de village qui participe activement aux institutions villageoises, bien plus dynamiques et puissantes que celles de nos villages contemporains. De lui dépendent aussi le matériel et les possibilités d'emploi qui permettent aux plus pauvres de subsister.

C'est la Révolution qui permettra à ces « coqs de village » d'étendre leurs terres par l'achat de biens nationaux et de se muer en « propriétaires-cultivateurs ».

Les mots du métier

Age : axe sur lequel sont fixés toutes les pièces travaillantes de la charrue et de l'araire.

Araire : l'araire est tractée par un animal et permet de scarifier le sol. Elle rejette sur les deux côtés la terre émiettée et déplacée par le soc. À l'origine, elle était composée d'une seule pièce de bois puis en eut jusque cinq. Elle est adaptée aux sols légers et peut se contenter d'une bête de trait peu puissante, par exemple un âne.

Avant-train : partie de la charrue munie de roues de dimensions différentes pour une meilleure stabilité, car une roue passe sur la terre non encore travaillée, et l'autre dans la raie déjà tracée.

Bêche : à l'origine entièrement en bois. Elle sert à retourner en profondeur les terres légères.

Binette : utilisée pour ameublir la couche superficielle du sol autour des plantes cultivées.

Buttoir : sorte de petite charrue qui sert à butter.

Casse-motte : massue de bois très dur, équipée à chaque bout d'un cercle de fer.

Charrue : contrairement à l'araire, la charrue est munie d'un versoir qui rejette la terre d'un seul côté. Elle retourne donc la terre, au lieu de simplement la scarifier : quand la charrue a terminé sa première raie en retournant la terre et qu'elle effectue le trajet en sens inverse, le versoir, orienté vers le sillon de terre soulevée par le premier passage, rejette à nouveau la terre sur celui-ci. Elle est plus adaptée aux terres lourdes et demande un attelage puissant de bœufs ou de chevaux. Colonne de gauche en bas : charrue Dombasle avec avant-train.

Charrette : de taille très diverse selon son utilisation : porter le grain au marché, charrier les récoltes, transporter du bois, du fumier, etc.

Coutre : lame de fer équipant la charrue, destinée à couper verticalement la motte de terre.

Herse : un bon hersage valant un second labour, une bonne herse est un outil indispensable du laboureur. Munie de dents courtes (en bois ou en fer), elle permet d'ameublir la terre pour préparer un lit de semence ou pour le recouvrir. Elle aplanit le sol en détruisant les mottes et en retirant ce qui peut gêner la germination. Ci-dessous : herse perfectionnée de Valcour. Les herses primitives étaient des fagots d'épines chargés de pierres.

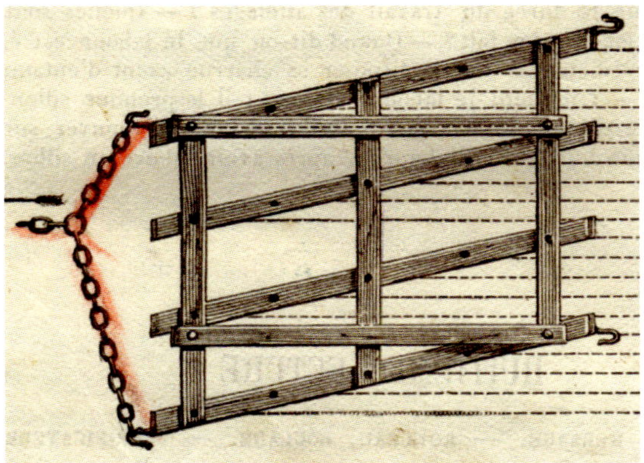

Mancheron : le mancheron permet de guider l'araire. Sur une charrue, plus lourde à manier, ils sont au nombre de deux.

Semoir : sert à semer les graines en lignes régulièrement espacées, à une profondeur réglable. Il laboure, sème et herse.

Sep ou dental : pièce centrale de l'araire qui entre en contact avec la terre et soutient le soc.

Soc : lame qui coupe horizontalement la terre et la soulève, le versoir la retournant par derrière.

Tombereau : avec brancards ou à trois roues sans brancards, pour le transport du fumier, des betteraves, des pommes de terre...

Tourne-oreille : instrument qui se fixe à la charrue soit d'un côté soit de l'autre de la charrue selon la position de la charrue par rapport à la raie.

Le travail du cultivateur vers 1900

Pas de spécialisation

Au début du XXe siècle, l'agriculture ne s'est pas encore spécialisée. Chaque ferme fait de tout : des céréales, de la vigne, des vaches, des chèvres, des volailles... Attelés à la charrette, les chevaux servent de moyen de locomotion, et, attelés à la charrue, d'outil de labour. Mères et filles s'occupent de la basse-cour, de la traite du lait et des menus tra-vaux occupant les soirées : tri des haricots, des châtaignes, ou petits pois à écosser... Pères et fils se chargent des travaux lourds, dans les champs, aidés selon la saison et la taille de l'exploitation par des salariés.

Propriétaire agriculteur

Le mot de laboureur a cessé d'être utilisé après la Révolution. Mais la fonction n'a pas disparu pour autant. On trouve dans l'état civil les mentions « propriétaire » ou « propriétaire agriculteur » désignant ces cultivateurs assez aisés pour avoir des animaux de labour ou, plus tard, des machines agricoles.

Une journée type

La journée se fait au rythme du soleil. On se lève tôt en été, tard en hiver, et on se couche peu après la nuit tombée. Pas question de « brûler » de la lumière tous les jours, ça coûte. En été par exemple, on prend une boisson chaude au lever, vers 5 h 30, avant de s'occuper des les animaux de la ferme, et de leur donner à boire et à manger. Un travail auquel on n'échappe pas, à accomplir tous les jours de la semaine, toute l'année et par tous les temps. Ceux qu'il faut traire (vaches, chèvres, brebis) le sont vers 6 h. Vers 9 h 30, nouveau petit déjeuner, plus consistant celui-ci : du pain, du fromage, des rillettes, du jambon, des pommes... le tout arrosé d'un petit coup de rouge ou de cidre selon les régions. Puis départ pour les travaux des champs, avec une musette et un tonnelet individuel pour la boisson. Retour à midi, pour le déjeuner, suivi parfois d'une petite sieste. Puis les hommes repartent vers les champs. En fin d'après-midi, ils doivent à nouveau s'occuper des bêtes, les traire, leur donner à boire et à manger, les rentrer pour la nuit pour celles que l'on avait mis au vert... des tâches qu'ils partagent avec les femmes de la maison. Le dîner clôture la journée. Il est suivi d'une veillée plus ou moins longue en fonction de la saison et rassemblant parfois les voisins. Les villageois sont comme une grande famille où tout le monde se connaît et s'entraide, même s'il y a des tiraillements de-ci de-là.

Quand le temps est trop mauvais et qu'il n'est pas possible d'aller travailler dans les champs, le cultivateur reste chez lui et bricole ou répare ses outils. Y compris les premières machines agricoles, parce que c'est encore simple. « L'art de la mécanique, disait encore un mécanicien rural dans l'entre-deux-guerres, c'est le fil de fer et le marteau ». La plupart des outils se transmettent de père en fils.

Cinq générations d'agriculteurs
de la fin du XIXe siècle à nos jours.

Cinq générations ? En réalité bien davantage, car la famille est implantée dans le canton depuis le XVIIe siècle au moins. Récit à plusieurs voix…

Du second Empire à 1914

Sous le second Empire, leur ferme est la plus importante de la commune. L'aïeul, Jean-Baptiste, prête son attelage de chevaux ou fournit des semences aux petits agriculteurs, en échange de leurs aide le moment venu. Les exploitations agricoles de l'époque ont rarement tout l'équipement ou tous les bras nécessaires aux gros travaux

comme les foins, les battages, les vendanges… Les familles s'entraident. On prête sa moissonneuse lieuse, on emprunte un pressoir et, surtout, on partage : on offre un morceau de cochon quand on le tue, une bouteille du vin de sa vigne quand il est tiré… et les voisins en font tout autant.

L'école n'est pas encore obligatoire, mais Jean-Baptiste envoie son fils Jules à l'école des frères, dans un bourg voisin. Dans ses dernières années de primaire, Jules reçoit des cours d'agriculture à partir du manuel de Gustave Heuzé et Théodore Barrau, *Simples notions sur l'agriculture*, publié en 1857. Le cheval et les bras sont encore les seules sources d'énergie, dans les livres comme dans la pratique.

L'entre-deux-guerres

Pendant la guerre, Jules, pourtant âgé, fait tourner la ferme avec sa belle-fille, parce que son fils Ernest a été mobilisé avant les moissons et que le conflit s'éternise. Au dos des cartes postales envoyées par Ernest depuis le front, c'est davantage l'inquiétude pour les moissons qui se lit que la peur des obus des boches : « Tel voisin a-t-il pu vous aider ? Comment faites-vous pour les vendanges ? »… Pendant l'entre-deux-guerres, la ferme continue à faire de tout, mais des coopératives et des mutuelles aident à s'équiper en matériel et à commercialiser les produits (lait, céréales…).

L'entre-deux-guerres

L'exploitation est poursuivie dans les années 1950 par Jean-Pierre, fils d'Ernest. La main d'œuvre, devenue trop chère, est remplacée progressivement par des machines, d'autant plus que le remembrement des années 1950 a regroupé les terres en parcelles plus grandes. Jean-Pierre peut désormais labourer seul ses terres avec son tracteur. Comme il a renoncé à l'élevage, qu'il n'y a plus ni vaches, ni chèvres, ni cochons, son épouse a pris un travail d'appoint à temps partiel dans des champignonnières à l'extérieur. Le mari se retrouve seul, toute la journée, assez désœuvré en dehors des périodes de travail dans les champs. « De temps en temps, dit-il, le soir, on se regarde, ma femme et moi, et on se demande ce qu'on va bien pouvoir faire le lendemain ». Un questionnement inconcevable une génération plus tôt !

Nouveau virage avec Philippe, le fils de Jean-Pierre. Il n'y a plus que trois fermes sur la commune et il a repris la plupart des terres disponibles (le nombre de fermes a été divisé par quatre entre les années 1950 et les années 2000). Mais il revient à l'élevage laitier intensif en parallèle du maïs et des céréales. Les journées sont à nouveau chargées, plus question de s'ennuyer ou de prendre des vacances. Agriculteur moderne, Philippe jongle avec les quotas de Bruxelles et calcule au mieux sa rentabilité. Mais son activité ne rassemble plus que 6 % des actifs aujourd'hui contre 30 % en 1930.

Le maquignon

Le maquignon est un marchand de bestiaux. Cet intermédiaire était présent sur toutes les foires agricoles d'autrefois. Sur place, le marchandage est la règle. Pas de contrat écrit : une fois qu'on s'est mis d'accord, c'est la poignée de mains qui scelle l'achat.

! *« On connaît mal le cheval, écrit un Normand en 1898. Et d'ici cinquante ans, au train dont vont cycles, motocycles et automobiles, on les connaîtra encore moins. Le règne des chevaux, de ceux qui les vendent et de ceux qui les achètent, - acquéreurs et maquignons, - sera près de disparaître ! »*

Expert en chevaux et bétail

Sur les foires, le maquignon achète des chevaux et du bétail pour les revendre ultérieurement. Avec sa grande blouse (noire, pour le distinguer du paysan qui porte une blouse bleue), son chapeau de feutre et son bâton à courroie de cuir passée au poignet, il se promène sur le marché. Il examine de face et de biais les bêtes exposées avec un coup d'œil malin. Il a sur lui des ciseaux appelés forces (ou forcettes, en photo page de droite), qui lui servent à tracer sa marque dans le poil de l'animal, une fois l'achat fait et scellé d'une bonne poignée de mains. L'outil, parfois ouvragé et gravé, se porte refermé, dans un étui, au bout d'une chaînette, en sautoir sur le ventre, comme on porterait une montre à gousset.

« Et le temps passe à l'intérêt du marché, à des discussions fort animées, à voir les chevaux s'enlever et courir, à écouter le tohubohu de cette foule qui grossit, faisant des attroupements, vite dispersés au passage du tram qui file rapidement. Aux devantures des cafés de la place qui ont sorti leurs tables des grands jours, on se réunit pour discuter les ventes, terminer les marchés devant les petits verres de calvados. C'est le sceau du contrat ; il faut boire pour que les affaires soient bonnes. C'est l'accolade des mains après le combat, la réconciliation après les gros mots du prix à débattre, l'oubli des fraudes et des ruses mises en œuvre », écrit Georges Dubosc dans *Le Journal de Rouen* en 1898.

Expert en ruses aussi...

En effet, le maquignon dénigre les bêtes quand il veut les acheter et en vante les qualités quand il veut les vendre. C'est de bonne guerre, mais ça lui donne mauvaise presse. D'autant plus qu'on le soupçonne, à juste titre, de tricher assez souvent. Une méfiance universelle. En 1848, Ivan Tourgueniev évoque dans *Lébédiane* un maquignon qui ne veut pas reprendre le cheval qu'il vient de vendre, pourtant rétif et impossible à atteler. En 1872, le *Dictionnaire du sport français* de Ned Pearson décrit le maquignon comme un homme qui « tripote, drogue, maquille, défigure un cheval sur lequel il veut gagner quelques pistoles. Il travaille les oreilles, souffle les salières, burine les dents, place une queue postiche, taille les sabots, mastique les genoux, donne un coup de pinceau, grave un chiffre, soigne la crinière, refait une jeunesse, farde, corrige, embellit ». Il est vrai que les astuces sont nombreuses (voir page de droite). Le résultat, c'est que le terme de maquignon est passé dans le langage courant pour désigner un commerçant peu scrupuleux, voire malhonnête.

Un métier en voie de disparition

L'industrialisation des élevages et la disparition du cheval comme moyen de transport font disparaître le maquignon. Ou presque. Il existe encore des négociants que l'on peut croiser sur les rares foires aux bestiaux de France. La poignée de main et le petit verre sont toujours là. Mais la chemise en pilou à carreaux a remplacé la blouse, la casquette le chapeau de feutre, et la bétaillère automobile la carriole ou la marche à pied...

Les ruses des maquignons
à la fin du XIXe siècle.

En 1898, Georges Dubosc donne dans *Le Journal de Rouen* les principales ruses et tromperies employées par les maquignons pour la vente des chevaux, les pièges tendus à la confiance ou à la bonne foi des acheteurs. .

Des retouches licites

Comment transformer une Rossinante en Bucéphale ? Le ventre du cheval qui doit être mis en vente est-il trop gros ? On le fait tomber par des purgations. En même temps, on brûle les crins du pourtour du nez, de la bouche, des ganaches, des oreilles. On élague la crinière et la queue, on tond les longs poils qui déparaient la robe. Ce premier arrangement suffit pour donner à l'animal un caractère d'élégance et de distinction relatives.

D'autres qui le sont moins...

Adroits et cruels, les maquignons se font craindre des chevaux paresseux, âgés ou malades. Toutes les fois qu'ils les approchent, ils les frappent sans prononcer une parole. Après un court séjour dans les écuries, les chevaux, traités de cette façon, ne peuvent sentir l'approche de l'homme sans exécuter les plus vifs mouvements. Au plus léger bruit, au moindre contact, ils bondissent et le cheval le plus mou parait alors tout feu. Si les chevaux sont vicieux, rétifs, ombrageux, on leur fait absorber des narcotiques qui les calment et les apaisent.

Quand le cheval vieillit, les cavités qui surmontent les yeux s'approfondissent. Eh bien, les maquignons ont trouvé le moyen de dissimuler ce défaut. Par de petits trous faits sous la peau, ils insufflent de l'air dans les salières. Fraude peu répandue, mais qui existe, car elle a été signalée devant les tribunaux. L'opération ne conserve son effet que pendant peu de temps, et doit se faire jsute avant la mise en vente. On complète la fraude, en enlevant ou en teignant les poils blancs des naseaux et de la tête.

Si la bête a l'oreille longue, sans maintien et sans grâce, les maquignons enlèvent une partie de la peau sur la nuque et font une suture aux deux bords de la plaie ; les oreilles sont alors relevées et droites, comme celles des chevaux de bonne race.

La queue de l'animal, quand elle est attachée haut, bien portée et bien relevée, donne un air distingué et vigoureux au cheval. Les maquignons le savent bien. De là vient leur truc classique, qui consiste dans l'application... de poivre sous la queue. Autre moyen : couper les muscles de la face inférieure de la queue, pour que les muscles releveurs de la face supérieure produisent plus d'effet. Le cheval prend ainsi beaucoup d'allure.

Mais les tricheries les plus importantes portent sur les dents, qui sont chez le cheval un indice sûr de son âge. Si le maquignon peut faire passer un cheval de trois ans pour plus âgé, il arrache toutes les dents qui seraient tombées à l'âge de cinq ans. Il devance ainsi de dix ou douze mois l'éruption des dents de remplacement. À l'inverse, pour rajeunir les vieux chevaux, la méthode la plus employée consiste à raccourcir les dents incisives si elles sont trop longues, puis à pratiquer, avec un burin, vers le centre de la table dentaire, une sorte de cavité qui représente le cornet, ce creux qui disparaît généralement chez les chevaux de dix ans.

Pour cacher une crevasse au pied, on fera marcher le cheval dans la boue, ou on la remplit de mastic, de cire ou de cambouis. Etc. Il existe bien d'autres ruses. Le maquignon les connaît toutes et en profite souvent pour tromper l'acheteur, ce bon gogo...

Le maraîcher pratique le jardinage à grande échelle, pour vendre sur les marchés légumes et fruits frais. Au XIXe siècle, on le retrouve dans les périphéries des grandes villes. Le développement des transports et la culture sous serre ont modifié à la fois le métier et sa géographie.

! *Les termes de maraîcher et de maraîchage sont nés au XIXe siècle à partir du mot marais : car il faut beaucoup d'eau pour faire pousser de beaux légumes !*

Le maraîcher

D'abord en périphérie des villes

Dans les campagnes d'autrefois, il n'y a presque jamais de jardinier de profession : chacun cultive un petit jardin qui lui fournit les fruits et les légumes nécessaires à sa consommation. Dans le voisinage des villes en revanche, des professionnels développent très tôt de grandes zones de maraîchage pour approvisionner les marchés. Ils utilisent des terres riches en eau (comme les hortillonnages d'Amiens ou les terres à cresson de l'Essonne) ou en alluvions fertiles (les jardins maraîchers de la Baratte près de Nevers par exemple). Les exploitations sont familiales et la commercialisation des produits se fait en direct sur les marchés des cités voisines. Autour de Paris s'est ainsi créée dès le Moyen Âge une véritable ceinture verte de jardins. En 1862, un cinquième de la superficie du tout nouveau XVe arrondissement de la capitale est encore occupé par les maraîchers. En 1900, des parcelles y sont encore exploitées en jardins ou en vignes. Autre exemple : à Noisy-le-Sec, dans l'actuelle banlieue d'Ile-de-France, un habitant sur six est maraîcher à la même époque à cause de la proximité de la clientèle parisienne et malgré l'absence de cours d'eau (la localité mérite son nom et l'arrosage se fait par les puits). La commune produit principalement des asperges, de l'ail, des artichauts, de l'oseille, des échalottes, du thym et du raisin, qui sont portés jusqu'aux halles centrales de la capitale.

Des outils nombreux

Le travail est d'autant plus lourd qu'il est difficile à mécaniser. Mais cette agriculture intensive a favorisé la création de multiples outils, présents sur tous les catalogues de matériels de jardinage dès la fin du XIXe siècle. Pelles, bêches, houes, fourches… permettent d'aérer le sol, d'y ajouter et d'y enfouir des engrais, du fumier… Pour l'aération superficielle du sol, les râteaux, binettes, serfouettes, sarcloirs… favorisent une meilleure pénétration de l'eau et une élimination efficace des mauvaises herbes. Les semoirs, plantoirs et transplantoirs aident l'introduction des plantes en terre à leurs différentes étapes de croissance. Les pulvérisateurs en cuivre sont utilisés depuis bien longtemps, en même temps que tout ce qui peut apporter de l'eau aux plantes : arrosoirs (dont la forme évolue pour moins heurter les mollets du jardinier !), seringues à brumiser, pistolets à eau, puis tuyaux d'arrosage, en direct ou par goutte à goutte…

Pour le transport des légumes et des fruits, des caisses en bois et des malles en osier sont utilisées depuis des siècles. Pour les sortir du jardin, les maraîchers ont pris des hottes, des civières, puis, à partir du XIIIe siècle, des brouettes, devenues les compagnes inséparables des jardiniers. Pour aller ensuite les vendre, les maraîchers placent leurs produits dans des charrettes ou même carrément, à Paris dans les années 1900, l'équivalent d'un autobus hippomobile, avec un escalier et un étage ! La vente ambulante en était facilitée.

Une spécialisation par région

À partir du milieu du XIXe siècle, le développement du chemin de fer permet à certaines régions de se spécialiser dans des cultures maraîchères pour lesquelles elles disposent d'un sol ou d'un climat adaptés, même si elles sont loin des villes. C'est dans toute la France désormais qu'elles vendent leurs produits : le melon de Cavaillon, la tomate de Marmande… Parallèlement, l'extension urbaine chasse progressivement les maraîchers de l'immédiate périphérie des villes.

La vente n'est en général plus réalisée en direct par l'exploitant mais par le biais de grossistes (centrales d'achat, chaînes de supermarchés et industrie agroalimentaire aujourd'hui). Quant à la production, elle se fait aussi bien en plein champ que sous des serres parfois gigantesques désormais (avec des productions à contre-saison).

Les mots du métier

Arrache-chou : utilisé pour arracher les choux de leur tige (ci-contre).

Arrosage : à la main ou par irrigation.

Assainir : assainir un sol c'est le débarrasser de son excès d'eau en pratiquant des fossés ou des rigoles pour l'évacuer.

Bêche : outil qui sert au labour des jardins de maraîchers (ci-contre).

Biner : ameublir le sol et détruire les mauvaises herbes qui y poussent, soit avec une binette, soit avec une serfouette.

Binette : truelle à bords tranchants qui sert à trancher les racines des mauvaises herbes.

Chassis : cadres en bois posés au sol et auxquels on adapte des panneaux vitrés. On élève ou on abaisse ces panneaux en fonction de la température et du vent, au moyen de crémaillères en bois. On peut recouvrir ces panneaux avec des paillassons par grand froid.

Cloche : dôme en verre qui couvre les jeunes plants et leur conserve la chaleur de la terre sans les priver de la lumière. La cloche peut être à facettes (assemblage de lames de verre sur une charpente en plomb) ou soufflée (verrine d'une seule pièce, comme ci-dessous).

Couche ou terreau de couche : fumier qui a déjà servi à faire des couches l'année précédente.

Drainage : pour assécher un terrain humide par des rigoles ou des drains.

Fertiliser : mettre de l'engrais sur un terrain, fumier ou engrais chimique aujourd'hui.

Houe : pioche à lame large (ci-contre à droite).

Paillasson : poignées de paille de seigle liées les unes aux autres, qu'on étend sur des ficelles au-dessus des plantations pour éviter le gel la nuit ou le soleil trop fort le jour.

Pioche : instrument de fer long et étroit, un peu recourbé, à manche de bois, pour remuer la terre et y faire des trous.

Rateau : instrument de fer ou de bois, armé de dents, pour égaliser la terre ou la nettoyer.

Ratissoire : sert à nettoyer les allées.

Repiquage : transplantation de plantes semées et déjà un peu grandies dans un terrain où on les espacera davantage.

Sarcler : arracher les mauvaises herbes.

Sarcloir ou serfouette : petite houe qui sert à remuer une terre qui a déjà été travaillée.

Semis : on sème à la volée ou bien on dépose la semence à la main dans des sillons ou de petits trous, avant de la recouvrir de terre. On dit qu'on sème sur place quand les plantes grandissent là où on les a semées, ou qu'on sème pour repiquer (voir repiquage).

Serriculture : culture sous serre (ci-dessous).

Sulfateuse : vaporisateur, pour le traitement des arbres fruitiers ou de certains légumes.

Terreau : décomposition de débris végétaux, réduits en une terre très noire, et servant d'engrais à la terre des jardins maraîchers.

La culture du melon vers 1900

Les conseils de la fin du XIXe

Jusqu'à la Première Guerre mondiale, les manuels d'horticulture assurent que le melon demande peu de soin dans le Midi de la France. Dans le reste du pays en revanche, il est cultivé sur couche, sous châssis ou sous cloche, ou bien dans un sol bien préparé, bien fumé, exposé au midi et bien abrité (on les appelle alors des melons maraîchers). Pour les melons en pleine terre, on considère comme indispensable de les couvrir d'une cloche de verre : on sème deux graines sous chaque cloche, puis on élimine le plant le plus faible. Les champs produisant du melon ressemblent ainsi à une plaine de verre, comme on le voit sur les deux cartes postales de cette page.

Melons aux proverbes

Aujourd'hui, tous les melons sont bons. Autrefois, ce n'était pas toujours le cas. Au point qu'on avait repris le melon dans les dictons en l'extrapolant aux femmes : « Les filles d'Avignon sont comme les melons. Sur 150, n'y en pas un de bon ».

La pousse ne se fait cependant pas sans les soins assidus du maraîcher. Il faut bien sûr donner de l'air aux jeunes plants en soulevant de temps à autre les cloches. Cloches qu'il faut abriter sous des paillassons pendant les nuits de printemps trop fraîches. Il faut aussi arroser souvent, mais très peu à la fois, en prenant grand soin de ne pas mouiller les feuilles. Il faut également tenir le terrain propre, débarrassé des mauvaises herbes, et meuble.

Enfin, il faut tailler les plants de melons, pour qu'ils donnent de meilleurs fruits. La taille consiste à couper avec l'ongle les rameaux surabondants afin de faire mieux profiter les autres, et à pincer ceux qu'on a conservés. Ainsi, on coupe la jeune tige et tous ses rameaux, à l'exception des deux plus beaux. C'est ce qu'on appelle la première taille. Les deux rameaux restants continuent de pousser et se chargent de fleurs. Au fur et à mesure que ces rameaux et les branches qu'ils ont produites s'étendent, on les pince au-dessus du troisième au sixième œil, ou même plus bas si la branche est faible ; c'est la seconde taille. Enfin, quand on juge que le pied est suffisamment chargé de fruits noués, on empêche les autres de se former et l'on pince l'extrémité des branches pour faire refluer la sève dans les fruits. On pose une tuile sous les fruits pour qu'ils ne soient plus en contact direct avec la terre et on les abrite des coups de soleil. Les fruits noués parviennent à maturité en deux à trois mois.

Un sujet de certificat d'études

Dans les départements agricoles, l'horticulture faisait partie du programme des dernières années d'école primaire. Parmi les questions d'examen figurent ainsi : « Parlez du melon. Faut-il tailler les melons ? Comment cultive-t-on les melons ? Quels sont les soins d'entretien qu'exigent les melons ? » Auriez-vous su répondre ?...

Les Lejeune

Cinq générations de cressonniers en Essonne.

Les Lejeune sont depuis cinq générations dans le cresson, c'est-à-dire presque depuis le début de sa culture en France. Ils le produisent dans le sud de l'Essonne, d'abord à Méréville, capitale du cresson français, puis à Boigneville.

À l'origine du cresson en Essonne

Le point de départ de la culture du cresson en France est un gestionnaire des hôpitaux de la Grande Armée de Napoléon nommé Cardon. Il constate lors de la campagne d'Allemagne de 1809-1910 que le cresson a des vertus anti-scorbutiques. À son retour en France, il en introduit la culture dans sa région, à Saint-Léonard dans l'Oise. La plante était déjà connue, mais seulement à l'état sauvage, en bordure de ruisseaux. Les cressonnières artificielles prennent leur essor : on en trouve en 1835 plus de cinquante en Ile-de-France, faisant vivre trois cents personnes. Elles ne sont pas toutes implantées dans l'Oise. Des maraîchers constatent en effet que les vallées de l'Essonne sont riches en eaux de source non polluées et s'y sont installés. L'avantage du cresson, c'est que sa culture aquatique permet de le récolter même en plein hiver, quand les autres salades ne poussent plus. Avec 30 % de la quantité totale du pays, l'Essonne est le premier producteur de cresson en France.

Cinq générations de cressonniers

Les Lejeune sont depuis cinq générations dans le cresson, presque depuis le début de sa culture en France. En un siècle et demi, les modalités de travail ont peu évolué. Le maraîcher œuvre toujours les pieds dans l'eau, inévitable pour une plante quasi-aquatique, qu'il faut élever dans des fosses remplies d'eau non stagnante, des sortes de caniveaux alimentés en eau de source. Les fosses à cresson sont construites perpendiculairement au lit du ruisseau, avec un fond légèrement en pente et une trappe pour régler le débit de l'eau. Les récoltes se font six semaines après les semis et se succèdent toutes les quatre semaines jusqu'à la floraison en mai. L'outillage est assez rudimentaire : un couteau pour trancher les tiges une par une sans arracher les racines (y compris l'hiver, les mains dans l'eau glacée), de la ficelle pour mettre le cresson en paquets et des bottes bien sûr pour ne pas se mouiller les pieds. En mai, on conserve des plants pour la semence. Les autres sont arrachés et les fosses à cresson nettoyées, nivelées avant d'être réensemencées.

L'évolution sur le XXe siècle

Dans les années 1900, le grand-père Hippolyte Lejeune portait en charrette le cresson à la gare de la commune tous les matins. Là, des mandataires le réceptionnaient et l'emportaient tout frais aux halles de Paris. Aujourd'hui le cresson de l'Essonne est labellisé PNR du Gâtinais français. Alain, le petit-fils, le propose en bottes sur les marchés ou sur l'exploitation en vente directe.

Depuis une vingtaine d'années, le ramassage se fait en vrac, de façon mécanisée. Les berges sur lesquelles le cresson est mis à pousser sont devenues des berges artificielles. Enfin, pendant l'hiver, on recouvre désormais les plants d'un voile plastique appelé voile de forçage pour les protéger du froid et maintenir, dans l'idéal, la température de l'eau vers les 8 à 13°. La ficelle qui lie la botte porte désormais le nom du cressiculteur et son numéro d'agrément, numéro qui prouve que le cresson a été élevé dans une eau de source non polluée et sur une terre exempte de produits chimiques.

Le marchand de peaux de lapins a, selon Balzac, trois qualités principales : la sobriété, l'économie et la patience. À des époques où rien n'est jeté et tout récupéré, ce petit métier de gagne-misère se pratique non seulement dans les campagnes mais aussi dans les villes.

! *Saviez-vous qu'un marchand de peaux de lapins a fini général ? Il s'agit de Jean Humbert (1767-1823), marchand de peaux de lapins en 1789, volontaire dans les armées républicaines en 1792, passé général de brigade en deux ans, en 1794 !*

Le marchand de peaux de lapins

Le cri d'appel du marchand

« Le drôle crie à pleine tête, Ayant retroussé son chapeau, Que s'il n'a pas mangé la bête, Du moins il achète la peau », écrit Balzac. Les cris glanés çà et là dans les mémoires des anciens de nos campagnes sont moins rimés mais plus efficaces : « Peaux de lapins, peaux de lapins, peaux ! » ou, selon le parler local : « Piaux de lapins, piaux ! ». Ça s'entend de loin !

Selon les époques, il passe à pied avec un sac ou un bâton pour accrocher les peaux, avec une carriole à bras ou à chien, un vélo avec une remorque ou de grosses sacoches, une 2CV ou une 4L sur la fin . Il porte une veste, une blouse (avant 1914) ou un gros paletot aux multiples poches pleines de bouts de ficelles (pour attacher les peaux de lapin) et de billets (pour les payer). Et il n'hésite pas à s'arrêter quelques minutes pour boire un café ou un petit coup de rouge...

Quelle clientèle et où ?

En 1950, ces marchands ambulants collectent encore en France un total de cent millions de peaux de lapin par an !

Car toutes les familles élèvent autrefois quelques lapins pour la consommation personnelle, y compris en ville. Pas de souci d'espace : un clapier se loge partout. Pas de problème d'alimentation : de l'herbe des bords de chemin, les épluchures des légumes et des pommes, des quignons de pain rassis, c'est bon. Le lapin se mange le dimanche. Et comme on ne jette rien, la peau sert aussi. Certaines ménagères ont appris à la tanner et l'utilisent pour fourrer des chaussons ou des bottes, ou pour réaliser un manteau ou une couverture. D'autres la vendent au marchand de peaux de lapins, une sorte d'acheteur ambulant qui passe dans les rues toutes les trois semaines ou tous les deux mois selon la taille des communes.

Entre les deux guerres, la collecte se ralentit dans les villes. Elle continue dans les campagnes jusqu'aux années 1970 puis s'arrête. Les modes de vie ont évolué : les gens achètent leur lapin « nu » en boucherie ou en supermarché et les fermiers qui ont encore un petit élevage personnel jettent les peaux.

Quel prix d'achat ?

En 1960, selon la taille, l'épaisseur du poil et son état, le marchand achète chaque peau de 0,10 à 0,15 F (le smic horaire est de 1,64 F). Il paie plus cher les peaux de lapins blancs, angoras ou bleus. Pour les femmes qui guettent son passage, les quelques sous laissés font un revenu d'appoint.

Pour quel usage ?

Le marchand n'utilise pas les peaux récoltées, il les revend. Les plus belles partent chez des tanneurs ou des fourreurs locaux, les autres sont destinées aux chapeliers. Il faut environ cinq peaux pour la quantité de poils nécessaire à la réalisation d'un chapeau de feutre. Selon sa qualité, ce type de chapeau, à la mode jusqu'aux années 1960, consomme entre 75 et 100 g de poils de lapin. Et, comme rien ne se jette, la peau restée nue est ensuite découpée en lanière pour fabriquer de la colle.

Les clients de Pôd'lapin,
né dans les années 1910

De Pôd'lapin, qui a acheté toutes les peaux du canton jusqu'aux années 1970, on se souvient mal du nom. Son surnom professionnel, né du cri d'appel qu'il lançait dans les rues, a effacé en quelques années son état civil...

Du lapin à la peau séchée vendue...

Quand on tue un lapin, on l'accroche par les pattes arrière à un barreau d'échelle pour mieux le dépouiller. Une incision bien nette entre les deux pattes, et il n'y a plus qu'à tirer la peau vers le bas, vers la tête, comme si l'on aidait le lapin à quitter un tee-shirt... En attendant le passage du marchand, on met la peau à sécher au plafond d'une écurie ou d'une remise. Le poil est à l'intérieur et la peau gonflée par des poignées de foin bien sec, par une fourche en branche de noisetier ou, plus fréquemment, par de l'osier qu'on courbe en *U* et qu'on y enfonce. Ainsi, le pelage ne colle pas et reste sain. La peau est sèche lorsqu'elle devient dure, raide et qu'elle sonne comme un tambour quand on la frappe avec le doigt.

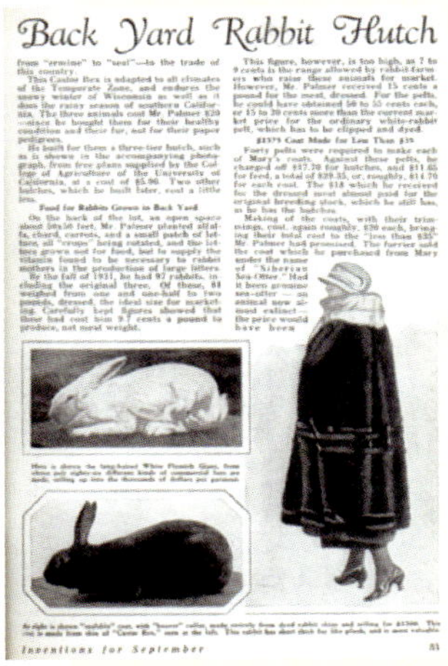
Back Yard Rabbit Hutch

La revente des peaux...

Quand on entend le cri du marchand, le fameux « Peaux d'lapins, peaux d'lapins », qui lui a valu son surnom, en même temps que le grelot de la sonnette de son vélo, on sort dans la rue lui faire signe. Il entre, soupèse les peaux, discute un peu puis paye le prix sur lequel on s'est mis d'accord. Il accepte parfois un verre avant de repartir sur son vélo, surtout s'il fait froid.

Mais il n'achète pas que les peaux de lapins dans les villages. Il arrondit les recettes de son petit commerce en prenant aussi les plumes et les chiffons que lui gardent les particuliers, revendus ensuite à des chiffonniers du chef-lieu. On garde donc pour lui, dans de grands sacs en toile de jute, les plumes de toutes les volailles mangées en famille, ou bien celles des grosses couettes en coutil jaunes ou noires lorsqu'elles deviennent trop usées.

... et celles qu'on garde pour soi

On ne vend pas toutes les peaux au marchand. On en garde certaines pour doubler des vestes d'hiver ou faire un manteau de fourrure. Notamment pendant la guerre. La peau du lapin est souple, assez facile à tanner et à coudre.

Dans le village, c'est l'institutrice, Mlle Grimbert, qui a le savoir-faire. Elle possède une grande planche avec les pointes permettant de tendre les peaux et les produits nécessaires au tannage.

Il faut au départ racler très soigneusement la peau afin d'enlever toute trace résiduelle de chair, tout en prenant garde à ne pas l'entailler. Un enfant se souvient d'avoir aidé son grand-père en 1942 à accomplir cette tâche sur des peaux de lapins blancs pour réaliser un manteau pour sa mère : un travail qui lui semble à l'époque difficile, long et délicat.

L'étape suivante est de laisser tremper la peau longtemps dans de l'eau mélangée à de la poudre d'alun. On peut ensuite la fixer bien tendue sur une planche. Il faut la détacher de temps à autre et la froisser pour qu'elle s'assouplisse.

Quand elle a la texture voulue, on passe au travail de couture. Il se réalise à la maison ou chez une couturière. Plusieurs peaux sont bien sûr nécessaires pour réaliser un manteau, mais le résultat est très réussi si l'on sait masquer les coutures.

Le métayer

Aujourd'hui quasiment disparu, le métayer est celui qui partage à demi les récoltes avec le propriétaire de l'exploitation rurale. Paysan pauvre et sans terres, il n'a que ses bras et son courage à offrir. Son statut précaire ne l'incite guère à faire évoluer le domaine.

La mécanisation de l'agriculture française est un phénomène qui ne se développe véritablement qu'à l'extrême fin du XIXe siècle et se généralise après la Seconde Guerre mondiale. Cette mécanisation est plus tardive chez les métayers.

Quelques définitions

Le citadin d'aujourd'hui a tendance à confondre fermier, métayer et propriétaire agricole alors qu'il s'agit de trois statuts bien différents.

Le fermier est l'agriculteur qui loue des terres pour les cultiver pendant une durée déterminée et d'après un prix annuel fixé qui ne varie pas, quel que soit le résultat, bon ou mauvais, des cultures ou de l'élevage dans l'année. Le bail est en général conclu pour une période longue, surtout si les terres sont pauvres, peu fertiles ou ont été mal travaillées : seul un long bail peut donner au fermier la certitude de rentrer dans les dépenses qu'il fera pour améliorer, assainir ou fertiliser le domaine. Le bail est payé usuellement en deux échéances chaque année.

Le propriétaire qui est aussi agriculteur agit comme un fermier, à cette différence près qu'il détient le sol.

Le métayer a quant à lui un statut totalement différent. Il ne possède ni le sol ni le bétail, mais il exploite un domaine agricole après avoir pris l'engagement de partager pour moitié tous les produits avec le propriétaire. C'est en quelque sorte un contrat d'association : le propriétaire fournit la terre et les bêtes, il s'engage à donner les orientations en termes de culture ou d'élevage ; le métayer apporte son outillage, ses bras et ceux de sa famille. Il est en général trop pauvre pour fournir le capital nécessaire pour les achats de l'exploitation. Il court bien sûr moins de risques que le fermier : si les récoltes sont médiocres, la part à reverser au propriétaire baisse d'autant. Mais les mauvaises années ne lui laissent pas toujours de quoi vivre normalement...

Aujourd'hui presque disparu, le métayage était autrefois plus développé dans les régions les plus pauvres, où les agriculteurs n'avaient pas les fonds nécessaires pour devenir fermier.

Un statut peu encourageant

Contrairement aux baux de fermage, les contrats conclus avec des métayers sont courts, en général d'un an à la fin du XIXe siècle. Ils sont bien sûr renouvelables, mais la précarité de leur situation n'incite pas les métayers à bouleverser ou moderniser leurs méthodes de travail. Ils savent qu'on peut les renvoyer à la fin de chaque année. Ils vivent donc au jour le jour et souvent bien pauvrement... Ils n'ont pas non plus l'argent pour acheter du matériel plus perfectionné. Les manuels d'enseignement pour les écoles rurales du second Empire précisent pourtant que « les propriétaires ne seront riches que s'ils enrichissent leurs métayers en les aidant par des capitaux sagement employés et en les gardant longtemps à leur service ». Mais les propriétaires sont souvent bien loin de leurs terres, ils constatent peu les besoins de l'exploitation, ne suivent pas l'évolution des techniques agricoles et la valorisation du domaine ne fait pas toujours partie de leurs préoccupations...

Comptes à demi ?

Leur petite-fille se souvient de ses grands-parents, métayers dans le Limousin pendant l'entre-deux-guerres, comme de gens particulièrement honnêtes et scrupuleux. Ils n'auraient pas volé une épingle à une voisine ni gardé le moindre objet emprunté sans le rendre. Néanmoins, tous leurs principes étaient oubliés lorsqu'il fallait donner au propriétaire la moitié des récoltes. Elle était chez eux un soir qu'ils comptaient les sacs de noix. Soixante sacs ? « On va dire qu'on en a récolté quarante, et toi, petite, tu ne parles pas ! »...

Ils vivaient chichement, les dix sacs détournés sur la part du propriétaire (soit la moitié des vingt sacs) allaient peut-être leur permettre de passer un moins mauvais hiver, mais la petite-fille garde encore à l'esprit le choc qu'avait été pour elle la découverte de cette tricherie systématique...

Les mots du métier

Assolement : nom donné au système qui fait varier les cultures sur un même sol pour ne pas épuiser la terre. On appelle succession de culture l'ordre dans lequel se succèdent les productions sur un même terrain et on appelle rotation le retour d'un assolement donné sur le même champ. L'assolement doit faire se succéder sur un terrain des jachères ou des cultures nettoyantes avec des cultures dites salissantes. Enfin, il est utile d'intercaler les cultures fourragères fauchables entre deux céréales qui épuisent les sols.

Capitaux agricoles : les capitaux nécessaires à l'agriculture sont divisés au XIXe siècle en trois catégories : les capitaux engagés, les capitaux libres et le capital de fabrication.

Capital de fabrication : utile s'il existe sur le domaine une industrie agricole (distillerie, féculerie...). Il sert alors à acheter en dehors de l'exploitation d'autres produits à transformer.

Capitaux engagés : ils comprennent le capital foncier (la valeur de la terre, nécessaire aux agriculteurs qui achètent un domaine, mais pas aux métayers) et le capital mobilier (pour l'achat des instruments, machines et animaux nécessaires à l'exploitation), lui-même divisé en capital mort (les outils) et capital vivant (les bêtes). Ci-contre un motoculteur des années 1920.

Capitaux libres : ils comprennent le capital de roulement (pour les salaires des domestiques et journaliers, l'achat des semences et engrais, les assurances...) et le capital de réserve (pour les imprévus, grêle, gelée, incendie, maladie du bétail...).

Colon partiaire : autre nom donné autrefois au métayer, rappelant l'idée de partage des résultats.

Culture céréalière : dans ce type de culture, le froment, le seigle, le maïs, l'orge ou l'avoine occupent annuellement plus de la moitié de l'étendue des terres labourables. Dans le sud de la France, elle fait l'objet autrefois d'un assolement biennal (jachère ou maïs suivis d'une céréale l'année suivante). Ailleurs, l'assolement est souvent triennal (jachère, puis blé ou seigle, puis orge ou avoine). À gauche : un tamis manuel à grains des années 1920.

Culture fourragère : les plantes destinées au bétail occupent une surface plus grande que celle destinée aux céréales. Appelée aussi culture alterne, elle connaît un assolement quadriennal (ou assolement de Norfolk) qui accroît la fécondité de la terre au lieu de l'épuiser : betteraves ou pommes de terre, puis avoine ou orge, puis trèfle, puis blé.

Culture industrielle : elle comprend à la fois des plantes fourragères, des plantes céréales et des plantes industrielles (oléagineuses ou textiles ou tinctoriales, etc.). Elle épuise la terre qui doit être soutenue par des fumures et des engrais.

Culture nettoyante : culture d'une plante sarclée qui concourt, par les binages qu'elle impose, au nettoiement du sol.

Culture pastorale mixte : la culture des céréales est dans ce cas alliée aux pâturages ; cette culture favorise à la fois la production des céréales et l'élevage, avec production de viande.

Culture salissante : culture ou céréale favorisant la croissance des mauvaises herbes.

Jachère : nom du repos d'un an laissé à une terre, soit pour offrir un pâturage au bétail, soit pour laisser reposer la terre. La jachère est dite jachère nue quand, pendant sa durée, la terre reste inculte ou improductive ; on l'appelle jachère verte quand elle produit une récolte fourragère ou une plante destinée à être enfouie comme engrais vert.

Petites exploitations : les exploitations de petite taille, où les travaux se font autrefois à bras, cultivent de préférence les gros légumes : pommes de terre, haricots, etc. Ci-dessus : un tri de pommes de terre en famille. Ci-dessous au centre de la page : une batteuse à haricots des années 1920.

Systèmes de culture : on définit autrefois quatre systèmes de culture différents : la culture pastorale mixte, la culture céréalière, la culture fourragère et la culture industrielle.

Araire ou charrue ?

Le travail de la terre

Le premier travail du paysan, métayer ou pas, c'est le travail de la terre. Pour les petites surfaces, les jardins par exemple, la bêche peut suffire. Pour les champs, l'araire ou la charrue sont indispensables et leur invention est très ancienne.

De l'araire à la charrue

L'historien Marc Bloch déterminait la diffusion de la charrue au Moyen Âge en fonction de la forme des parcelles : l'araire convenait pour des petits champs irréguliers, la charrue nécessitait des parcelles plus allongées.

Les avantages de la charrue

Plus ancienne, l'araire sert davantage à entailler la terre qu'à la retourner. Plus efficace dans les sols légers, sa pointe, en bois durci puis en métal, griffe le sol. Un mancheron permet de guider l'outil, lui-même tiré par un attelage (cheval ou bœuf) que le métayer emprunte à un voisin ou que le propriétaire de l'exploitation lui fournit. Mais il faut quadriller le terrain plusieurs fois avant de réussir à l'ameublir, puis compléter avec un travail à la houe pour casser les mottes et enlever les mauvaises herbes.

La charrue dispose à la fois d'une lame (coutre) qui découpe la terre verticalement, d'un soc qui la tranche horizontalement et d'un versoir, lame incurvée dans le prolongement du soc qui la soulève et la retourne. Le labour obtenu est profond, y compris dans les terrains lourds. Apparue avec notre ère, la charrue se perfectionne principalement sous l'Ancien Régime et au XIXe siècle. Elles portent parfois les noms de ceux qui y ont apporté des améliorations sensibles. Celle de Mathieu Dombasle, membre de la Société d'agriculture de Paris, est maniable, réglable et peu chère. Elle est particulièrement utilisée à la fin du XIXe et au début du XXe siècles, d'autant plus que Dombasle ne cesse de vanter dans ses ouvrages la supériorité de la charrue par rapport à l'araire. Autre modèle, la charrue Brabant permet de labourer des parcelles irrégulières ou carrées. Ses deux corps de labour superposés permettent de tourner facilement en bout de rang et de tracer en sens inverse du sillon précédent un autre sillon juxtaposé. Apparaissent aussi des charrues spécialisées : décavaillonneuses, sous-soleuses... Au XXe siècle, certaines charrues sont équipées de disques qui remplacent à la fois le coutre, le soc et le versoir.

Une généralisation très lente

La charrue reste longtemps rare, parce qu'elle coûte cher et qu'il faut pour la tirer au moins deux bœufs, dont ne disposent que les paysans riches. Elle se généralise au XIXe siècle, sous l'action des sociétés d'agriculture et du fait de la diminution de son coût, avec l'essor de l'industrie métallurgique. La Lorraine, la Côte d'Or, la Limagne ou le Poitou sont équipés avant 1850, mais le massif Central reste fidèle à l'araire jusqu'à la fin du siècle.

Marie-Louise
née en 1925 dans le Périgord.

Parfois, les femmes de paysans modestes ont des idées pour améliorer le quotidien....

Un mariage plutôt mal vu...

« Je suis arrivée ici bru. Juste à la fin de la dernière guerre. Bru et chez mes beaux-parents. On vivait sous le même toit. J'étais pas bien riche. Ma belle-mère avait une idée pour son fils Jérôme. [...] Elle s'était mis en tête de faire marier son fils Jérôme avec la fille de la propriété voisine, Mauricette Courbier. Et ainsi elle aurait agrandi la propriété avec le panier de la mariée. Mais bon, les choses n'ont pas tourné à sa fantaisie. Et moi j'ai rencontré Jérôme dans les fêtes, les votes de villages. Bon, on s'est marié. Ce n'était pas la fête pour nous. Il y avait une partie de la famille qui avait une tête d'enterrement. Alors je suis venue bru, pas bien accueillie, mais je suis venue.

Trois générations sous le même toit

On vivait sous le même toit avec mes beaux-parents, mais aussi avec le pépé et la mémé, les grands parents de mon mari. On produisait tout. Ma belle-mère menait son monde à la baguette, jamais de repos, jamais de dimanche, sauf pour aller à la messe ou pour recevoir la famille. Et pas d'argent, ou si peu. Mon mari était aide familial et moi, je n'existais pas. Je n'avais pas de statut, comme on dit aujourd'hui. On se débrouillait. Ma mère nous donnait un peu d'argent pour acheter des vêtements aux enfants et puis voilà. Ma belle-mère, elle s'est vite aigrie. Elle n'avait pas pu agrandir la propriété en faisant marier son fils à la petite Mauricette Courbier. Alors, elle m'en a voulu toute la vie. [...] Mais, plus que les jugements, ce qui faisait difficulté, c'était les revenus. En 1950, je n'avais aucune autonomie, je dépendais de mon mari pour un peu d'argent. Chaque fois que je voulais acheter un vêtement aux enfants ou me faire un petit plaisir, je n'avais rien. Alors, j'ai décidé de faire évoluer la propriété et de diversifier les activités pour que la femme ait un petit revenu. [...]

Quand la femme sait agir...

J'ai donc lancé un petit élevage de canards gras et un élevage de dindes. Oh, ça n'a pas été facile ! Les canards gras, il a fallu que j'apprenne à élever les jeunes, à les gaver comme il faut, à les suivre pour qu'ils profitent bien, à les tuer, à les transformer, à faire les foies, les pâtés, à préparer les confits et à saler les carcasses pour le pot-au-feu de canard. Mais bon. Jérôme et son père m'ont construit une volière. On a installé une petite cuisine spéciale pour nos charcuteries et on a, en même temps, développé cet élevage de dindes prêtes à vendre pour Noël. J'allais garder mes dindes, à la fin de l'été, le long des haies, elles sont friandes de mûres. Ma belle-mère ne m'a jamais bien aidée. Elle disait que ce n'était pas un travail de la terre bien fatiguant de garder les dindes. [...] Elle coupait les haies, elle coupait la paillade pour les bêtes sous bois, elle bêchait, elle vannait les céréales, elle piochait. Pour elle, le travail, c'était physique, ce n'était pas de l'élevage. Quand elle se reposait, elle raccommodait, elle cirait les meubles, elle brodait des napperons ou elle tricotait. Mais je ne l'ai jamais vue flâner ou ne rien faire. Ce n'était pas elle. [...] Mes élevages m'ont permis d'avoir de l'argent. Pour élever mes enfants, pour moderniser un peu la maison et pour aller faire quelques voyages. » (in *Paysans : mémoires vives 1900-2000*, Bernard Stéphan, Éditions Autrement, 2006)

Le puisatier

L'eau courante n'est arrivée dans les campagnes que tout récemment, dans les années 1960. Auparavant, on utilisait l'eau des sources ou, plus fréquemment, celle des puits. Chaque village avait le sien, ainsi que beaucoup de maisons : le puisatier était un artisan important.

! *L'un des records de profondeur en France est le puits de Gorges-de-Franchard, profond de quatre-vingt-six mètres, creusé par les moines du lieu à travers les sables grésifiés et les calcaires de la Brie.*

La principale source d'eau

Jusqu'au milieu du XXe siècle, le puits reste la première source d'approvisionnement en eau pour les particuliers comme pour les collectivités. On en trouve dans les villages, dans la plupart des fermes, surtout si elles sont isolées, mais aussi en ville, y compris à Paris. Certains de ces puits sont creusés directement par les familles si la nappe d'eau souterraine n'est pas trop profonde. Mais dans la plupart des cas, ils sont réalisés par des professionnels, appelés puisatiers. Il peut s'agir d'artisans spécialisés ou bien de maçons locaux qui, à l'occasion, se chargent de réaliser des puits s'ils ne sont pas trop profonds.

Un travail difficile

Une fois la décision de creuser un puits à un endroit précis, il reste à le creuser, ce qui n'est pas toujours si facile. On commence par tracer au sol la circonférence désirée à l'aide d'un pieu et d'une ficelle. La réalisation est un travail d'équipe : un homme creuse la terre ou la pierre à l'aide d'une pioche et d'une pelle à manche court, tandis qu'un coéquipier évacue les déblais avec un seau, qu'il remonte à la surface au fur et à mesure de l'avancement des travaux de forage.

La tâche est plus ou moins longue en fonction de la nature du sol : s'il est trop dur, il ralentit le percement (on utilise même de la dynamite à partir du XIXe siècle, malgré les dangers que cela représente) ; s'il est trop meuble ou friable, il nécessite des travaux de boisement et de soutènement qui retardent la réalisation.

Si le puits est large, deux personnes peuvent travailler au fond : une pour piocher, une pour pelleter. Une troisième reste en surface pour évacuer les gravats, les pierres, la terre, puis l'eau. Car, lorsque le trou atteint la nappe phréatique, il se remplit et il faut évacuer l'eau en excédent pour exécuter le travail de maçonnerie, c'est-à-dire la construction de ce que l'on appelle la gaine du puits. L'artisan termine son ouvrage par la réalisation d'une margelle ou d'une petite architecture de protection (voir des exemples en photo page de droite).

Les dangers du métier

Le travail est pénible et dangereux. D'abord parce qu'il existe des risques d'éboulements : beaucoup de puisatiers sont morts enfouis dans l'effondrement de parois mal stabilisées : le sol, s'il est sablonneux ou friable, peut céder, emporter les étançons et étouffer le maçon travaillant au fond. Ce type d'accident ne se produit d'ailleurs pas seulement au cours de la construction, mais parfois aussi lors d'un curage, c'est-à-dire d'un nettoyage du fond du puits. Si l'ouvrier chargé de l'entretien creuse sous les fondations du puits, c'est-à-dire sous le mur ou sous les buses, le risque d'éboulement est élevé et peut tuer.

Autre danger : l'asphyxie. Car le fond d'un puits est souvent rempli de monoxyde de carbone inodore mais toxique. Les puisatiers descendent toujours avec une bougie allumée : si elle s'éteint faute d'oxygène, il faut remonter de toute urgence. Aujourd'hui, des compresseurs renouvellent l'air au fond de l'ouvrage en cours.

Enfin, atteindre l'eau est aussi un moment particulièrement délicat car il ne faut pas se laisser surprendre par une nappe en charge qui noie le puits trop vite... et les puisatiers en même temps.

Les mots du métier

Baguette : en métal ou en bois de noisetier, elle est utilisée par le sourcier pour localiser la présence d'une eau souterraine.

Bottes : indispensables au puisatier, puisqu'il consolide la gaine du puits les pieds dans l'eau (ci-dessus dans la vignette).

Chèvre : charpente rudimentaire en bois installée au-dessus du puits en cours de forage, pour évacuer l'eau plus facilement (voir ci-contre à gauche).

Étançon ou étai : pièce de bois qui soutient provisoirement la terre creusée à l'intérieur d'un puits pendant le travail de forage des puisatiers.

Fontainier : nom de la personne chargée de la surveillance des fontaines et des puits achevés, mais pas de leur construction.

Gaine : maçonnerie qui consolide le puits depuis le fond jusqu'à la margelle.

Margelle : rebord du puits. Certaines sont décorées ou sculptées.

Nappe phréatique : nappe d'eau souterraine.

Puisatier : nom de l'artisan qui creuse les puits, les entretient ou les répare.

Profondeur : la profondeur d'un puits dépend de celle de l'eau bien sûr, mais aussi de la solidité du sol. Dans un village, près d'une rivière, l'eau est rarement à plus de trois ou cinq mètres. Sur les collines, on arrive vite à trente mètres.

Protection : les puits étaient souvent protégés, notamment pour que les enfants ne puissent y tomber : margelles surélevées bien sûr, mais aussi systèmes de maisonnettes, de formes variables selon les régions, avec une porte ou une grille dont les villageois avaient la clef. En bas de la page à gauche : un puits du Var en dur, et ci-dessus : un puits normand au toit de bois.

Puits à balancier : ingénieux système à bascule que l'on retrouve principalement dans les Landes, en Gascogne, et qui permet de descendre et de remonter le seau sans effort (voir ci-contre le dessin de Christian Lassure).

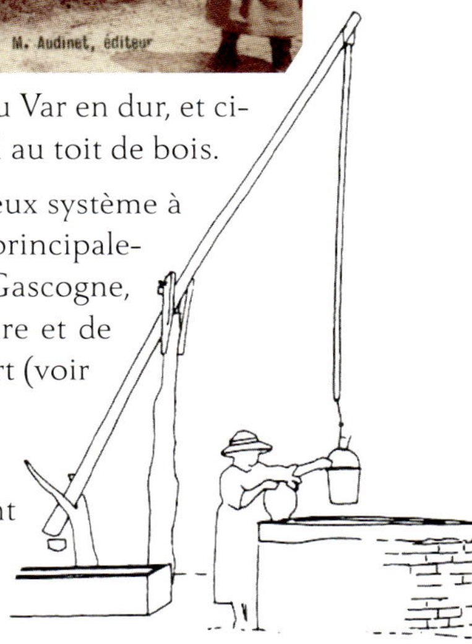

Puits artésien : puits dont l'eau jaillit spontanément dès que le sol est percé.

Puits à eau : forage permettant l'exploitation d'une nappe d'eau souterraine plus ou moins profonde. L'eau est ensuite remontée par un puits maçonné, soit à l'aide d'un seau et d'une corde (ou d'une chaîne), soit par une pompe, manuelle ou non.

Sourcier : nom de celui qui sait trouver l'eau, grâce à un « don » qu'il a de naissance. Il peut s'agir du puisatier lui-même. Voir page suivante.

Tire-puits : si, malgré les précautions, un seau tombe au fond du puits, c'est avec un grappin comme celui ci-contre, accroché à une corde ou une chaîne qu'on réussit à le récupérer.

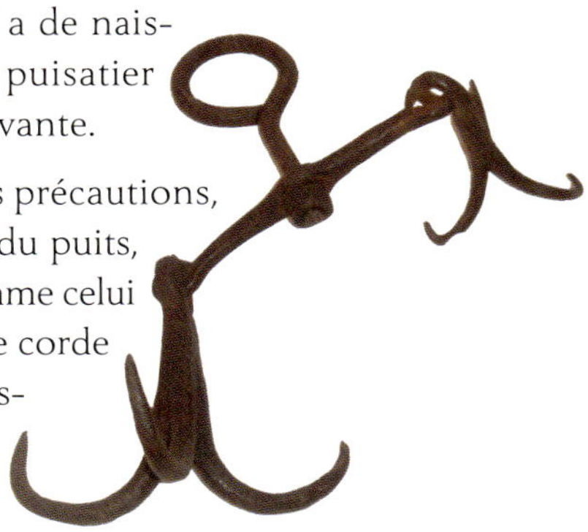

Le sourcier pour trouver l'eau

L'aide ancestrale du sourcier

Comment savoir où creuser un puits ? Parfois, le puisatier n'a guère le choix : au Moyen Âge, s'il doit construire le puits d'un château fort, il ne peut pas le faire hors des murs. À lui de forer parfois très profondément au cœur de la forteresse pour trouver la nappe d'eau. Mais en général, il essaie de creuser là où il a le plus de chance de trouver de l'eau à une faible profondeur. Il tient compte pour cela de plusieurs indices : la proximité d'une source, d'un cours d'eau ou d'un autre puits ayant un bon rendement, la présence d'eau affleurante en hiver ou au printemps... Parfois cependant, ces signes font totalement défaut.

Celui qui envisage de creuser un puits doit alors faire appel à un sourcier. Parfois il s'agit du puisatier lui-même, mais pas toujours. Il faut une personne connue pour avoir un « don », pour « sentir » l'eau à l'aide d'une baguette de bois (en général de coudrier, c'est-à-dire de noisetier) qui se déforme lorsque le sourcier passe au-dessus d'une circulation d'eau souterraine, d'un pen-dule ou de tiges de métal qui bougent entre ses mains. Dans les villages d'autrefois, ces personnes-là étaient connues de tous et on les appelait dès qu'on avait besoin de leurs services, à chaque fois qu'il fallait déterminer le meilleur emplacement d'un puits.

Les bons sourciers sont même capables de déterminer la profondeur approximative de l'eau sous terre et son débit. Mais pas tous. Certains se trompent, comme ont pu le constater certains puisatiers...

Histoire d'eau...

« Vers midi, après avoir rejeté sur les déblais une dizaine de morceaux de racine, il tira sur la dernière carotte : elle résista longuement ; au fond de ce trou, il ne pouvait pas utiliser toute sa force... Alors, il y attacha une corde, puis consolida le nœud avec du fil de fer, remonta sur le bord, et tira par grandes secousses. À la troisième, la racine vint et un jet d'eau encore invisible fusa sous la boue, qui se mit à danser. » (Marcel Pagnol, *Jean de Florette*)

Comment ça marche ?

Comment fonctionne donc cette mystérieuse technique du sourcier ? Personne ne sait vraiment. Mais si l'on place une baguette de bois en V (semblable à celle photographiée ci-dessous) entre les mains d'une personne qui a le don, la baguette plonge vers le sol en passant au-dessus d'une veine d'eau. Elle le fait de façon plus ou moins vigoureuse selon la proximité, parfois au point d'en rougir les doigts qui la serrent ! Mais la même baguette placée entre des mains qui ne possèdent pas ce don de sourcier ne bougera pas...

Autre méthode : prendre deux tiges de métal coudées et les tenir devant soi, parallèles l'une à l'autre. Si vous avez le don de sourcier et que vous passez au-dessus d'une canalisation ou d'une source souterraine, les deux barres vont d'un seul coup se croiser et venir vous frapper les épaules. Ça surprend la première fois ! Ce don semble se transmettre : un grand-père sourcier signale que, sur ses deux enfants, sa fille le possède également, de même qu'une de ses petites-filles. À suivre, donc...

Jean et Anastasie

deux époques, deux récits.

Né en 1932, Jean avait travaillé plusieurs années comme puisatier quand il était jeune. Née en 1889, Anastasie raconte, à travers les souvenirs qu'elle a laissés à ses petits-enfants, ses souvenirs d'utilisatrice des puits.

Souvenirs d'un puisatier

Des puits, il s'en est toujours creusé. Mais, après la Seconde Guerre mondiale, dans les années 1950, au moment où Jean commençait le métier, les demandes se multipliaient parce qu'on y installait des pompes mécaniques ou électriques. Auparavant, on descendait un seau puis on le remontait, ce qui prenait du temps si le puits était profond mais ce qui permettait à la nappe d'eau de se reconstituer entre deux seaux. Avec les pompes, beaucoup de puits se sont retrouvés à sec parce qu'on tirait davantage d'eau et trop vite. On a donc fait appel aux puisatiers pour creuser plus profondément les puits existants ou pour en réaliser de nouveaux.

Avant de commencer le travail, le puisatier faisait en général appel à un sourcier pour ne pas creuser inutilement au mauvais endroit. Les deux souvenirs les plus marquants pour Jean ? La descente au fond, qui se faisait à cette époque un pied dans le seau, l'autre contre la paroi pour éviter d'être trop balloté ! Et le volume que prenaient la terre et les cailloux une fois extraits : 1 m^3 retiré du fond représentait 10 m^3 de remblai autour du chantier !

Souvenirs d'une utilisatrice

Anastasie avait vu son père faire creuser le puits quand elle avait douze ans. Un puits situé dans la cour de la maison, à côté de la coursière de la cave. Il n'avait pas fallu creuser bien loin, cinq mètres, pas plus, car la ferme était en bord de rivière.

Mais tirer l'eau du puits était tout un art ! Il fallait descendre le seau vide avec précaution pour ne pas détacher la corde retenue par un seul clou sur le treuil. Puis, quand le seau arrivait presque au ras de la surface de l'eau (ce qu'on ne devinait bien qu'avec l'expérience, car le puits était sombre), il fallait lâcher la corde d'un petit coup sec pour que le seau ne flotte pas mais qu'il pénètre en biais dans l'eau et se remplisse. Restait ensuite à le tirer jusqu'à soi, en tournant en sens inverse la manivelle du treuil. Les poulies grinçaient et le poids était bien lourd si le seau était plein, car il pouvait tenir jusqu'à trente litres.

Dans les années 1930, Anastasie fit installer une pompe à bras sur le puits : il fallait l'actionner plusieurs fois vigoureusement pour faire jaillir l'eau dans un récipient placé sous le tuyau de sortie.

C'est seulement en 1962 qu'un plombier installa chez elle l'eau courante et un évier. Ses petits-enfants racontent encore l'anecdote qui avait amusé toute la famille : la semaine suivante, tout content de lui, l'artisan était venu lui demander ce qu'elle pensait de l'ivier (comme elle l'appelait). Il voulait savoir s'il lui servait beaucoup et si elle le trouvait pratique. « L'ivier marche très bien, répondit Anastasie. Je tourne le robinet tous les matins pour le vérifier. Mais je vais ensuite chercher mon eau au puits »...

Le saisonnier

Quand on parle des saisonniers, on pense d'abord aux moissonneurs ou vendangeurs. Mais il existe bien d'autres métiers agricoles qui embauchent « en saison » pour cueillir très vite, en quelques semaines, les fruits mûrs, les légumes, les fleurs aussi…

! *Au début du XXe siècle, ce sont les Italiens dans le sud et les Belges dans le nord qui fournissent l'essentiel de la main d'œuvre saisonnière, suivis dans les années 1930 par les Espagnols fuyant la guerre civile.*

Les saisonniers d'autrefois

Au XIXe siècle, les saisonniers étaient de quasi-vagabonds, qui se déplaçaient de région en région au gré des travaux agricoles à faire : biner les betteraves en Beauce ou les endives dans le nord, faire les vendanges, cueillir les fruits et les fleurs, participer aux moissons… Le saisonnier se distingue du domestique agricole (astreint autrefois à travailler du lundi matin au dimanche à 14 heures) et du journalier (habitant du village embauché en supplément de façon ponctuelle mais régulière sur toute l'année, par exemple tous les mardis). Le saisonnier n'a pas d'astreinte. C'est le bouche-à-oreille qui le fait venir, mais il peut repartir quand ça lui chante. Il est d'ailleurs pendant longtemps payé en fin de journée à la tâche, ce qui lui vaut le surnom de tâcheron.

Des évolutions mécaniques…

La mécanisation de l'agriculture au XXe siècle réduit considérablement le recours aux saisonniers, particulièrement dans l'univers des moissons. À la fin du XIXe siècle, on ne compte que 23 000 faucheuses ou moissonneuses mécaniques et quelques lieuses, mais le gain de productivité est certain : 50 % par rapport à la faux et plus de 60 % par rapport à la faucille, alors que les évolutions sont encore loin d'être terminées.

Pour les fruits, les arbres sont aujourd'hui assez écartés pour laisser passer un tracteur avec une remorque : deux rangs de cueilleurs y sont perchés, un en hauteur, un plus bas. Ils ramassent les pommes, les pêches ou autres au fur et à mesure de l'avancée de l'engin : plus besoin de déplacer des échelles d'arbre en arbre ni de ramener dans des caisses 25 à 30 kg de fruits à la force des bras en début de rang.

… ou génétiques

Des modifications apportées aux graines ont aussi simplifié le travail en cours d'année. Les endives par exemple. La graine était minuscule, comme une tête d'épingle. On en semait des poignées à la volée, et il fallait ensuite éclaircir les plants qui commençaient à pousser, c'est-à-dire en arracher une partie pour que les autres aient assez de place pour croître. Un travail long, fastidieux, que des saisonniers accomplissait le temps venu de le faire. Aujourd'hui, explique M. Panager, un agriculteur ayant employé autrefois de nombreux saisonniers, chaque graine d'endive est enrobée d'une couche protéinée qui la rend grosse comme un petit pois et des semeuses mécaniques en lâchent une tous les quinze centimètres dans la terre : plus besoin d'éclaircir, plus besoin de biner !

Autre exemple : le melon. Il fallait le tailler trois fois dans le passé (voir page 132 les conseils donnés pour la culture du melon à la fin du XIXe siècle). Maintenant, on le plante et on n'y touche plus !

La machine a libéré le saisonnier des tâches pénibles, mais elle l'a laissé sans travail… L'ANPE ouvre néanmoins des bureaux spécialisés au moment de la cueillette des pommes ou du raisin. Notamment parce qu'on revient aux vendanges à la main, parfois grain par grain pour les grands crus. Aujourd'hui, on est rarement saisonnier de profession : on le devient quelques semaines ou quelques mois par an, quand on est jeune, pour financer vacances ou études…

Les mots du métier

Botteler : mettre en bottes (foin, gerbes...).

Cueillette : elle se pratique aussi bien pour les fruits, que pour les légumes, que pour les fleurs dans le sud de la France, comme ci-dessous.

Échelle : souvent double pour la cueillette dans les arbres, car elle permet à deux cueilleurs de travailler en même temps et elle est plus stable.

Faucheuse mécanique : inventée par MacCormick en 1834 aux États-Unis, elle arrive ici dans les années 1860. Lourde, chère et tirée par des chevaux, elle met du temps à s'implanter.

Faucille : petite faux, qui oblige à se baisser pour moissonner, composée d'un manche et d'un fer en croissant de lune.

Faux : indispensable au travailleur agricole, aussi bien pour couper l'herbe des prés que le blé ou le seigle des moissons autrefois.

Faux à blé : faux associé à une grille en bois qui rassemble les épis tranchés en même temps que la coupe (ci-dessous, avec une faucille associée).

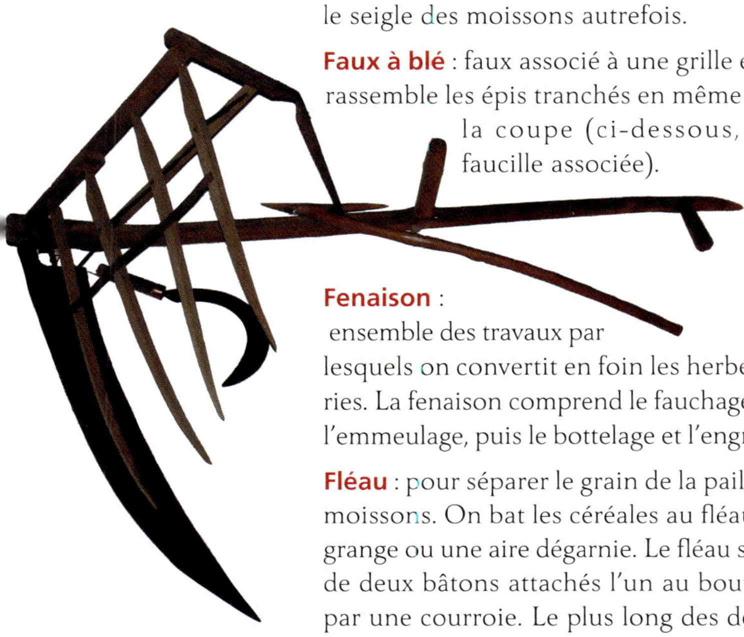

Fenaison : ensemble des travaux par lesquels on convertit en foin les herbes des prairies. La fenaison comprend le fauchage, le fanage, l'emmeulage, puis le bottelage et l'engrangement.

Fléau : pour séparer le grain de la paille après les moissons. On bat les céréales au fléau dans une grange ou une aire dégarnie. Le fléau se compose de deux bâtons attachés l'un au bout de l'autre par une courroie. Le plus long des deux sert de manche. Il est parfois remplacé dans le sud de la France par le foulage du grain par les animaux.

Fourche à gerbe de blé : fourche métallique à deux dents, pour piquer et soulever les gerbes déjà liées.

Fourche en bois : utilisée pour faner.

Hotte : utilisée non seulement par le vendangeur, mais aussi pour le ramassage de nombreux fruits en saison (ci-dessous, une hotte en osier).

Moissonneuse mécanique : venue des États-Unis et tirée par des chevaux, elle apparaît en France à la toute fin du XIXe siècle, suivie par la moissonneuse-lieuse. Au début du XXe siècle, les constructeurs français de machines agricoles se multiplient : Hurtu, Amourous, Guillotin, Puzenat, Dollé...

Moissonneuse batteuse : si les batteuses apparaissent en France à la fin du XIXe siècle, les moissonneuses batteuses ne se développent que dans les années 1950?

Pelle à grain : grosse pelle comme ci-dessous, pour ramasser les grains des épis après le battage.

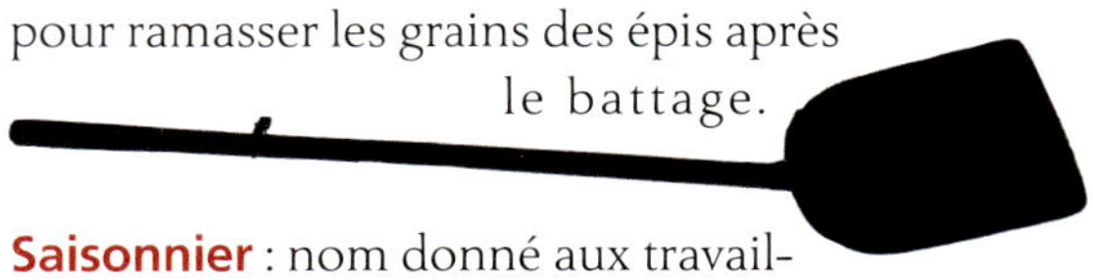

Saisonnier : nom donné aux travailleurs qui ne sont pas des journaliers du village, mais des gens d'appoint venus de loin.

Le temps des moissons vers 1900

D'abord couper...

Le temps des moissons a toujours été une période de forte embauche des saisonniers. Au XIXe siècle, c'étaient des travailleurs belges qui descendaient pour la saison en Picardie et en Ile-de-France.

Marquise aux champs

La marquise de Sévigné a évoqué dans l'une de ses lettres le plaisir qu'elle avait pris à faucher quelques épis de blé lors d'une après-midi de moisson. Mais elle n'avait consacré qu'une demi-journée à cette activité fort éreintante pour ceux qui en vivaient !

Autrefois, c'est à la faux que l'on coupe les épis. Ce n'est qu'au début du XXe siècle que se généralisent les faucheuses. Ces engins à vapeur coupent les épis sur leur côté droit et il faut donc quand même encore utiliser la faux tout le tour du champ sur une zone de la largeur de la machine pour ne pas perdre le grain. Par ailleurs, les premières faucheuses ne lient pas les gerbes : femmes et enfants doivent suivre derrière la machine pour ramasser les épis et les attacher. Les faucheuses-lieuses remplacent les faucheuses peu avant la Seconde Guerre mondiale.

Puis le battage au fléau

Jusqu'au XIXe siècle, voire le début du XXe siècle dans les régions les plus pauvres, le battage pour séparer le grain de la paille s'effectue au fléau. « Les difficultés sont multiples, raconte Van Gennep. Il faut d'abord apprendre à faire pivoter le petit bâton au bout du grand ; comme bien d'autres, j'ai commencé par me l'envoyer sur la tête ; il y a une petite torsion du poignet à donner ; dès qu'on a saisi le truc, le travail est deux fois moins pénible. Ensuite, il faut savoir se déplacer sur l'aire selon une sorte de pas de danse qui rappelle celui des dindons faisant leur cour ; et réussir le mouvement sans se déhancher, ni se donner un tour de reins et aussi en ne se baissant en avant qu'à peine ; sinon, on est vite fourbu. La troisième difficulté consiste à garder la cadence imposée au début par le chef d'équipe et, pour ce faire, il faut économiser son souffle, combiner à la fois les mouvements des bras et ceux des pieds. J'ai vu de bons batteurs manœuvrer à l'entour de l'aire sans presque mouvoir le corps et arriver au bout des dix à douze heures de battage sans épuisement ».

Enfin le battage à la machine

Au XXe siècle arrivent les batteuses, énormes machines impressionnantes qui passent de ferme en ferme pour battre les gerbes qu'on y a rassemblées. Pour une petite ferme, la batteuse travaille une journée ou une demi-journée seulement, mais il faut là encore beaucoup de monde pour l'aider. Il faut une vingtaine d'hommes : deux installés en haut de la machine qui y enfournent les gerbes que d'autres leur tendent, d'autres pour ligoter la paille, les plus costauds enfin pour lier les sacs de blés (50 kg minimum) et les monter dans les greniers. Tout cela dans un grand bruit de moteur à vapeur et dans une nuée de poussière de paille ! Rien n'est perdu : la paille bien séchée sert de litière aux animaux l'hiver et les balles (coques des épis) sont données aux lapins. Ce n'est qu'après la Seconde Guerre mondiale qu'apparaissent dans les exploitations petites et moyennes les moissonneuses-batteuses : faucheuses, lieuses et batteuses à la fois.

Nicole
née en 1936, ramasseuse de pommes pendant l'été.

Une jeune fille, Nicole, a travaillé quinze jours comme saisonnière en septembre 1955, cueillant des pommes pour financer un voyage en Italie qu'elle souhaitait faire. Elle raconte...

Le rythme de travail

Les quinze jours de cueillette étaient en continu, week-end inclus. Ils étaient une dizaine de jeunes logés par deux dans des chambres aménagées dans une ancienne grange bâtie dans le prolongement de la maison du propriétaire de l'exploitation. Ils étaient nourris sur place... avec souvent des pommes en dessert. Ils succédaient à des saisonniers et en précédaient d'autres. Car, compte tenu de la taille de l'exploitation, la cueillette des pommes dans le verger s'étalait de juillet à début décembre !

Le lever était à 4 h du matin, pour une arrivée dans le verger à 4 h 30 après un café rapide. S'habiller n'était pas simple : il fallait être très couvert le matin parce qu'il faisait froid, mais on pouvait poursuivre bras nus en cours de journée s'il y avait du soleil. En revanche, on gardait toujours les bottes parce qu'il y avait de l'herbe haute dans les allées.

On travaillait par équipes de deux, avec une échelle double par couple. Il fallait monter en même temps des deux côtés pour qu'elle soit stable ! Et la cueillette commençait. Vers 9 h, une demi-heure de pause permettait de prendre un nouveau petit-déjeuner. Le travail reprenait ensuite jusqu'à 13 h. Le déjeuner était suivi, au choix, d'une sieste ou d'un repos libre jusqu'à 16 h. Retour dans le verger jusqu'à 19 h. On commençait et on finissait souvent à la lumière de grosses lampes, qui s'allumaient au mouvement, quand on arrivait sur le terrain. La nuit, il fallait parfois se relever : des sirènes se déclenchaient si la température baissait trop. Les pommes risquant alors de s'abîmer, il fallait se précipiter dans le verger et faire brûler des pneus installés en tas un peu partout dans les allées ; ça brûlait très bien, ça réchauffait les arbres, mais ça dégageait beaucoup de fumée !

Quelles pommes cueillir ?

Nicole ne devait cueillir que les grosses pommes. On jetait au sol les plus petites, avec les grosses qu'on avait cognées par mégarde. Les paniers de pommes cueillies étaient relevés par des garçons qui les portaient sur les remorques des tracteurs. Des filles les essuyaient et les calibraient. S'il avait plu, elles étaient étalées sur des claies dans une salle équipée d'un gros ventilateur pour sécher avant d'être essuyées. Une fois triées par taille, elles étaient expédiées à Rungis. Quant aux petites laissées au sol, elles étaient récupérées par un entrepreneur local qui en faisait des compotes. Rien n'était perdu.

Un travail bien payé

Le travail était fatigant, mais très bien payé. En quinze jours, Nicole avait gagné plus qu'en un mois comme monitrice de colonie de vacances. Et elle était repartie avec cinq kilos de pommes offertes en cadeau...

Le tueur de cochons

Quand il est temps autrefois de tuer un cochon, on fait appel à un professionnel qui vient sur place. Les femmes de la ferme préparent leurs chaudrons, les voisins aident, on cuisine tout le jour, c'est fameusement bon et c'est une fête... sauf pour le cochon.

! *On tuait autrefois le cochon en novembre ou en décembre. Pourquoi ? Parce qu'il n'y avait plus de mouches ces mois-là. Et on avait ainsi de la viande fraîche pour les fêtes de Noël...*

Une fête à la ferme

Dans son roman *Ensemble c'est tout*, Anna Gavalda décrit la mise à mort de deux cochons dans une ferme. À peine les deux bêtes ont-elles vu le tueur de cochons arriver dans la cour qu'elles poussent des cris stridents, comme si elles avaient compris ce qui les attendait. Une réaction que bien des gens ont observée sans qu'on puisse l'expliquer. L'artisan remplit néanmoins son office, avec l'aide des fermiers : « Ils passèrent les deux cochons au chalumeau, odeur de cochon grillé. Là aussi, expression parfaite, au poil si j'ose dire, puis les grattèrent avec une brosse étonnante : une planche en bois sur laquelle on avait cloué des capsules de bière retournées ». Mais son regard est celui d'une citadine.

Car autrefois, tuer le cochon, c'était vraiment une fête ! Quand on savait que l'événement allait avoir lieu dans telle ou telle ferme, on se le disait, on se régalait par avance, parce qu'on ne mangeait pas aussi souvent de la viande qu'aujourd'hui. L'événement était en effet prétexte à inviter les voisins : on faisait bombance avec eux pour manger ce qui ne pouvait être conservé bien longtemps, comme les abats. En Lorraine, on préparait du boudin qu'on mangeait à tous les repas, même au petit-déjeuner ! Quant à l'eau de cuisson, elle servait à la confection de potages. Et les plats étaient d'autant meilleurs qu'ils étaient tout frais.

Qui le fait ?

Qui était au juste le tueur de cochon des campagnes d'autrefois ? Dans tous les cas une personne bien expérimentée. Il pouvait s'agir du boucher du village par exemple, mais plus souvent de quelqu'un qui n'en faisait pas nécessairement son métier à plein temps. Celui qui remplissait ce rôle n'était parfois qu'un fermier du bourg, formé sur le tas en tenant longtemps le rôle d'assistant quand il était plus jeune. L'outillage était simple, parfois fabriqué en partie pour l'occasion. Le propriétaire de l'animal s'en chargeait rarement, préférant faire appel aux services de celui reconnu comme le professionnel de la commune. D'abord parce que tuer le cochon n'avait rien à voir avec tuer une volaille pour la poule au pot du dimanche : la taille de l'animal imposait la présence d'au moins deux hommes. Il fallait aussi deux personnes au moins pour le retourner, puis pour le suspendre par les pieds. Ensuite parce que, pour le découper correctement, il était préférable de connaître les bons gestes. L'habileté se gagnait avec l'expérience.

Aujourd'hui, avec l'industrialisation des élevages, les contrôles des services vétérinaires sur les abattages, le métier a disparu des fermes. On tue toujours des cochons, mais dans des abattoirs agréés. Et la viande dans l'assiette est devenue plus anonyme.

Les mots du métier

Boudin noir : il est mis à cuire et préparé le jour même avec le sang du cochon.

Chaudron : utilisé pour cuire la viande, les rilletees et toutes les préparations locales.

Corde ou longe : souvent en chanvre et longue de deux mètres, très solide, elle sert à attacher deux pattes du cochon.

Couteau : on appelle le couteau du tueur de cochon le saigneur.

Échelle : une fois tué, le cochon est suspendu à une échelle pour être égoutté et découpé, comme on le voit sur la photo cidessous, prise dans les années 1900-1910.

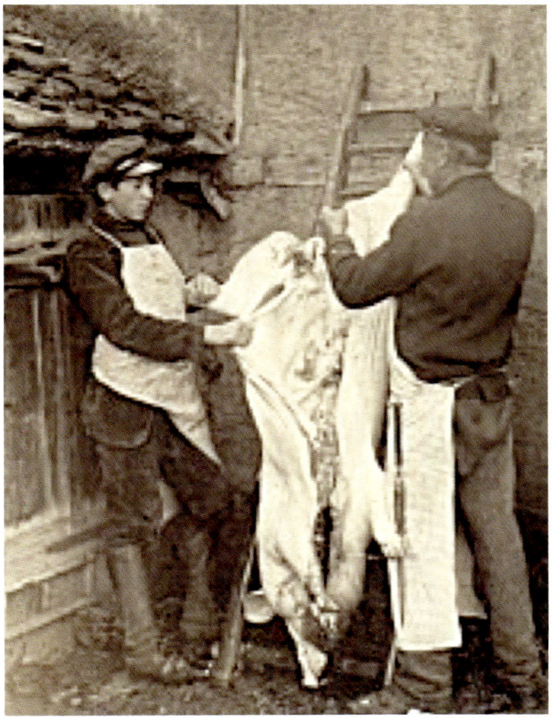

Intestins : ils sont retirés, retournés, lavés à grande eau, souvent par une femme de la maison (ci-contre par la fermière, sur la photo prise dans les années 1910). On les utilise ensuite pour les boudins, saucisses, andouillettes, crépinettes et de nombreuses préparations locales.

Paille : sert à griller le cochon pour enlever une partie des poils (ou soies).

Masse : utilisée pour assommer le cochon avant de le tuer.

Peleux ou pleux : couteau à lame large pour racler la peau des porcs et enlever les soies.

Proverbe : un proverbe dit que « tout est bon dans le cochon ». Et il est vrai que tout était consommé autrefois, jusqu'aux oreilles qu'on caramélisait et qu'on mangeait croquantes.

Rillettes : il faut cinq à six heures de cuisson ininterrompue dans un chaudron (sans arrêter de tourner !) pour faire les rillettes.

Saloir : en bois, en pierre ou en grès, il reçoit la viande qu'on veut conserver et qu'on sale dans ce but (les congélateurs n'existent pas encore...).

Scie : elle est parfois utilisée pour fendre le cochon en deux.

Seau : indispensable pour recueillir le sang du cochon tué.

Spécialités culinaires : elles sont aussi nombreuses qu'il y a de régions en France : rillettes, crépinettes, andouillettes...

Tueur de cochon : le métier a aujourd'hui disparu des campagnes. Seuls les abattoirs agréés ont désormais le droit de tuer les porcs et le bétail.

Le cochon de Noël

Le plat principal des tables de fête

Georges Duby , dans un raccourci saisissant sur les festivités des temps passés, déclarait : « Noël, c'est de la charcuterie » ! Car on tuait en effet le porc en décembre et l'animal se retrouvait sous toutes ses formes invité au menu des tables de fête. En Normandie, on appelait même le réveillon « la fête à cochon ». Cochons rôtis et jambons pour les tables les plus riches, saucisses, andouillettes et boudins pour le plus grand nombre.

Viande à tous les repas

En Lorraine, quand on venait de tuer le cochon, on préparait autrefois du boudin frais et l'on en mangeait à tous les repas, même au petit-déjeuner. L'eau de cuisson du boudin servait à la confection de potages.

Préparation campagnarde toujours de mise à Noël, le boudin noir se compose pour deux tiers de sang de porc et pour un tiers d'un mélange variable selon les régions. En général, on y trouve graisse, crème fraîche, oignons hachés et rissolés, épices. Les Bretons y ajoutent des pommes, les Lyonnais des oignons crus, les Périgourdins des morceaux de porc, les Nancéiens des œufs et de l'eau-de-vie, les Limougeauds des pommes ou des châtaignes, les Berrichons des épinards et de la semoule, les Poitevins des raisins secs... et les habitants des Flandres de la cassonade !

Crépinettes d'Anjou et de Bordelais

Ces saucisses plates étaient servies à Noël en Anjou, en Touraine (avec des pieds de porc truffés ou des boudins) et dans le Bordelais (avec des truffes dans la farce). Ingrédients : 1 kg de chair à saucisse, crépine de porc, 125 g de truffes. Mélangez la chair à saucisse et le jus de cuisson des truffes, faites des tas et ajoutez-y les truffes émincées. Enveloppez chaque tas dans une crépine de porc dégorgée à l'eau froide. Donnez aux crépinettes une forme rectangulaire, passez-les dans le beurre et faites-les griller à feu doux.

La fressure bourguignonne

Ce plat réalisé avec les morceaux de porc qui ne pouvaient se conserver longtemps était servi à Noël puisque le porc engraissé venait d'être tué. Ingrédients : 1 kg de fressure (cœur, foie, rate, poumons), 250 g de lardons, 2 cuillères

de farine, 2/3 de litre de vin de Bourgogne, 1/3 de litre d'eau, 6 pommes de terre, 4 échalotes, 4 gousses d'ail,1 oignon, laurier, thym. Coupez en dés les morceaux de viande de porc. Faites fondre dans une cocotte 250 g de lardons, faites revenir la fressure. Lorsqu'elle commence à dorer, couvrez-la d'un mélange de 2/3 de litre de vin de Bourgogne et d'1/3 de litre d'eau. Ajoutez thym, laurier, 4 échalotes et 4 gousses d'ail hachées. Laissez cuire 1 h. Pendant ce temps, faites revenir un oignon émincé et les 6 pommes de terre en quartiers. Poursuivez la cuisson avec le tout pendant 45 mn.

Le cochon au bleu

Cette recette de fête date de Louis XIV : prenez un cochon de lait, « mettez-le en quatre, gardez la tête entière. Faites blanchir dans l'eau, de lard moyen. Mettez dans un linge, assaisonnez de sel, poivre, clous entiers, muscade, laurier, citron vert, ciboulette, et faites cuire dans un pot avec bouillon et vin blanc. Faites qu'il soit de haut goût et le laissez refroidir à demi ».

Michel
né dans les années 1930.

Devenu boucher charcutier, Michel se souvient avoir vu tuer le cochon dans les fermes jusque dans les années 1970.

Les premiers préparatifs

Il faut commencer par préparer deux longes de deux mètres chacune, une pour la patte arrière droite et l'autre pour la patte avant droite, ainsi que les outils : une masse en bois de buis à manche d'acacia, une grande poêle et un seau. On assomme le cochon qui s'effondre sur le côté et on l'immobilise en lui entravant les pattes avec les cordes. Puis, tandis qu'on maintient au sol la patte avant gauche, le tueur de cochon le saigne. Le sang est recueilli dans un seau et mis à cuire immédiatement.

On s'occupe de l'extérieur...

Le cochon étant toujours au sol, on le recouvre de bonne paille et on y met le feu pour bien griller les soies et s'en débarrasser plus facilement. Puis on retourne l'animal (il faut au moins être deux compte tenu de son poids) et l'on renouvelle la même opération sur l'autre face. Lorsqu'il est bien grillé, on le lave et on gratte bien la peau, souvent avec des outils qu'on a fabriqués pour l'occasion. Michel l'a par exemple vu faire avec des boîtes de sardines percées d'une multitude de clous, ce qui formait un grattoir étonnant, mais terriblement efficace ! Le rasage du cochon est ensuite poursuivi avec des couteaux à lame large qu'on appelle des pleux, puis à nouveau lavé.

... puis de l'intérieur

Il faut ensuite dresser le porc pour le vider et le découper entièrement, de la mâchoire à la queue. Comme il est très lourd, on l'attache au sol sur une échelle par les deux pattes arrière, et c'est cette échelle que l'on redresse (là encore il faut être plusieurs) et que l'on pose contre un mur. Ensuite seulement on peut commencer à enlever les intestins et à égoutter le porc.

Michel sait qu'il faut être particulièrement méticuleux pour les laver puisqu'on utilise ces intestins comme boyaux pour les boudins, les andouilles, les saucisses, etc. Comme la peau est très fragile, il faut par ailleurs avoir une grande habitude de l'exercice pour le faire correctement sans la percer.

Une fois l'animal vidé, on prend la scie pour le couper en deux, puis on le débite en gros morceaux. Le tout est descendu à la cave au frais jusqu'au lendemain pour que la viande se raffermisse.

Viandes et plats régionaux

Les boudins noirs sont préparés le jour même avec le sang, des oignons et des morceaux de viande, à la fois gras et maigres mélangés. À midi, ceux qui sont venus aider à tuer le cochon partagent souvent une charbonnée (ou chaudronnée, le nom peut varier selon les régions), fabriquée avec le foie, le cœur, les rognons (c'est-à-dire tous les abats, difficile à conserver), un peu de lard, des oignons, du vin rouge et un peu de sang en fin de cuisson.

En 1940 encore, les réfrigérateurs n'existent pas, les congélateurs encore moins. Pour conserver la viande plusieurs mois, il faut donc saler les morceaux et les enfermer dans des tinettes en terre cuite. En plus du sel, pour parfumer la viande, on ajoute du laurier sauce, du thym et un peu d'eau.

On fabrique aussi des charcuteries : du boudin noir, on l'a vu, mais aussi des andouillettes, des pâtés de viande, des pâtés de tête avec les couennes et les pieds, des rillettes...

Le vendangeur

Le terme de vendangeur regroupe en réalité plusieurs activités distinctes : certaines nécessitaient de la force, d'autre de l'habileté ou de la patience. C'est tout le village qui pouvait ainsi autrefois aider aux vendanges. C'est bien connu : le raisin mûr n'attend pas !

Les cahiers de présence des instituteurs attestent qu'il ne reste parfois plus qu'un ou deux écoliers en classe lors des vendanges. Surtout dans les années de guerre, lorsque tant de pères sont absents mais que les grappes sont toujours là, à couper chaque automne.

Un travail collectif

Quand il faut vendanger, tout le monde s'y met, le propriétaire, la maîtresse de maison, les grands-parents, les enfants. Si la vigne est plus étendue, on fait appel aux amis, aux voisins, aux cousins, auxquels on rend la pareille le moment venu.

Enfin, si le vignoble est vraiment très grand, l'appel à la main d'œuvre saisonnière est nécessaire. Les vendangeurs mercenaires viennent en famille, parfois de fort loin, se louer sur les places des villages. On les héberge comme on peut, dans les granges, les fenils, les cabanes des vignes... Le raisin n'attend pas, le confort passe après. Sur place, dans les vignes, le travail se répartit entre coupeurs, hotteurs et pressureurs.

Les coupeurs

Les coupeurs font tomber les grappes dans un panier à l'aide d'une serpette puis d'un sécateur (cet outil apparaît vers 1840 mais ne se généralise que lentement). Ce travail est réservé aux plus âgés, aux femmes et aux enfants, car il ne demande guère de forces. Il est pourtant fatigant car mené accroupi, dos courbé, genoux pliés, rangée après rangée, d'un cep à l'autre... Se déplier le soir, après une journée entière dans la même position, est bien difficile pour le corps engourdi.

Tout l'honneur du coupeur consiste à avancer vite dans sa ligne, mais sans laisser de raisins sur les ceps. Parfois, la vendangeuse qui est trop lente ou qui oublie trop de grappes sous les feuilles a le visage badigeonné de jus de raisin par les garçons ! Enfin, quand le panier est plein, on appelle le hotteur et on verse le contenu de son panier dans sa hotte.

Les hotteurs

Le portage des hottes, seilles, bennes... (le nom varie selon les régions) reste un travail d'homme car, une fois pleine, la hotte peut peser plus de cinquante kilos. Dans les pays en pente, on utilise aussi des mulets, bâchés avec deux hottes. En bout du carré de vigne vendangé, une charrette attend, dans laquelle le hotteur déverse sa hotte. Une ou plusieurs fois par jour, selon la taille du vignoble, la charrette va jusqu'au pressoir déverser le raisin par une fenêtre sur le sol nettoyé. Une autre charrette contient de grandes cuves qui prendront, une fois pleines, la direction du cellier pour que le vin rouge y fermente.

Les pressureurs

Il y a bien longtemps que le foulage du raisin au pied ou en sabot n'a plus cours. Le pressoir en bois, avec son pas de vis, a pris sa place avant d'être à son tour mécanisé. Sur ces anciens pressoirs, qui ont subsisté dans les petites fermes jusqu'aux années 1970, il faut jusqu'à cinq ou six hommes sur la barre. Dans certaines régions (Alpes, Marne...), quand les raisins deviennent durs à serrer, le chef du pressoir rythme l'effort par le chant.

La journée du vendangeur

En général, on commence tôt, vers six ou sept heures du matin, après une collation et un verre de vin. Des collations, il y en a d'autres, tout au long de la journée. Parfois jusqu'à quatre mais frugales. Du pain, de l'ail et des oignons seulement dans certains vignobles. Un peu de fromage ou de jambon en plus dans d'autres. Du saucisson, des rillettes ou sardines en boîtes aussi au XXe siècle. Le principal est qu'on réussisse à tartiner son pain car il n'est pas question de s'encombrer d'assiettes. C'est le repas du soir, pris après la journée de vendange, qui offre à tous une soupe et un vrai plat copieux. Pas de véritable fête : on est fatigué, on a mal au dos, et on sait qu'on doit remettre ça le lendemain, même si ça n'empêche ni la bonne humeur ni les commentaires – par exemple sur la qualité supposée du vin en fonction de l'ensoleillement et des pluies de l'année !

Les mots du métier

Bacholle : grand récipient en bois servant à transporter la vendange (Auvergne). Il fallait deux hommes pour le porter.

Bachoues : hottes doubles placées sur un animal de bât. Leur contenance était environ de 35 litres.

Baignoire, ballotte, ballonge, banneau, benne, benon, benneau, botte, bélon, comporte, cuette, cuvelle : grand récipient en douelles arrimé sur la charrette pour recevoir le raisin des paniers et des hottes et transporter la vendange jusqu'au pressoir, avec une contenance de 100 à 250 litres. Deux oreilles permettent de glisser une barre pour le déplacer. On parle de baignoire ou ballonge en Bourgogne, de bélon en Lorrain, de botte dans le sud-Est, de comporte dans le Midi, de cuette en Touraine, de cuvelle en Moselle...

Baillot ou balaste : panier de vendange en bois (Bordelais le premier, Bourgogne l'autre).

Banastou : petite comporte (25 litres).

Banne, bénate, benatou, chévan : paniers en osier pour porter la vendange jusqu'à la ballonge.

Bassiot : panier à vendange en planchettes (Charente).

Baston ou celet : seau de vendangeur.

Cassette : caissette à vendange (Poitou, Touraine).

Cheval de hotte : trépied servant à poser la hotte.

Cuve : grand tonneau de bois ouvert où l'on verse la vendange pour la faire fermenter (vin rouge).

Épinette : sécateur à vendange (Champagne).

Fouloir à vendange : gros pilon qui sert à fouler la vendange, c'est-à-dire à écraser les raisins dans la cuve avant de les porter au pressoir (voir image de gauche, avec un vendangeur en activité). S'il est courbe, on l'appelle **dodine**.

Hotte : ce panier à accrocher sur le dos grâce à ses sangles, une fois plein pouvait peser jusqu'à cinquante kilos. Son nom varie en fonction des régions : seille, benne... Elle peut être en bois ou en osier et de taille très diverse selon les régions. En Champagne, on utilise de préférence de l'osier tressé pour éviter l'échauffement du raisin et assurer une meilleure aération lors du transport des rangs de vigne vers le tombereau. On l'appelle aussi bedequin dans le Jura ou banneton en Bourgogne.

Pressoir : assemblage de bois autour d'une vis pour pressurer le raisin et en extraire le jus.

Vendangette : outil pour couper les grappes.

Sécateur : avec une lame perpendiculaire qui sert de serpette. Il n'apparaît que vers 1840, d'abord sous la forme de ciseaux de vendange à bouts arrondis très courts.

Serpette : cette petite serpe a une lame recourbée à son extrémité et un petit manche. On l'utilise pour détacher les grappes sans les abîmer.

Tombereau : il sert à transporter les bennes (ou baignoire, comporte...) contenant le raisin des vendanges jusqu'au pressoir. Sa caisse peut basculer vers l'arrière pour vider le chargement.

La fête de fin de vendange

Les fêtes sous l'Ancien Régime

Du XVIe au XVIIe siècles, les vendanges sont l'occasion de jeux pour la jeunesse.

Dans le Sud-Est par exemple, les jeunes édifient un château de branchages sur la place du village. Une jeune fille tenant une serpette (l'outil du vigneron avant l'apparition du sécateur) se place au milieu avec la moitié des jeunes gens présents. L'autre moitié attaque le château à coups de tessons de poterie, les assiégés se défendant avec des armures improvisées. Tout finit par des rires, la jeune fille participante reçoit en cadeau une paire de sabots et les tessons sont soigneusement ramassés... pour servir l'année suivante !

Dans l'Yonne, les jeunes vignerons font des farandoles dans les rues, dansant des rondes du type « Passez barrière », la queue de la file repassant de temps en temps sous les bras levés des premiers danseurs de la colonne. Le folkloriste Van Gennep raconte qu'on y chante « Ramène tes moutons, bergère, Ra-ra-ramène tes moutons, Tes mou-tons à la maison... » et qu'on y parodie parfois un cortège nuptial, avec un faux bailli prononçant un discours burlesque.

Haro sur le maladroit !

En Alsace, dans la seconde moitié du XIXe siècle, on barbouille de jus de raisin ou de suie le vendangeur le plus maladroit ou bien le plus drôle, qui tente alors de noircir tous ceux qui passent près de lui...

Les fêtes du XIXe siècle

La dernière charrette, celle qui ramène des vignes vers la ferme les dernières grappes vendangées, est accompagnée des vendangeurs en procession. Elle est souvent décorée de feuilles de vigne, de branchages ou de fleurs (Bigorre, Dauphiné, Nivernais, Provence, Meuse, Moselle, Alsace...). Cette tradition perdure jusqu'à la crise du phylloxera ou jusqu'à la Première Guerre mondiale selon les régions.

S'y ajoutent çà et là quelques rites locaux. Dans le canton de Verzy (Marne), les vendangeurs les plus forts se placent en tête du cortège et portent sur leurs épaules une double échelle avec un jeune garçon juché au sommet. Les autres chantent la *Marche des vendanges* et portent tous un vieux balai, manche vers le bas, branchettes vers le haut, avec une chandelle allumée piquée au beau milieu. Arrivé sur la place du village, le groupe organise un feu de joie avec tous les balais. En Moselle, filles et garçons ornent leurs cheveux avec des feuilles et des rubans. L'homme le plus costaud porte en avant dans sa hotte une « petite reine des vendanges », fillette couronnée de pampres.

Le repas de fin de vendanges

Ce repas du dernier soir est tard, mais toujours bien arrosé, puisque qui a des vignes a du vin ! On place souvent un grand seau de vin en bout de table : chacun peut y puiser comme il le souhaite, du vin y étant reversé dès que le niveau baisse... Ce dîner offre à tous une soupe et un plat copieux, variable selon les régions : de préférence du porc, mais parfois un pot-au-feu ou un ragoût de mouton (Jura, Haute-Marne), un civet de lapin (Touraine), des flancs de courges (Beaujolais), des volailles (Haute-Marne), du jambon et des tartes de toutes sortes (Lorraine)... Jusque vers 1930, il était suivi presque partout d'un bal jusqu'à minuit.

Michel, né en 1928 en région Centre

À la fois agriculteur et petit vigneron, le grand-père de Michel possède trois hectares de vigne sur les collines. Quand la saison des vendanges arrive, vers fin septembre début octobre, on fixe les jours de cueillette et on rassemble une bonne demi-douzaine de personnes.

Le départ au petit matin

Jusqu'à la fin des années 1950, c'est un cheval qui tire la charrette sur laquelle on a attaché quatre ou cinq cuettes de 225 litres chacune. À l'aller, tout va bien, le tombereau est léger, les enfants peuvent monter dessus, à moins qu'ils ne préfèrent marcher à côté parce qu'il y a des noyers en bordure de route sur le chemin, que la saison des noix a commencé et qu'il est bien agréable d'en grignoter quelques-unes tôt le matin.

Deux à trois jours de vendange

Le cheval s'arrête à l'entrée de la vigne, mais les vendangeurs commencent par le fond. Le hotteur a ainsi de moins en moins de chemin à faire entre eux et la charrette au fur et à mesure que la journée passe et que sa fatigue monte. Il doit être costaud mais de petite taille, pour qu'il soit facile de verser les paniers dans sa hotte. Sauf orage violent, la cueillette se poursuit par tous les temps. Mais quand il pleut, l'eau détrempe le sol argileux et il devient difficile d'y marcher. Une année, la vieille Marie, toute menue, était restée engluée au bout de son rang ; il avait fallu, dans les rires, venir la tirer. On l'avait bien arrachée de la glaise... mais pas les deux bottes, restées plantées toutes droites en terre !

Le retour vers le pressoir

Le retour est plus difficile. La pente est si raide et le poids si lourd que le cheval peut être emporté. Chacun doit se cramponner à l'arrière du tombereau pour le freiner. Dans la cour de ferme, on a ouvert la grange. Pour le vin rouge, de grandes cuves sont disposées au fond, contre le mur. On y fait reculer la charrette, puis on transvase le raisin au seau. Pour le vin blanc, on fait basculer les cuettes par le rebord d'une grande fenêtre donnant sur le pressoir sur la partie gauche de la grange. Le rebord de la fenêtre est protégé des chocs par des fagots de javelle. On rassemble le raisin déversé en motte, on y empile des poutres de bois, et on commence à serrer pour que le jus s'écoule directement en contrebas dans la cave. On le goûte tous les jours. Au début, c'est comme du jus de raisin, araignées de vigne incluses ! mais c'est fameusement bon. Au bout d'une semaine, la fermentation a commencé, on a de la bernache, chaque jour moins sucrée au fur et à mesure que le degré d'alcool monte.

La meilleure année, la récolte avait rempli 27 barriques. En 1945, le père de Michel revient de captivité en Allemagne, il se fait une joie de vendanger... mais les gelées de mai ont tout détruit : il n'y a pas une grappe en septembre. En compensation, l'État répartit aux viticulteurs, par quota, du vin algérien. 14° pour ce vin du soleil ! Du jamais vu dans un pays où le rouge local s'en tient à 7-8°. Et comme on le trouve bien bon, beaucoup d'exploitants le mettent en bouteille pour le conserver au lieu de le laisser en barrique.

Sous l'Ancien Régime, les paysans ont pour la plupart planté sur leurs terres une rangée de ceps qui leur assurent un peu de vin pour leur consommation personnelle. Mais quelques-uns, plus spécialisés, sont déjà mentionnés comme vignerons dans les registres paroissiaux.

! *On clarifiait le vin avec de la colle de poisson ou du blanc d'œuf après sa mise en tonneaux.*

Le vigneron

Le calendrier du vigneron

L'année viticole est longue. Traditionnellement, elle commence à la Saint-Vincent, le 22 janvier, quand on solde les comptes de l'année écoulée et que le vin nouveau est fait ; mais cela correspond aussi au moment où les propriétaires de vignes bourgeoises, c'est-à-dire au XVIIIe siècle les habitants des villes et des établissements religieux, prennent à gages des vignerons pour l'année nouvelle.

La véritable année viticole ne commence qu'en mars car on attend la fin des gelées, qui peuvent détruire les bourgeons jusqu'à la fin mai, pour tailler la vigne. C'est aussi le moment où le vigneron remplace les plants morts, soit en prenant des plants enracinés tirés des pépinières, soit en provignant, c'est-à-dire en couchant en terre un pied sain qui donnera trois ou quatre pieds nouveaux.

Ce faisant, l'aspect de la vigne se transforme rapidement. Plantée en ligne au moment de son établissement, elle devient très vite une vigne en foule (en désordre) car les pieds provignés partent dans tous les sens. Cela serait un inconvénient si le vigneron utilisait une charrue pour labourer sa vigne ; mais il n'a ni cheval ni charrue, et il pioche sa vigne à la main. Il faut attendre les années 1880 pour voir apparaître les vignes bien alignées sur fil de fer, bien que la plupart conservent malgré tout un aspect anarchique dû à la multiplication en foule.

Un dur labeur

Ces travaux de taille et de multiplication achevés, le vigneron donne, de la fin mars à début avril, un premier labour. Ce travail extrêmement pénible s'effectue à la houe ; en l'espace de trois semaines, le vigneron pioche ainsi un à deux hectares de vigne, aère la terre et détruit les mauvaises herbes.

Début mai, le vigneron fiche les échalas, pieux de bois de chêne ou de châtaignier, longs d'1,45 m environ, destinés à soutenir la vigne et à maintenir les grappes éloignées du sol. Travail harassant encore, qui suppose le maniement de plusieurs dizaines de milliers d'échalas (il y a environ 20 000 pieds de vigne par hectare) qu'on a ôtés de la vigne fin octobre, qu'on a rapportés à la maison pour les épointer, et qu'il faut maintenant transporter à nouveau dans la vigne.

Les échalas plantés, le vigneron donne un second labour, plus léger, qu'il appelle le binage, et qui est terminé à la fin du mois de mai. Puis la vigne fleurit, courant juin, les grains commencent à se former, le verjus grossit rapidement et, dans le courant de juillet, de toute façon avant la moisson des grains, le vigneron donne un troisième labour : on dit qu'il rebine ou encore qu'il tierce, ce travail a pour but de débarrasser la vigne des mauvaises herbes. Si la saison est très humide un quatrième labour peut être nécessaire en septembre, avant les vendanges, pour permettre une maturation plus parfaite des raisins.

La vendange

Entre-temps, femmes et enfants sont passés dans les vignes pour ôter les vers et autres insectes qui pullulent certaines années et s'attaquent à la feuille ou au fruit, tels le gribouri ou la pyrale. On a même recours aux processions et au Saint Sacrement dans les vignes pour se débarrasser de ces hôtes encombrants. Dans certaines paroisses, on emmène poules, canards et dindons au milieu des ceps pour parfaire la besogne.

Si la vigne a été épargnée, le vigneron vendange fin septembre ou début octobre (cf. *Le vendangeur*). Les coupeurs, serpette à la main (le sécateur n'apparaît pas avant 1840 et se généralise tardivement), emplissent les paniers et les vident dans leurs hottes. Les hotteurs emplissent alors les bachoues, grandes hottes placées sur le dos des ânes, ou des cuves plus grandes transportées ensuite dans des charrettes en direction du cellier ou du pressoir.

Les mots du métier

Araire : pour labourer entre les rangs de vigne.

Bêche : à lame pleine ou fourchue,elles est utilisée pour retourner la terre et creuser les fosses pour planter les ceps.

Binette : pour désherber les parcelles de vignes.

Coupe-marc : sorte de hache (ci-contre à gauche) pour couper les blocs de marc de raisin dans le pressoir après la vendange.

Couteau à greffer : il est souvent composé d'une lame souvent pliante avec une extrémité recourbée.

Croc à marc : outil (à droite) servant à retirer les marcs de raisin du pressoir ou de la cuve.

Échalas : piquet taillés en bois très dur et servant de tuteur à la vigne. Difficiles à entretenir, ils sont peu à peu remplacés au cours du XXe siècle par des supports métalliques reliés entre eux par des fils de fer le long desquels croissent les sarments.

Houe : pour travailler la terre en l'ouvrant sans la retourner. Avec une lame pleine ou plusieurs dents, elle est parfois dotée de taillants ou de crêtes, de brise-mottes ou de coupe-racines. Les lames de la houe varient en fonction de la terre pour les sols caillouteux, les lames sont triangulaires et renforcées ; pour les sols meubles, elles sont plus minces, les formes plus arrondies.

Pic ou pioche : pour travailler les sols très caillouteux des vignobles et ramener la terre au pied des ceps. Ils sont à fer plein, fourchus ou à pic. Trois modèles sont reproduits ci-dessous.

Pilon : gourdin de bois (ci-dessous) servant à écraser le raisin dans les cuves.

Plante-échalas ou plantoirà vigne : plusieurs outils se retrouvent avec cette dénomination, et servent tous, comme le nom l'indique, à planter des échalas ! On en trouve de différentes sortes. L'outil peut se fixee sur le sabot du vigneron ou être mis au bout d'un manche pourvu d'un marchepied ; il est fait d'un piquet en bois de frêne que le vigneron place sous l'aisselle et harnache autour de son torse, et qu'il enfonce en appuyant. À droite : étrier fixé sur un sabot à l'aide d'une courroie en cuir. Le vigneron s'aide aussi d'une serpe en fer pour tailler la pointe de l'échalas, serpe dotée au dos d'un marteau pour enfoncer le pieu (ci-contre à droite). Un pic en fer tenu à la main lui permet au préalable de forer le sol afin de ficher le tuteur (exemple ci-dessous).

Rabot à greffon : outil à main en bois (ci-dessous) aidant la prise de la greffe.

Sécateur : il remplace la serpe dès le milieu du XIXe siècle.

Serpe : pour tailler la vigne, elle était à double tranchant.

Scie : de même usage que la serpe et de petite taille (voir ci-dessous).

Sulfateuse : elle permet de pulvériser, grâce à la pompe, les produits nécessaires au traitement des maladies de la vigne. Elle est en fer ou en cuivre comme ci-contre.

Un vignoble disparu : l'Île-de-France

Un des plus grands vignobles d'Occident

On a du mal à imaginer aujourd'hui l'importance que pouvait revêtir la culture de la vigne au XIXe siècle en Île-de-France. Vers 1780, les régions qui bordent la Seine totalisent un peu plus de 40 000 hectares. Mais c'est autour de Paris que la concentration est la plus forte, notamment à Argenteuil qui totalise mille hectares de vignes qui subsisteront jusqu'à la fin du XIXe siècle. Dans ce vignoble, à la veille de la Révolution, on récolte déjà 50 hectolitres à l'hectare. Vers 1840, le rendement moyen passe régulièrement les 100 hectolitres.

La crise du phylloxera

Le phylloxera, maladie d'origine américaine, arrive accidentellement en Europe en 1863. Il détruit l'essentiel du vignoble jusqu'en 1885. À partir de 1873, on replante les vignes avec des variétés américaines résistantes mais donnant des vins de moins bonne qualité. La solution trouvée sera de greffer des cépages français sur ces plants importés.

Un vin blanc de qualité

En Île-de-France, seule la production de vin blanc fournie par des cépages sélectionnés a pu assurer un produit de qualité. Ainsi le chardonnay est celui qui s'implante le mieux dans la région. Néanmoins, des plants délicats comme le pinot noir peuvent assurer aussi une production de vin rouge de qualité. C'est pourquoi dès le Moyen Âge, les vins d'Île-de-France s'exportent non seulement sur la table des rois mais aussi à l'étranger, en Angleterre et en Flandre notamment.

Ce vignoble de qualité se maintient jusqu'au XVIIe siècle. Puis le développement de la consommation populaire du vin et l'accroissement de la population entraînent l'augmentation de la production. Les cépages délicats sont progressivement abandonnés au profit de cépages grossiers, le gros gamay par exemple, pour répondre à la demande du petit peuple. De surcroît, les goûts évoluent également et les vins blancs sont délaissés en faveur de vins plus colorés.

Un vignoble en déclin

Tous ces vignobles, sauf ceux établis le plus près de Paris, périclitent à partir de la Révolution. Descendus dans les plaines lourdes au XVIIIe siècle pour produire en abondance, ils sont abandonnés quand la culture des céréales devient plus rémunératrice. Vers 1820-1825, au moment où on établit le premier cadastre de la région parisienne, la vigne a déjà reculé d'un tiers.

À partir de 1850, le vignoble, attaqué par une maladie inconnue jusqu'alors, l'oïdium, recule encore car la plupart des vignerons se découragent devant le coût des traitements à base de soufre. Le chemin de fer achève les autres en apportant à bas prix les vins du Midi. Seuls les vignerons les plus proches des centres urbains résistent.

Enfin, à l'extrême fin du XIXe siècle, quand le phylloxera atteint la région parisienne, il ne reste plus que 10 000 hectares de vigne. Cette maladie de la vigne, puis la guerre de 1914-1918, l'urbanisation et l'industrialisation de toute la région entraînent sa disparition définitive.

Il reste aujourd'hui quelques plants de vigne, à Montmartre et au parc Georges-Brassens dans le XVe arrondissement, mais ils sont conservés pour le folklore...

Une famille de vignerons bourguignons
sur deux siècles.

C'est vers 1760 qu'Antoine, l'ancêtre de la famille, s'installe près de Beaune, tout à côté de la principale source de prospérité de la région. Il adopte assez rapidement cette nouvelle culture. « Il est plus facile de cueillir les grappes que de scier les blés, dira Balzac quelques décennies plus tard. Cela est certain, mais le revenu que l'on peut en tirer est également plus incitatif.

L'implantation au cœur du vignoble

Son fils Joseph, né en 1779, reste sur place, possède des terres et une maison vigneronne caractéristique de la région, construite en calcaire, avec un seul étage d'habitation au-dessus d'une grande cave voûtée en demi sous-sol, et une cuverie attenante. Il épouse la fille d'une importante famille de vignerons qui donnera de nombreux maires et conseillers municipaux à la commune. Les mariages noués aux générations suivantes se feront aussi toujours avec des conjoints issus de familles de viticulteurs locaux.

Leur fils aîné, Jean, devient vigneron à son tour. Il profite de la nouvelle route de Beaune à Semur et des facilités de commercialisation offertes par le canal de Bourgogne, creusé sous l'Empire par des prisonniers espagnols. Les terres à vigne de la famille sont reprises par son neveu, époux de sa cousine germaine (les ceps ne partent pas entre des mains étrangères...). Leur fils Vivant (un prénom curieux aujourd'hui mais caractéristique de la Bourgogne aux XVIIIe et XIXe siècles) prend de plein fouet la crise du phylloxéra : signalée en 1863 à Meursault, l'épidémie ravage en quelques années tout le vignoble bourguignon. Ruinée, la famille doit tout reconstruire. Elle s'installe sur des terres plus petites, achetées sur une autre commune... mais dont la notoriété va devenir internationale. La surface totale est de petite taille : plantée de céréales, elle ne pourrait pas faire vivre un agriculteur, mais avec les vignes, elle permet à la famille de renouer avec la prospérité.

Un métier qui se transmet

Quoi que Balzac ait pu en dire, le métier est dur, mais repris par un enfant de la famille à chaque génération. Aujourd'hui, l'hectare de vigne est devenu tellement cher qu'il n'est pas envisageable de construire une maison sur la commune, pas même une grange ou un appentis supplémentaire : le raisin prime. Quand vient l'époque des vendanges, branle bas de combat : il faut pousser les meubles ou les remiser dans les greniers pour héberger les saisonniers sur des lits de camp improvisés, les enfants, s'ils n'ont pas école, sont envoyés au loin chez les cousins pour libérer leur chambre. Tout le monde s'entasse, mais l'ambiance est bonne !

En deux siècles, le métier a évolué. Les outils se sont améliorés, les engrais également. Mais les pesticides s'avèrent plus dangereux que ce que les grands groupes chimiques producteurs veulent bien laisser croire. Le grand-père né en 1928 est décédé d'un empoisonnement progressif dû aux vapeurs des produits phytosanitaires de traitement de la vigne manipulés sans précaution. La jeune génération, celle des petits-enfants, a repris la suite mais s'oriente résolument vers des traitements biologiques plus sains.

Crédit photographique

Aquarelle Québec : p. 54 (fond) ; Archives départementales de Tours : p. 81 (b.-d.) ; Archives & Culture : p. 88 (h.-g.) ; Bibliothèque universitaire de Strasbourg : p. 15 (les 4 outils col. dr.), p. 16, p. 20 (h.), p. 22 (d.), p. 24 (b.-g.), p. 29 (h.-g.), p. 40 (b.), p. 45 (b.-g.), p. 47 (dessins d'outils), p. 49 (b.-d.), p. 55 (h.-g., brosse, bobines, navette), p. 56 (h.) ; Ville de Sainte-Maure-de-Touraine : p. 117 (moule) ; Cressonnière Alain Marcadier : p. 133 (h.-g.) ; Cuboimages/ Leemage : p. 11 (image bas) ; Daniel Bénard : couverture (porteur de journaux, ardoisier, bouilleur de cru, potier, cordonnier), p. 5 (ardoisier, tanneur), p. 6 (g.), p. 7 (h.-g. et h.-d), p. 8 (b.), p. 9 (h.-g., b.-g. et b.-d.), p. 11 (h.-d.), p. 13 (h.-g.), p. 15 (les 3 cartes), p. 17 (b.-g. et b.-d.), p. 19 (carte), p. 23 (carte), p. 25 (les 3 cartes), p. 35 (carte), p. 36 (h.), p. 39 (les 2 cartes), p. 40 (h.), p. 41 (b.-g. et b.-d.), p. 43 (b. dans la marge), p. 47 (cartes), p. 49 (h.-g. et b.-d.), p. 51 (carte), p. 52 (b.), p. 53 (les 3 cartes), p. 56 (b.), p. 57 (les 3 cartes), p. 61 (b.-d.), p. 63 (marchand marrons, cantonnier), p. 65 (b.-d.), p. 67 (b.-g. et b.-d.), p. 68 (carte), p. 69 (les 3 cartes), p. 70 (les 2 cartes), p. 71 (les 2 cartes), p. 72 (les 2 cartes), p. 73 (les 2 cartes), p. 75 (les 3 cartes col. g.), p. 76, p. 77, p. 81 (b.-g.), p. 82 (les 3 cartes), p. 84 (h.-g.), p. 85 (les 2 cartes), p. 86 (carte du groupe), p. 88 (b.-g. et d.), p. 90 (carte h.), p. 91 (les 3 cartes), p. 92 (femme), p. 95 (b.-d.), p. 97 (les 3 portraits du bas et h.-d.), p. 98 (b.), p. 99 (h.-g. et b.-d.), p. 102 (h.), p. 103 (les 2 cartes), p. 104 (carte), p. 105 (b.-d.), p. 106 (cueillette, bouilleur de cru, chevrier et labour), p. 109 (cabane), p. 110 (b.), p. 111 (h.-g. et b.-g), p. 115 (les 2 cartes), p. 116 (les 2 cartes), p. 118, p. 121 (2e image colonne de gauche et b.-d.), p. 122 (b.), p. 123 (les 2 cartes à gauche), p. 124 (vignette), p. 125 (les 2 cartes), p. 126 (h.), p. 127 (b.-g. et b.-d.), p. 128 (carte), p. 129 (h.-g., b.-g. et b.-d.), p. 131 (les 3 cartes couleurs et la carte noir & blanc), p. 132, 133 (b.-g.), p. 135 (h.-g. et b.-d.), p. 137 (carte), p. 138 (h.), p. 139 (sauf canard), p. 141 (3 cartes), p. 143 (2 cartes), p. 144 (carte et vignette), p. 145 (cartes), p. 147 (2 cartes), p; 149 (vignette et carte), p. 151 (carte), p. 153 (carte groupe), p. 158 et 159 (3 cartes) ; Élise Lamiscarre : p. 111 (h.-d.) ; Flick'R (sous licence Creative Commons) : p. 6 (fond / zigazou96), p. 11 (métier / El Bibliomata), p. 14-15 (fond et zoom corde / brunobord), p. 22 (fond / zigazou96), p. 23 (b.-d. / zigazou96), p. 28 (h.-g. / Alexandre Vialle, Musée des Arts et Métiers), p. 42 (fond), p. 42 (gravure / El Bibliomata), p. 43 (b.-g., b.-m., b.-d. et h.-d. / El Bibliomata), p. 51 (dessins d'outils), p. 58 (fond / zigazou96), p. 59 (h. / zigazou96), p. 59 (moule et pince / El Bibliomata), p. 61 (h.-g. / El Bibliomata), p. 66 (pelle / sskennel), p. 66 (fond / Olibac), p. 94 (h. / El Bibliomata), p. 104 (fond / vincent et fenêtre dans la vignette / Monica Arellano-Ongpin), p. 112 (fond / oletourn et vignette / zigazou76), p. 120 (fond / aeruginosa), p. 128 (fond et vignette / isamiga76), p. 130 (zigazou76), p. 131 (h.-g. / zigazou76), p. 153 (raisin / Jean-Louis Zimmermann), p. 136 et 141 ; Fotolia : p. 11 (b.-g), p. 12 (b.-d.), p. 17 (h.-d.), p. 19 (h.-g.), p. 22 (g.), p. 23 (les 2 meules, les lames, la bigorne), p. 30 (mécanisme); p. 31 (h.-g., b.-g. et les 3 images à droite), p. 33 (h.), p. 35 (b.-g.), p. 37 (b.-g.), p. 38 (fond), p. 39 (les 2 photos de tour), p. 41 (h.-g.), p. 43 (savons), p. 46 (fond), p. 47 (h. dans la marge), p. 48, p. 50 (fond), p. 51 (cuir), p. 52 (h.), p. 53 (h.-d.), p. 61 (b.-g.), p. 63 (châtaignes / vagabonda), p. 65 (h.-d.), p. 69 (accordéon), p. 70 (fond), p. 71 (h.-g.), p. 72 (fond), p. 73 (h.-g.), p. 74 (tramway jaune), p. 78 (fond), p. 79 (3 premières images colonne de gauche), p. 82 (fond), p. 83 (h.-g. et poêle avec les cornets jaunes), p. 85 (marrons et châtaigne), p. 86 (fond), p. 87 (boucles), p. 93 (statue), p. 95 (h.-d.), p. 97 (hérisson), p. 99 (h.-d.), p. 113 (h.-d.), p. 115 (h.-g.), p. 116 (fond), p. 117 (fromage cendré et b.-d.), p. 119 (h.-g., h.-d. et b.-d.), p. 136 (fond), p. 137 (h.), p. 138 (b.), p. 139 (canard), p. 140 (les 2), p. 142, p. 144 (fond), p. 148 (fond), p. 149 (couteau et plat), p. 150 (les 2), p. 151 (sauf carte), p. 156 (fond) ; http://art-populaire.fr / Jean-Pierre Ziegler : 1e de couverture (couteau à délainer et ciseau), p 5 (outil), p. 7 (enclume et pic), p. 15 (b.-g.), p. 23 (fusil), p. 31 (drille), p. 35 (bouton à cautériser, clystère, râpe et tire-queue), p. 47 (scie), p. 49 (h.-d.), p. 51 (couteau à dérayer et couteau à écharner), p. 57 (navette), p. 59 (canne et ciseau), p. 83 (poêle et pincettes), p. 101 (b.-d.), p. 106 (faux et tondeuse), p. 109 (houlette, tondeuse et ciseau), p. 121 (crochet à foin, faucille et le coupe foin), p. 129 (h.-d.), p. 131 (arrache-chou), p. 153 (serpette) ; http://gribout.b.over-blog.com : p. 7 (tire-clou), p. 35 (boutoir et coupe-queue) ; http://vieux-papiers.over-blog.com : p. 89 (b.-g.) ; Isabelle Calin : p. 65 (m.) ; Josse/Leemage : p. 67 (h.-g.) ; Josette Camuset : p. 13 (toutes sauf h.-g.) ; http://lamouretteamontreal.com : p. 147 (pommes tombées) ; Le coutelier de Saint-Malo © batistes : p. 23 (vignette en h.), p. 24 (h.-g.) ; Leemage : p. 28 (b.-d. / Renaud), p. 37 (h. / Aisa), p. 89 (h.-g.), p. 123 (homme seul) ; Laurent Millet : p. 86 (vignette), p. 126 (b.) ; M. Chavastelon (carte-postale-ancienne.com) : p. 66 (carte postale) ; Marc G. Collection : p. 24 (b.-d.), p. 101 (couteaux) ; Marie-Odile Mergnac : 1e de couverture (maréchal-ferrant), p. 5 (montre, métier à tisser), p. 8 (h.), p. 9 (h.-d.), p. 27 (ruban), p. 29 (b.-g.), p. 31 (éléphant), p. 32, p. 33 (h.-d.), p. 37 (b.-g.), p. 41 (h.-d.), p. 42 (mains), p. 44, p. 46 (four et voûte), p. 55 (b.-d.), p. 58 (vitraux), p. 61 (h.-d.), p. 64 (Champs-Élysées la nuit), p. 65 (h.-g.), p. 68 (fond), p. 78 (tarot), p. 79 (tarot), p. 84 (d.) , p. 92 (b.-d.), p. 93 (marge b.-g.), p. 98 (h.-g.), p. 101 (b.-g.), p. 93 (cuvette et broc), p. 113 (les deux images h.-g.), p. 114 (h.), p. 116 (vignette), p. 117 (h.-g., jatte de caillé et garde-manger), p. 121 (h.-g., bêche, fourche, rateau à pierre et b.-g.), p. 125 (araire, charrue et herse), p. 127 (h.-d.), p. 137 (outils), p. 145 (sauf cartes), p. 148 (vignette), p. 157 (outils) ; Martine Fichter : 1e de couverture (navette) et quatrième de couverture (plume) ; Metropolitan Museum of Art, New York : p. 66 (peinture) ; Miroir de la magie, Ars Mundi Kust Seligmann, 1989 : p. 80 (b.) ; Musée de Bruxelles : p. 94 (b.) ; Musée de la chaussure de Romans : p. 18 (chaussure), p. 20 (b.), p. 21 (les 3 métiers) ; Musée national de Prague : p. 64 (peinture), p. 122 (h.) ; Musée Van Gogh, Amsterdam : p. 18 (tableau) ; http://niffylux.com : p. 147 (pommes) ; Notrecinema.com : p. 89 (h.-d.) ; Roger Viollet : p. 17 (h.-g.), p. 59 (les hommes travaillant le verre) ; RoyaltyFreeImages.net : p. 54 (petite vignette) ; russianconcepts.com : p. 97 (h.-g.) ; Syndicat d'initiative de l'Aude : p. 183 (tombereau) ; Westland_Kassen : p. 131 (b.-d.) ; Wikipedia (sous license Creative Commons) : première de couverture (vendange), p. 11 (b.-d. / Pedro Figueiredo), p. 74 (fond et vignette / Greenski et b.-d.), p. 75 (Tramway de Nantes / Kazunori Matsuo, tramway ancien vert / Gonioul, tramway avec cheval, perches et pinces, rail / Emdx), p. 78 et p. 81 (h. / Universum), p. 93 (b.-d.), p. 100 (fond), p. 100 (peinture / Musée des Beaux-Arts de Budapest /Yelkrokoyade), p. 101 (h.-g. et h. d.), p. 103 (h.-g. / Musée des Beaux-Arts de Budapest /Yelkrokoyade), p. 113 (Sémhur, b.-d.), p. 119 (b.-g. / Jean-Pol Grandmont), p. 133 (b.-d. / Goeland), p. 136 (cage lapin). Les autres images non citées sont libres de droits.

ISBN : 978-2-35077-251-6

Conception maquette et couverture : Martine Fichter
Exécution : Archives & Culture, avec la collaboration de Cécile Renaudin, Jeanne-Marie-Morin et Thomas de Morant
Achevé d'imprimer en Asie - Dépôt légal à parution